낯선

이웃

낯선 선 이 웃

어느덧 우리 곁에 깃든 한국의 난민들

이재호 지음

이데아

최근 디즈니 만화를 영화로 재탄생시킨 〈알라딘〉을 극장에서 보았습니다.

  가상의 국가 '아바브와'의 알리 왕자로 변신한 알라딘이 궁전에서 재스민 공주와 우줄우줄 춤추는 장면을 보며, 1년 전 제주도 탑동공원에서 라마단의 끝을 축하하며 춤추던 예멘인이 떠올랐습니다. 중동 아랍권의 고전소설 《아라비안나이트》의 일부분을 만화로 만든 〈알라딘〉을 보며 예멘 난민을 떠올린 것은 자연스러운 일입니다. 영화에서 알라딘 역을 맡은 메나 마수드는 이집트계 캐나다인으로 제주도에서 만났던 예멘인과 이목구비며 체형이며 어쩐지 닮은 구석이 많습니다. 1년 전 예멘인 무리에서 함께 춤추었던 제주도민 하민경 씨는 지난 4월 예멘 난민 아민과 결혼했습니다. 마치 알라딘과 재스민처럼 말이죠. 그들이 양탄자를 타고 밤하늘을 날았는지는 알 수 없지만, 함께 찍은 사진을 보면 서로 바라보는 따뜻한 시선에서 깊이 사랑함을 짐작할 수 있었습니다. 그들은 현재 제주 시내에서 예멘 식당을 운영하고 있습니다.

2019년 5월 개봉한 〈알라딘〉은 한국에서만 무려 1255만여 명이 극장에서 보았습니다. 사회 한편에서 중동과 무슬림에 대한 혐오의 말들을 매일같이 쏟아내고 있는 한국에서 일어난 일입니다. 좀 이상하죠. 이 현상을 어떻게 이해해야 할까요? 어쩌면 이상하지 않은 일인지도 모르겠습니다. 2018년에는 반동성애, 반난민 구호가 난무하는 가운데 영국의 전설적인 록밴드 퀸의 보컬 '프레디 머큐리'의 일대기를 다룬 영화 〈보헤미안 랩소디〉를 994만 명이 보았으니 말입니다. 프레디 머큐리는 동성애자이자 난민 2세입니다.

영화 이야기로 운을 뗀 것은 책을 쓴 이유를 설명하기 위해서입니다. 〈알라딘〉과 〈보헤미안 랩소디〉 같은 영화를 본다는 가벼운 마음가짐으로 책을 읽었으면 좋겠습니다. '세계시민사회', '사해동포주의', '세계평화'와 같은 거창한 용어로 설명하는 난민 수용의 당위성은 사실 필자도 잘 이해하지 못합니다.

2018년과 2019년, 1년에 걸친 취재 내용을 정리해 쓴 이 책은

2018년 한국을 떠들썩하게 했던 예멘 난민을 포함해 총 12개 국가에서 갖가지 박해를 피해 한국으로 온 난민의 이야기를 담았습니다. 책을 정리하면서는 그들의 경험, 난민으로 한국에 오는 과정에서 느꼈던 감정 등 최대한 인물의 이야기에 집중하려고 노력했습니다. 친구의 이야기를 듣듯이 편하게 읽을 수 있기를 바랐기 때문입니다. 책을 읽고 나서 자연히 알게 되는 세계사 지식은 자그마한 선물이 될 것입니다.

취재 과정이 쉽지는 않았지만 어렵지도 않았습니다. 쉽지 않았던 건 언어가 달라서였고, 어렵지 않았던 건 그들의 이야기를 들으려는 사람이 없었기 때문입니다. 사람들은 되레 제게 물었습니다. '왜 하필 지금 난민인가?'

취재하면서 주변에서 가장 많이 받았던 질문입니다. 이 책을 쓰게 된 근본적인 질문입니다만, 대답을 찾기가 어렵지는 않았습니다. 예멘 난민 취재를 시작하면서부터 바로 깨달을 수 있었습니다. 한 사회의 인권 수준은 그 사회에서 가장 배제된 사람들을 통해서 가늠해볼 수 있다고 한다면, 2018년 한국 사회에서 가장 소외되고 차별받은 사람은 단언컨대 '난민'이었습니다. 우리 공동체의 인권과 평등을 중요한 의제로 다뤄야 할 기자가 난민에 관해 쓰지 않으면 누가 그들의 삶을 기록할까요. 비슷한 맥락으로 필자는 2014년에는 세월호 희생자의 이야기를 썼고, 2015년에는 메르스(중동호흡기증후군) 희생자를 기록했습니다.

인터넷이나 포털 사이트에서 뉴스를 읽고 소비하는 독자들은 자주 메일과 댓글로 항의합니다. '왜 자국민의 인권이나 정말 힘든 다른 사람들의 삶은 다루지 않으면서 난민 기사만 쓰는가?'

난민을 취재하면서 동시에 2018년 기록적 폭염으로 숨진 사람들의 안타까운 이야기를 다뤘고, 지난해 말 태안화력발전소 사고로 목숨을 잃은 故 김용균 씨의 이야기를 취재했습니다. 광복 직후 한국으로 귀국하던 배 우키시마호가 침몰해 엄마와 누이를 잃은 장영도 할아버지의 이야기를 기록했으며, 정신장애인에 대한 낙인으로 어렵게 살아가는 사람들의 이야기를 전했습니다. 직장에서 병을 얻고도 산재 인정을 받지 못하는 노동자의 이야기도 썼습니다. 원전 지역 주민의 건강, 자해하는 청소년의 이야기, 일인가구의 삶, 이동권을 보장받지 못하는 장애인……. 가장 최근에는 최루탄과 화염병이 난무하는 홍콩의 '반송중 시위' 현장도 다녀와 기사를 썼습니다. 이것은 딱 지난 1년 동안 썼던 주제들입니다.

이 주제들에 대해 '더 잘 취재하고 더 좋은 기사를 쓸 수 있었는데' 하는 미련이 없지는 않으나, 쓰지 말아야 할 것을 썼다고 생각해본 적은 없습니다. 매 순간 무엇을 쓸지 치열하게 고민했습니다. 허투루 지면을 쓰지 않았음을, '난민 타령만 하고 자국민은 안중에도 없다'는 이야기는 사실이 아님을 밝힙니다.

그렇다면 기사를 읽는 독자들이 '난민'과 난민을 취재하는 '기자'까지 욕하며 혐오한 이유는 무엇일까요?

"우리가 누군가를 혐오한다면, 그에게서 우리 자신의 모습을 보기 때문일 것이다. 우리가 싫어하는 우리의 모습을 타인에게서 볼 때 우리는 비로소 분노한다. 우리 안에 있지 않은 것은 우리를 화나게 하지 못한다." 저는 헤르만 헤세의 문장에서 전쟁을 피해 한국으로 온 난민을 혐오했던 이유를 찾았습니다. 난민에게서 우리의 가장 근본적인 욕망, '신분 상승'과 '이주'의 욕망을 보았기 때문입니다.

지방에서 서울로, 서울 변두리에서 강남으로 이주하려는 욕망, 자신이 태어난 지역을 벗어나 더욱 안전하고 평화로운 곳으로 이동하고, 귀속적으로 얻은 사회적 지위를 상승시키려는 욕망은 보편적입니다. 이런 욕망의 존재는 우리 사회가 평등하지 않다는 것을 방증하지요. 그렇다면 궁극적으로 바꿔야 할 것은 불평등한 사회구조일 터인데, 우리는 이 구조 자체에는 저항하지 못합니다. 불평등을 너무 쉽게 받아들이고 체념합니다.

평등한 사회를 꿈꿀 수 없는 사람들은 안전과 평화를 갈망하는 난민에게 나가라고 등을 떠밀었습니다. 사실 우리가 등 떠밀고 있는 것은 난민만이 아닙니다. 필자가 지난 1년 동안 취재했던 이들은 대부분 '등 떠밀린 이'에 속합니다. 정신장애인, 비정규직 하청 노동자, 저소득 일인가구, 산재 노동자 등등. 이렇게 배제와 차별이 횡행하는 사이 한국에서는 점점 사회계층 사이를 이동하기가 어려워졌다고 합니다. 누구도 한국이 '계급사회'라고 말하지는 않지만, 그 누구도 한국이 계급사회가 아니라고 생각하지도 않는 것 같습니다.

"왜 하필 한국으로 오려는 거야? 난민이 없어도 한국은 충분히 가난하고, 불안해."

우리는 스스로 가난하고 불안함을 인정했습니다. 난민에 대한 혐오의 말이 동시에 자기혐오의 고백으로도 읽혔습니다. 그래서일까요. 혐오의 말을 쏟아내는 사람들까지 혐오할 수는 없었습니다. 그들은 노동의 가치를 제대로 평가받지 못한 평범한 노동자, 해가 지면 안전하게 귀가할 것을 고민하는 여성, 제도권 교육을 충실하게 이수하고도 취업에 실패한 청년, 각종 강력범죄 보도를 보며 자녀의 안전을 걱정하는 부모 등 우리 공동체의 평범한 구성원이었습니다.

그렇다고 사실이 아닌 말들이, 이역만리에서 모국어로 꿈을 꾸는 그들에게 가 닿지도 않는 혐오의 단어가 이 사회를 가득 채우는 걸 보고만 있을 수도 없었습니다. 금이 간 세계의 이쪽과 저쪽 사이에 작은 돌다리를 놓는 심정으로 난민의 이야기를 기록했습니다.

언론 보도에서는 얼굴을 가리고 나와 볼 수 없고, 목소리를 들을 수 없었던 난민에게 우리가 주어야 할 것은 '공간'입니다. 고국의 상황이 안정될 때까지 머물 수 있는 삶의 공간은 제가 줄 수 없는 것이지만, 그들의 얼굴과 목소리를 전달할 수 있는 이 손바닥만 한 지면은 제가 만들어줄 수 있는 공간입니다.

이 책을 받아든 독자들은 난민의 공간에서 시간을 보내게 될 것입니다. 그렇게 그들의 '공간'과 우리의 '시간'이 뒤섞이는 가운데 인식의 '확장'과 '공존'을 생각해보았으면 합니다.

처음 난민 취재에 나섰을 때는 '타자'의 이야기를 경청하겠다는 마음가짐으로 단어들을 모았는데, 어느 순간 눈이 번뜩 띄었습니다. 그들의 이야기가 아니라 우리의 이야기였기 때문입니다. 난민의 이야기는 우리의 과거사이며 우리의 미래가 될지도 모르는 이야기입니다. 정치는 더없이 불안합니다. 우리는 아주 작은 잘못된 정치적 결정으로도 얼마나 많은 사람이 목숨을 잃고 삶의 터전을 잃을 수 있는지 수없이 목도했습니다. 잘 알고 있습니다.

인터뷰 중에 "우리 중에 난민이 아닌 사람은 누구인가?"라고 물었던 미디어 아티스트 권병준 씨의 말이 생각납니다. 2019년의 한국에서는 주택 보유율이 60%를 겨우 넘습니다. 인구의 40%는 집도 없이 살고 있지요. 고향과 조상을 잊어버리고 집도 절도 없이 사는 우리는 난민이 아니라고 할 수 있을까요? 책을 읽으면서 이러한 '난민성難民性'에 대해서도 생각해보면 좋겠습니다.

감사드려야 할 분들을 소개하면서 프롤로그를 닫으려 합니다. 우선, 가장 존경하는 아버지와 어머니께 이 책을 드립니다. 난민의 고향 이야기를 정리하느라 정작 당신의 아들은 1년 동안 명절에도 고향을 찾지 못했습니다. 죄송하고 감사합니다. 이 책은 제 평생의 보호자이자 선생님이자 벗이신 부모님께서 쓰신 것과 다름이 없습니다. 하나뿐인 동생 재언이에게도 이 책을 보냅니다. 평소 표현을 잘 못했지만 '늘 자랑스럽게 생각하고, 응원하고 있다'고 말하고 싶습니다.

다음으로 난민 취재를 함께 해준 《한겨레21》 사진기자 박승화 선배에게 깊은 감사를 드립니다. 선배가 찍은 사진에서는 세상을 보는 따뜻한 시선을 느낄 수 있어서 참 좋았습니다.

"재호 씨가 쓸 수 있을 때까지 한번 써봐요" 하고 난민 취재를 먼저 제안해준 《한겨레21》의 류이근 편집장에게도 깊은 존경과 감사의 마음을 전합니다. 현재 한국 언론에서 1년 동안 난민 취재를 할 수 있게 지원할 수 있는 부장은 선배밖에 없을 것이라고 확신합니다. 난민 취재를 응원하고 격려해준 《한겨레21》의 전정윤 사회팀장과 모든 부원, 한겨레신문사의 모든 구성원께도 감사드립니다. 취재 과정에 많은 도움을 주신 난민인권센터 김연주 선생님과 공익법센터 어필의 이일 변호사님 등 난민인권네트워크의 모든 활동가분들께도 감사와 존경을 표합니다.

아, 저와 동갑내기인 예멘 여성 나즐라를 빼놓을 수 없습니다.

이 책에서 예멘 난민 부분은 그녀의 통역이 없었더라면 쓸 수 없었습니다. 그녀를 만나면서 무슬림 여성은 수동적이고 소극적일 것이라고 생각했던 저의 편견이 완전히 깨졌습니다. 현재 제주도에서 일하며 잘 지내고 있지만 최근 무릎 통증으로 고생하고 있습니다. 빠른 회복을 빕니다.

이 책을 쓸 것을 먼저 제안해주신 이데아 출판사의 한성근 대표님과 출판사의 모든 관계자들께도 감사드립니다. 졸고를 편집하고 책으로 만드느라 애 많이 쓰셨습니다.

유엔난민기구의 신혜인 공보관님과 바쁘신 중에 책의 추천사를 써주신 유엔난민기구 친선대사 정우성 배우님께도 감사드립니다. 이 차가운 땅에 형님 같은 분이 있어 정말 다행입니다.

인도주의실천의사협의회의 국제위원회 간사이자 대학원 동료인 영수 형, 친구 형모, 범석, 인호, 재현, 정흔, 영우, 강윤 모두에게 감사의 인사를 전합니다.

마지막으로 이번 겨울 제 아내가 되는 여자친구 나혜에게 이 책을 드립니다. 가진 것 많지 않고 부족한 저와 함께해주어서 정말 고맙습니다. 이 책을 쓰면서 낯선 난민의 이야기를 들었던 것처럼 내 가족의 이야기를 어떤 경우에라도 귀담아들을 것을 약속합니다. 한 가지 바람이 있다면 타인의 건강을 위해 일하고 공부하는 것도 좋지만 자신의 건강도 좀 더 챙겼으면 좋겠습니다. 대전에 계신 그녀의 가족께도 깊은 감사를 드립니다.

3장 갑자기 찾아든 예멘 난민, 제주에서의 기록

1장

한국 난민의
세계사

01

차노끄난

타이

2018년 1월 17일 오전 6시 30분, 인천공항.

타이 방콕발 비행기가 활주로에 내려앉았다. 스물다섯 살의 차노끄난 루암삽은 창문 너머로 태어나 처음 가는 도시를 응시했다. 낯설고 추웠다. 숨을 내쉴 때마다 희뿌연 입김이 나왔다. 온도가 0도에 가까웠다. 그녀가 5시간 30분의 어둠을 지나 이곳 아침으로 오는 동안 기온이 30도나 떨어졌다.

비행기에서 내리자마자 여행 가방을 끌고 화장실로 헐레벌떡 달려갔다. 전날 급하게 꾸린 가방에는 티셔츠 몇 장과 청바지 두 벌, 노트북과 책 두 권, 대학 졸업증명서와 신분증뿐이었다. 한국 여행 정보 인쇄물도 있었다. 방콕에서 떠나기 직전 서둘러 출력한 것이었다.

화장실 문을 잠그고 인쇄물을 꺼내 들었다. 서울의 유명한 카페와 맛집, 한류 스타와 케이팝에 관한 정보였다. 한 번도 들어본 적 없는 외국 이름을 모국어로 되뇌었다. 닥치는 대로 머릿속에 집어넣었다. 마음은 복잡했지만, 지금 이것들을 외우지 못하면 한국에서 당장 쫓겨날 판이었다. 차노끄난은 난민 신청이 받아들여지지 않아 공항 탑승동에 체류하는 사람들의 사진을 본 적이 있다. 그들은 마치 죄수 같았다. 만에 하나 고국으로 돌려보내진다면 갈 곳은 감옥뿐이다. 터져 나오는 울음을 지그시 눌러 참았다. 눈이 부어서 출입국관리사무소 직원이 눈치채면 쫓겨날 수도 있다. 절대 눈물을 보이면 안 된다. 인쇄물 내용을 다 외우면 좋았겠지만 시간이 넉넉지 않았다. 화장실에서 너무 오래 지체하면 의심받을 수 있었다.

공항 화장실에서 보낸 15분. 차노끄난이 태어나 처음 한국을 공부한 시간이었다. 화장실을 나와 마음 졸이며 출입국관리사무소 심사 대기 줄에 섰다. 순서를 기다리면서도 읽은 내용을 계속 곱씹었다. 직원과 눈이 마주치면 움찔했지만 자연스러워 보이려 노력했다. 한국의 출입국관리사무소는 타이 사람들에게 엄격하기로 악명 높다. 여행객으로 위장해 몰래 일하러 오는 타이 노동자가 많기 때문이다.

직원은 차노끄난의 여권과 얼굴을 번갈아 응시했다. 여권 페이지를 몇 번 넘기더니 아무것도 묻지 않고 통과시켰다. 머릿속에 집어넣어 단단히 뭉쳐 놓은 한국 정보가 와르르 무너져 내리며 흩어졌다.

하지만 완전히 그곳을 빠져나올 때까지 긴장의 끈을 놓지 않았다. 태연하게 걸어 나오면서 '왜 내게 아무것도 묻지 않았을까?' 생각했다. 아마 여권에 찍힌 도장들 때문이리라. 차노끄난은 학업을 위해 미국과 일본에 오래 머문 적이 있다. 선진국에서 머문 기록을 확인한 출입국관리사무소는 몰래 한국에 들어오는 타이 사람들과 그녀가 다르다고 판단했을 것이다.

공항 출구로 나와서 페이스북 메신저로 '그'에게 연락했다. 버스를 타고 공항으로 오고 있는데, 1시간 정도 늦는다고 했다. 전날 오후 처음 연락해 알게 된 남자다. 한국에서 차노끄난이 아는 유일한 사람이다. 믿을 수 있는 친구의 친구였다.

그제야 고개를 돌려 주변을 살폈다. 모든 풍경이 생경했다. 두려웠다. 방콕에서 입고 온 빨간 드레스는 무채색의 이곳 겨울과는 도통 어울리지 않았다. 추위에 살짝 몸을 움츠렸다가 검은색 재킷을 꺼내 입었다. 방콕의 밤으로부터 그녀를 지켜주었던 검은 재킷은 한국의 겨울바람을 막기에는 충분치 않았다.

"반가워. 괜찮니?" 1시간 늦게 도착한 그가 물었다. 괜찮을 리 없었다. 안도 섞인 울음이 나오려 했지만 다시 한번 꾹 참았다. 처음 보는 사람 앞에서 울고 싶지 않았다. 그를 따라 광주행 버스에 몸을 실었다. 그는 차노끄난을 광주 시내의 지하철역 인근 게스트하우스로 안내했다. 충분하진 않지만 그런대로 아늑했다. 그제야 꾹꾹 참은 울음이 일시에 터져 나왔다. 더 이상 눈물이 나오지 않을 때까지 목놓아 울었다.

2018년 1월 16일 오후 2시, 방콕 시내 한 우체국.

'112.' 차노끄난은 우체국에서 받은 소장에서 이 숫자를 발견하고 얼굴이 새하얗게 질렸다. 한국에서 '112'는 폭행을 당하거나 위험에 처했을 때 경찰을 부르는 번호지만, 타이에서는 시민을 탄압하는 숫자다.

타이에서는 왕이나 왕비를 비롯한 왕실을 욕하거나 모독하면 불경죄로 간주한다. 왕실모독죄다. 사법부는 왕실모독죄를 지으면 형법 제112조에 따라 최대 15년까지 징역을 살게 한다. 차노끄난은 숫자를 확인한 순간 그날이 타이에서 보내는 마지막 하루가 될지 모른다고 직감했다. 이때부터 그녀는 정리되지 않는 감정이 터져 나올 때마다 눈물을 흘렸다. 시간은 감정에 따라 완급을 달리하며 흘렀다.

우편물이 있다는 소식을 듣고 친구와 우체국을 향할 때만 해도 전혀 예상치 못한 일이었다. 그녀는 현 군부 정권에 저항하고 민주화를 촉구하는 집회를 계속해왔기에 군사법정에서 보낸 소환장일 거라며 대수롭지 않게 생각했다.

학생운동, 그리고 소환장

차노끄난은 2014년 5월 22일 쁘라윳 짠오차 전 육군 참모총장이 쿠데타로 집권한 뒤 꾸준히 민주화 학생운동을 조직해왔다. 그녀는 더 나은 사회에 살고 싶었다. 세상을 바꾸는 사람들 사이에 있고 싶었다.

쭐랄롱꼰 왕립대학을 다닌 차노끄난은 2015년 2월 7일 쭐랄롱꼰 대학과 탐마삿 대학의 풋볼 경기가 있던 날 경기장에서 "독재 타도, 민주주의 만세"라고 쓴 팻말을 내걸고 구호를 외쳤다. 그리고 같은 해 2월 14일 방콕 군사법정 앞에서 시민을 군사법정에 보내지 말라고 집회를 진행했다.

차노끄난은 총 세 번 평화시위에 참가했다가 네 번 체포 위기를 맞았다. 군부독재에 반대하고 인권을 옹호하는 캠페인이 대부분이었다. 그녀는 매번 시민법정이 아닌 군사법정에 섰다.

첫 번째로 체포된 것은 2015년 5월 22일이었다. 차노끄난은 쿠데타 1주년 행사를 맞아 평화시위를 조직했다. 방콕 예술문화센터 앞에서 아무런 구호도 외치지 않고 말없이 시계를 보며 침묵을 지켰다. 일종의 플래시몹이었다. 지나는 사람들에게 쁘라윳 총리가 쿠데타를 일으킨 지 1년이 지났다는 사실을 상기해주고 싶었을 뿐이다. 15분 정도 흘렀다. 경찰이 갑자기 차노끄난 일행을 둘러싸고 경찰서로 연행했다. 경찰은 밤새 차노끄난을 신문했지만 아무 대답도 들을 수 없자 이튿날 오전 풀어주었다. 그날 방콕 시내 곳곳에서 집회가 열렸고, 총 38명이 체포되었다.

두 번째로 체포한 것은 군인들이었다. 2015년 12월 7일, 라차파크 공원 조성 과정에 군부가 개입해 거액을 착복한 비리를 조사하기 위해 기차를 타고 가던 길이었다. 군사정권은 라차파크에 심은 수많은 야자나무를 무상으로 지원받고도 한 그루당 한화 700만 원을 준 것으로 서류를 조작했다. 체포된 차노끄난은 군 캠프로 끌려갔다. 군은 그녀를 신문했으나 기소하지 않고 석방했다. 그리고 일주일 뒤 소환장이 날아왔다. 잘못이 없다고 생각한 차노끄난은 소환에 응하지 않았다. 경찰은 10개월 뒤 그녀를 체포해 방콕 중앙여성감옥에 수감했다. 이 사실이 보도로 알려지자, 시민들이 석방을 위한 모금을 진행했다. 시민사회의 움직임에 부담을 느낀 타이 정부는 차노끄난을 즉각 석방했다.

이때부터 군인과 경찰이 한 달에 한 번꼴로 차노끄난의 집을 찾아왔다. 군경은 수시로 차노끄난과 그녀의 가족을 신문하고 감시했다. 차노끄난은 2016년 쁘라윳 군사정권이 추진한 개헌안 찬반 국민투표에 반대투표를 하자는 캠페인을 진행했다.

2016년 6월 24일, 차노끄난은 타이 헌법을 상징하는 '락시 동상'을 청소하러 가던 길에 경찰에 체포되었다. 세 번째 체포였다. 그녀의 차를 뒤진 경찰은 현 정부의 부패를 비판하는 전단을 찾았다.

수차례 체포되고도 의연했지만 이번에는 달랐다. 무언가 잘못되었음을 깨달았다. 기소 이유는 2016년 12월 3일 자 왕실을 모독하는 영국의 공영 언론 BBC 기사[1]를 페이스북에 공유했다는 것이다. 기사는 현 국왕인 라마 10세의 여성 편력과 도박, 사치, 각종 불법 사업 의혹을 다뤘다. 차노끄난의 동지이자 오랜 친구인 짜뚜빳 분빳따라락사도 같은 기사를 공유해 왕실모독 혐의로 2017년 경찰에 체포되었다. 그는 2017년 8월 2심에서 2년 6개월 형을 선고받고 현재 콘깬 감옥에서 복역 중이다. 한국의 5·18기념재단은 2017년 5월 18일 짜뚜빳에게 광주인권상을 수여했다.

　차노끄난은 부당하다고 생각했다. 이미 2년이 훌쩍 지난 일이었다. 당시 그 기사를 공유한 사람은 2600명이었다. 군사정권은 그중 차노끄난과 짜뚜빳만을 걸고넘어졌다. 이들이 군부독재에 저항하는 민주화 운동가였기 때문이다. 하지만 저항할 수 없었다.

　차노끄난의 친구들은 그녀가 가장 용감한 '민주화 투사'였다고 입을 모았다. "차노끄난은 동지들 사이에서도 자기확신이 가장 강했다. 그녀는 집회에 참가하기 전 '체포될 것을 두려워하지 말자'며 동지들을 다독였다." '민주주의 천사.' 동지들은 차노끄난을 그렇게 불렀다.

　그런 차노끄난도 왕실모독죄는 두려웠다. 군사정권의 탄압과는 비교할 수 없는 두려움이 엄습했다. 그녀는 왕실모독죄로 100년형까지 선고받은 사람들의 이야기를 알고 있었다. 감옥에서 죽거나, 알 수 없는 이유로 비참하게 삶을 마친 이도 있었다. 그렇게 되고 싶지 않았다.

우체국에서 집으로 가면서 소속 단체인 '빈곤의회' 의장에게 연락했다. 그는 방콕의 인권변호사를 연결해주었다. 차노끄난의 기소 사실은 순식간에 활동가들 사이에 퍼졌다. 그녀가 공동설립자이자 대변인으로 일하는 '새민주주의운동' 동지들에게서 계속 전화가 왔다.

집에 도착해 부모님에게 사실을 알렸다. 차노끄난을 몹시 아끼는 부모님은 절규했다. 크게 상심한 아버지는 한숨을 내쉬며 연거푸 술을 마셨다.

타이 중산층 집안에서 태어난 차노끄난은 풍족한 환경에서 자랐다. 그래서 그녀가 처음 참가했던 집회도 2005년 '노란셔츠' 편에서였다. 노란셔츠는 중산층과 엘리트 등 기득권층이 주로 참여한 조직으로, 2006년 탁신 친나왓 전 총리의 부패에 맞서 퇴진운동을 벌였다. 노란색은 왕실을 상징하는 색이었다. 당시 반대편에 있던 '빨간셔츠'에는 농민과 도시빈민이 다수 참가했다.

하지만 차노끄난이 고등학교 2학년 때 미국 오하이오주로 교환학생을 다녀오면서 타이의 상황을 다른 시각으로 바라보기 시작했다. 엄격한 미국 기독교 가정에서 유학한 차노끄난은 종교가 인간의 사고에 미치는 영향에 대해 비판적인 입장을 견지했다. 그녀는 "일주일에 두 번 예배에 가지 않기 위해 아기를 돌보았다"고 했다. 독실한 불교 신자인 부모님에 맞서 종교를 갖지 않는다고 선언했다가 다투기도 했다. 타이에서는 국민의 95%가 불교를 믿는다. 차노끄난은 제3의 길을 모색했다. "노란셔츠가 지지하는 탁신 전 총리를 지지하지 않는다. 탁신이 펼친 정책들은 사람들이 자신을 지지하게 하기 위한 것이었지만 지속 가능하지 않았다."

영민하고 학업 성적이 우수했던 차노끄난은 타이 최고의 대학인 쭐랄롱꼰 왕립대학 정치학과에 들어갔다. 그녀가 군부독재에 저항하지 않고 착실하게 학업에 매진했다면 안정적인 사회적 지위를 누릴 수 있는 조건이었다. 하지만 그녀는 민주화운동과 학생운동에 뛰어들었고, 결국 왕실모독죄로 기소되었다.

광주, 난민

친구들은 차노끄난이 타이를 떠나야 한다고 했다. 오후 4시. 그녀는 소장을 받은 지 2시간 만에 타이를 떠나기로 결심했다. 여행 가방을 꺼내 짐을 꾸렸다. 지방 대학에 다니며 기숙사 생활을 하는 동생에게는 작별 인사를 할 시간조차 없었다.

한 인권단체가 차노끄난의 탈출을 돕겠다고 했다. 그들은 당장 떠나려면 선택지가 많지 않다고 했다. 유엔난민기구UNHCR가 있는 한국을 추천했다. 필리핀과 홍콩도 후보지로 이야기했지만, 그곳은 무비자 체류 기간이 15일밖에 되지 않았다. 한국에서는 비자 없이 90일을 머물 수 있었다. 일단 한국에서 3개월을 머물며 다음 계획을 세우자고 판단했다. 그 뒤에 영어로 소통할 수 있는 국가로 갈 계획이었다. 독일이나 프랑스 등 유럽 국가로 가고 싶었다. 그곳에는 이미 정치적 이유로 난민 신청을 한 타이 사람이 많이 살고 있었다. 한국은 잠시 거쳐 가는 곳이 될 거라고 생각했다.

어머니가 차를 몰아 수완나품 공항으로 갔다. 친구 셋이 함께했다. 차노끄난은 공항 카메라에 자신과 함께 찍히면 불이익을 당할 수 있다고 판단해 어머니에게 차에서 내리지 말라고 했다. 어머니는 급하게 마련한 5만 밧(약 170만 원)을 건넸다. 공항 로비로 배웅 나온 친구 셋 중 한 명이 울음을 터뜨렸다. 모두가 함께 참았던 눈물을 쏟아냈다. 차노끄난은 곧 눈물을 닦고 마음을 추슬렀다. 수완나품 공항 출입국관리사무소에서는 전자 시스템을 이용했다. 최대한 사람과 마주치지 않기 위해서였다.

비행기에 탔지만 여전히 울 수 없었다. 누군가 왜 우냐고 물으면 달리 설명할 말이 없었다. 기내식이 나왔지만 먹지 않았다. 그저 멍하니 지나온 시간을 생각했다. 앞으로 할 일을 떠올리려 했지만 아무 생각도 나지 않았다.

차노끄난이 광주에 온 뒤로 '그'는 매일 그녀를 찾아왔다. 광주 이곳저곳을 데리고 다니며 인권 단체와 사람들을 소개해주었다. 그녀의 난민 신청을 도와줄 공익 인권변호사를 소개받았다. 5·18기념재단은 그녀가 난민으로 받아들여질 때까지 체류비를 지원하고 돕겠다고 했다.

3월 말, 차노끄난은 한국에 난민 신청을 하기로 마음먹고 서류를 제출했다. 그녀의 난민 신청이 대법원까지 가면 최대 5년까지 걸릴 수도 있었다. 문제는 그동안 그녀의 사회적 지위다. 난민으로 인정되기 전까지 한국어를 배우러 학교에 다니거나 일을 할때 제약이 많다. 차노끄난은 "나는 난민도 아니고, 한국인도 아니고, 타이 관광객도 아니다. 여기서 나는 아무것도 아니다"라며 극도의 불안감을 보였다. 차노끄난은 4월 광주국제교류센터에서 열린 난민 정책 세미나에 참가했다가 한국의 난민 인정률이 낮다는 이야기를 듣고 절망했다. 난민 신청이 받아들여지지 않으면 그녀는 한국을 떠나 국가의 경계선 사이에서 아슬하게 떠도는 이방인이 될 수밖에 없었다.

물론 차노끄난이 있어야 할 곳은 난민으로 살아갈 한국이 아니라 조국 타이다. 하지만 현재로서는 이른 시일 내에 귀국하기를 기대하기 힘들다. 차노끄난은 이렇게 토로했다. "왕권과 군부독재의 결탁이 심각해 금방 해결되기 힘든 문제다. 타이 사람들은 잘못된 시스템을 의심하고 고민하는 문제에 익숙지 않다. 현재 타이는 민주공화국이 아니다. 전 세계에 흩어진 타이의 정치난민과 감옥에 갇힌 양심수가 이를 방증한다. 그럼에도 나는 타이가 제힘으로 인권과 민주주의를 쟁취할 수 있다는 용기를 주고, 타이 국민을 지지하고 싶다."

차노끄난이 떠난 방콕

2018년 5월 21일 밤, 타이의 수도 방콕.

"쏴아아아." 탐마삿 대학교 축구장 인근에서 열릴 예정이었던 철야 집회를 앞두고 폭우가 쏟아졌다. 빗소리에 귀가 먹먹해졌다. 방콕 시내에 쏟아지는 소나기는 강렬했다. 캠퍼스를 휘감는 차오프라야강이 퍼붓는 빗줄기에 넘실거렸다.

타이의 정치인과 시민단체, 학생운동가 등으로 구성된 '총선을 원하는 사람들'은 이날 저녁 7시부터 탐마삿 대학교 축구장에서 집회를 시작해 밤샘 농성을 하고, 이튿날인 22일 오전 10시에 정부청사로 행진할 예정이었다. 22일은 쁘라윳 짠오차 총리가 쿠데타를 일으킨 지 4주년이 되는 날이었다.

걸음을 멈추고 축구장 옆 건물 처마에서 비를 그었다. 쉴 새 없이 내리는 비에 형체가 흐려진 축구장을 보며 40여 년 전의 학살을 떠올렸다. 1976년 10월 6일 새벽 경찰과 군인, 그리고 불법 무장 단체가 탐마삿 대학교의 모든 출구를 봉쇄하고 총기를 난사하며 학교에 진입해 학살을 자행했다. 학생들이 왕실을 모독했다는 것이 이유였다.[2]

군경은 무자비했다. 차오프라야강으로 뛰어든 학생들에게도 총격을 가했으며, 투항 의사를 보인 학생들에게도 총을 쏘았다. 일부 학살자들은 여학생들을 성폭행했다. 학생들을 나무에 매달고 폭행하기도 했다. 그렇게 맞은 학생 중에는 이미 숨을 거둔 이들도 있었다.

몇 시간의 학살을 멈추게 한 것은 폭풍우였다. 정오쯤 쏟아진 장대비에 군경은 총격을 멈췄다. 46명이 죽고 167명이 중상을 입었으며 3000명의 학생이 체포되었다. 비공식적으로는 사망자가 100명을 넘었다는 보도도 나왔다.

비가 내리는 탐마삿 대학 교정을 보며 폭력에 의해 봄을 빼앗긴 학생들과 그의 가족들을 떠올렸다. 떨어지는 봄꽃에서도 죽음을 느꼈을 그들, 국가 폭력에 신음했던 그들은 그날 이후 다가오는 모든 것에 두려움을 느끼고 몸서리쳤을 것이다.

학생들은 저항조차 할 수 없었던 거대한 폭력에 목숨을 잃었다. 하지만 죽음이 곧 소멸을 의미하지는 않는다. 그들은 육신의 죽음으로 영원한 생명을 얻었고, 탐마삿 대학교는 타이 민주주의의 상징이 되었다.

타이에서 민주화운동을 하는 한 활동가는 이렇게 설명했다. "큰 집회가 탐마삿 대학교에서 열리는 것은 1976년 군경의 학살 사건에 대한 기억이 있기 때문이다. 타이의 집회시위법은 신고제가 아니라 허가제다. 하지만 우리가 탐마삿 대학교에서 허락 없이 집회를 해도 정부는 감시를 하면서도 적극적으로 막지는 못한다.”

정부는 집회를 막지는 못했지만 집요하게 감시하고 통제했다. 경찰은 이날 오후부터 학교로 들어가는 모든 교문을 봉쇄하고 드나드는 차량을 검문검색했다. 집회 참가자로 파악되면 학교에 못 들어가게 막았다. 치앙마이, 람푼 등 타이 전국 각지에서 모여든 사람들이 학교로 발을 들이지 못하고 발걸음을 돌려야 했다. 집회 시작 예정 시각이던 저녁 7시까지 '총선을 원하는 사람들'은 집회 진행 여부조차 장담할 수 없었다.

'총선을 원하는 사람들'은 우여곡절 끝에 간이 천막을 치고 밤샘 농성에 들어갈 수 있었다. 이들은 올해 안 총선거 실시, 총선 전 군부독재 퇴진, 민중에게 권력 이양 등 크게 세 가지를 요구사항으로 내걸었다. 매년 5월이면 이렇게 민주화 시위가 열리지만 타이 민주화운동은 위기를 맞고 있다는 평가가 많다. 학생들이 관심을 갖지 않고 젊은 층이 참가하지 않기 때문이다. 이날 집회에 참석한 사람 대부분이 50대가 넘어 보였다. 수백 명의 참가자 중 대학생은 20명 남짓이었다. 차노끄난이 졸업한 쫄랄롱꼰 왕립대학 학생회 소속이라고 밝힌 한 학생은 이렇게 말했다. “대학교 기말고사 기간이어서 생각보다 학생이 많이 모이지 않아 아쉽다. 차노끄난 선배가 한국에 정치 망명을 선택한 것은 타이에 정의가 없음을 보여주는 단적인 사건이다. 우리는 선배가 타이로 돌아와 가족과 함께할 수 있기를 바란다." 그는 글을 쓰게 되면 익명으로 처리해달라고 부탁했다. 왕실모독죄로 기소된 차노끄 난이 이미 타이를 떠났지만, 신분을 밝히고 공식적으로 언급하는 것은 부담스러워했다.

이튿날 동이 트자 방콕 경찰 3200명은 시위대 300명을 막기 위해 탐마삿 대학교 인근 도로를 봉쇄하고 '차벽'을 쌓았다. "우리는 총선거를 원한다." 차노끄난의 친구이자 동지인 시라윗 세리티왓이 외치자 집회에 참여한 300여 명의 군중도 그를 따라 외쳤다. 차노끄난은 떠났지만 그녀가 동지들과 함께 조직하고 참여했던 민주화 집회는 이렇게 올해도 열렸다.

농성 참가자 중 개인 자격으로 온 일반 시민이 많았다. 대부분 고령층이었다. 공무원으로 은퇴한 뒤 고무농장을 하고 있다고 밝힌 주따마스는 이렇게 말했다. "농산물 가격이 폭락하고, 군부독재 아래 사람들이 경제적으로 많은 어려움을 겪고 있다. 현재 타이 경제 상태가 역사상 최악이라고 생각하며, 군부독재를 몰아내고 민주주의를 쟁취하기 위해 이 자리에 나왔다." 누따야는 이렇게 토로했다. "총선거를 약속한 지 4년이 지났는데 아직까지 안 하고 있다. 나는 민주주의와 좀 더 나은 경제를 원하지만 현재의 군부독재로는 이루지 못할 것이다. 저소득층에 가던 복지수당도 계속 줄어들고, 이 돈이 자본가에 집중되고 있다."

"당신들은 집회시위법을 위반했다. 집으로 돌아가기 바란다.

나라를 사랑하는 당신들의 마음은 이해한다. 하지만 당신들을 지키기 위해 여기에 나온 경찰의 지시를 따라달라." 오전 11시쯤 방콕 경찰이 확성기를 입에 대고 시위대의 해산을 요구했다. 타이에서는 다섯 명 이상이 정부의 허가를 받지 않고 정치적 견해를 표시하는 집회를 열면 집시법 위반이다.

일부 시위대는 흥분해 경찰과 몸싸움도 했다. 결국 시위대의 정부청사 행진 계획은 무산됐다. 흩어진 일부 시위대가 청사 근처까지 갔으나 역시 경찰에 저지당했다. 이날 군경은 차노끄난의 친구인 시라윗 등 여덟 명을 체포하고 다섯 명을 기소했다. 수감되었다 23일 풀려난 시라윗은 이렇게 말했다. "현 정부가 선거를 할 때까지 집회를 계속할 것이다. 타이는 한국의 민주주의에서 많은 영감을 받고 있다. 타이가 민주주의를 실현할 수 있도록 한국이 관심과 힘을 모아달라."

국내 첫 타이 정치 난민

2018년 11월 5일. 차노끄난은 광주 출입국·외국인청(이하 출입국청)으로부터 난민 인정 증명서를 받았다.[3] 한국에서 정치적 망명으로 난민 지위를 인정받은 첫 타이 사람이 된 그녀는 "지난 5년의 군부 정치에 지친 타이 국민이 고대하던 총선이 2019년 3월 치러졌지만, 선거는 꼼수로 얼룩졌다. 군부는 다시 한번 집권에 성공했고, 민주주의를 열망하는 활동가와 정치인에게 인권 탄압은 계속되고 있다"라고 강조했다. 차노끄난은 여전히 안테나를 세우고 타이 소식을 빠르게 접하고 있다. 허겁지겁 떠날 수밖에 없었던 조국이지만 사랑하는 가족과 친구, 동료 활동가들이 여전히 살고 있기 때문이다.

현재 그녀는 전남대학교에서 한국어 교육과정에 등록해 수업을 듣고 있다. 한국어 공부를 마친 뒤 시민단체에서 일하거나, 대학원에 진학해 더 공부할 계획이다. 차노끄난은 외국인에게 폐쇄적인 한국 사회에 아쉬움을 나타냈다.

차노끄난은 타이의 민주화뿐 아니라 한국 사회의 문제에도 관심을 두고 있다. 광주와 전라도 일대에서 열악한 노동환경에 처해 있는 타이와 동남아시아 노동자를 만난 뒤 한국의 인종차별 문제에 주목하고 있다. 타이, 캄보디아, 베트남 등의 국가에서 90일 동안 비자 없이 체류할 수 있는 무사증을 이용해 관광객으로 입국한 뒤 불법 취업하는 사례가 늘고 있다. 짧은 기간에 고국에서보다 많은 돈을 벌 수 있다는 장점이 있지만 불법이기 때문에 여러 가지 위험을 감수해야 한다. 차노끄난은 이렇게 말했다.

"한국 사람들은 동남아에서 온 노동자들을 같은 사람으로 생각하지 않는다. 이들이 일하는 분야는 한국인이 하지 않는 힘들고 지저분한 저임금 노동이 대부분이다. 이들이 한국 사회에 기여하고 있음에도 불구하고 천대받는 현실에 큰 충격을 받았다. 당장 내일 한국에 있는 모든 외국인이 한국을 떠난다면 어떻게 될까? 공장과 농장은 멈출 것이다. 영어, 일본어, 중국어는 누가 가르칠 까? 한국은 고립된 채 살아갈 수 없는 국제사회의 일원이다."

　주한 타이 대사관의 보고서를 보면, 타이 노동부는 한국에 불법 취업한 노동자 수가 12만 명에 달하는 것으로 파악했다. 이들 중에는 마사지 업소에서 성매매를 강요당하는 타이 여성들도 많다. 차노끄난은 최근에 성매매 강요를 피해 도망쳐 나온 타이 여성을 만났다며 씁쓸한 표정을 지었다. "이런 일들이 한 개인의 잘못 때문에 일어난다고 생각하지는 않는다. 이 사회 시스템에 문제가 있는 것이고, 그 문제를 해결하기 위해 공부하고 일하고 싶다."

1　"Profile: Thailand's new King Vajiralongkorn," BBC. https://www.bbc.com/news/world-asia-38126928.

2　Handley, Paul M(2006). *The King Never Smiles; A Biography of Thailand's Bhumibol Adulyadej*. New Haven: Yale University Press.

3　〈한국 정부, 태국인 정치적 망명자에 첫 난민지위 인정〉, 《연합뉴스》, 2018년 11월 13일.

02

리즈완

카슈미르

"다른 사람을 위해 살아야 사람이다. 자기 생존만을 위해 살아 간다면 그건 동물이다."

카슈미르 독립운동가 리즈완 바이그의 목소리는 단단했다. 눈 가에 팬 주름이 깊고 낯빛이 어두웠지만, 눈빛만큼은 날카로웠다.

리즈완은 2016년 10월 법적으로 난민 지위를 인정받았지만 여 전히 서울 출입국청을 수시로 방문하고 있다. 법 문제로 곤경에 처한 다른 난민과 이주 노동자들을 돕기 위해서다. 고국에서 변 호사였던 그는 외국인을 돕는 법률사무소에서 사무보조로 일하 고 있다.

"최근에 영어를 못하는 난민을 돕기 위해 외국인청에 갔다. 난민이 사무실 의자에 앉자 공무원이 '왜 여기 앉느냐'며 윽박을 질렀다. 난민이라 무시한다고 생각하니 기분이 나빴다. '그렇다면 이 의자는 왜 여기에 둔 거냐'며 맞섰다. 이런 일 때문에 싸운 게 열 번이 훌쩍 넘는다. 내가 난민과 이주 노동자를 돕기 위해 계속 외국인청에 가니까 공무원이 '다시는 오지 말라'고 경고를 했다. 난민 인정을 받았지만 이런 경고를 들으면 등골이 오싹하다. 난민에 대해 잘 모르는 사람들은 (법적) 난민으로 인정받으면 계속해서 한국에서 안정적으로 살 수 있는 것으로 알지만 사실은 그렇지 않다. 내가 받은 난민 지위도 3년 기한이다. 그러니까 2019년 10월에 다시 한국 정부가 내 난민 지위를 들여다보게 되는데, 이처럼 외국인청에서 소란을 계속 일으키면 얼마든지 난민 지위를 박탈당하고 쫓겨날 수 있다. 주변에서 실제로 그런 사례를 보았다. 그럼에도 불구하고 나는 이 일을 계속할 거다. 동물이 아닌 사람으로 살기 위해 내가 할 수 있는 단 한 가지 일이니까."

인도와 파키스탄, 중국 사이에 있는 리즈완의 고향 카슈미르는 한국 사람들에게는 낯선 땅이다. 한국에서는 그보다 이곳 카슈미르 지방에서 생산한, 산양의 털로 짠 '섬유계의 보석'이라 불리는 캐시미어cashmere가 더 잘 알려져 있을지도 모르겠다.

캐시미어는 일반 양털보다 가볍고 보온성이 뛰어날 뿐 아니라 부드러운 촉감을 자랑하지만, 이 섬유가 생산된 카슈미르는 캐시미어처럼 포근하지만은 않다. 수십만의 인도군과 파키스탄군이 대치하고 있는 '서남아시아의 화약고'로 불린다. 카슈미르의 대다수 주민이 이슬람교를 믿었지만, 1846년부터 힌두교 정권이 이 지역을 지배했다.

영국이 1947년 인도를 떠나면서 인도반도가 인도와 파키스탄 두 나라로 분리·독립했다. 국제연합United Nations, UN(이하 유엔)은 "인도와 파키스탄은 카슈미르에서 군대를 철수하고, 카슈미르는 자기 결정권을 갖는다"고 결의했다. 하지만 카슈미르의 지도자였던 힌두교도 하리 싱은 일방적으로 인도 편입을 결정했다. 이러한 일방적인 결정으로 카슈미르 내 이슬람교도들이 반란을 일으켰고, '제1차 인도–파키스탄 전쟁(1947년)'이 발발했다.

유엔은 1949년 휴전을 선언하고 카슈미르 지역을 아자드카슈미르(파키스탄령)와 잠무카슈미르(인도령)로 나눠 각각 파키스탄과 인도가 분할·점령하도록 했다. 카슈미르는 이때부터 언제 끝날지 모르는 분단과 분쟁의 소용돌이로 휘말려 들어갔다. 인도는 카슈미르 전체가 인도 영토라고 주장하면서 반환을 요구하고 있다. 설상가상으로 1962년에는 중국이 카슈미르 동쪽 지역을 침공해 일방적으로 중국 영토로 편입시키면서 카슈미르는 세 동강이 나버렸다.

카슈미르의 왕조에 항거하고 조국의 독립을 외쳤던 할아버지에게 영향을 받은 리즈완은 고등학교를 졸업할 무렵이었던 2001년 일찌감치 학생운동에 뛰어들었다. 그는 파키스탄령 카슈미르인 아자드카슈미르에서 나고 자랐다.

아자드카슈미르에는 엄연히 대통령, 총리, 의회가 있었지만 모두 파키스탄 정부의 통제 아래 있었다. 국제 인권 감시 기구인 휴먼라이츠워치Human Rights Watch는 "'아자드'는 '자유로운'을 뜻하지만, 그것은 아자드카슈미르 주민에게 주어지지 않는 단 하나의 가치"라고 지적했다.

아자드카슈미르의 인권침해는 휴먼라이츠워치의 인권침해 상황 보고서(2006년)에 잘 드러난다. "아자드카슈미르에서는 정치적 다원성, 표현의 자유, 집회의 자유가 엄격하게 제한된다. 언론의 자유도 없다. 군경의 자의적인 체포와 구금, 고문이 횡행하고 있다. 잠무카슈미르주에서 발생한 난민은 차별을 받고 있다. 아자드카슈미르가 파키스탄에 편입되는 것을 원하지 않는 카슈미르 민족주의자들은 공격의 대상이 된다. 사회에 영향을 미치는 일을 하려는 사람은 파키스탄 정부에 충성을 맹세해야 한다. 카슈미르의 독립을 지지하는 사람은 박해의 대상이다. 독립 의지를 공개적으로 표명하면 파키스탄 군부와 군 정보국Inter-Services Intelligence, ISI으로부터 보복당할 가능성이 크다."

이 밖에도 미국 국무부 보고서와 오스트리아 국가 정황 및 난민 신청 조사 센터, 캐나다 이민난민국 등이 작성한 보고서에도 카슈미르의 독립운동가들은 박해의 위험이 상존한다고 명시되어 있다.

이러한 명백한 위험에도 불구하고 리즈완은 독립운동을 결심했다. 그는 2007년 카슈미르의 야당인 잠무카슈미르 아와미 국민당JKNAP에 가입했고, 2008년 12월 푼치 지역 당대표로 선출되었다. 그리고 2013년까지 독립운동과 관련된 시위를 조직하고 참여했다. 파키스탄군 정보국이 저지른 독립운동가와 당 간부들의 납치·암살에 항의하는 평화 시위를 주도하기도 했다. 그는 2009년 6월 파키스탄군 정보국에 납치되어 사흘 동안 감금되는 등 여러 차례 체포되었다. 군 정보국 관계자들은 리즈완을 폭행·고문하며 독립운동을 그만두라고 협박했다.

파키스탄군 정보국이 리즈완 가족에게도 위협을 가하자, 그는 2012년 부모와 인연을 완전히 끊어버렸다. 리즈완의 부모와 형제자매는 모두 의사였고, 그의 집안은 지역사회에서 명문가로 통했다. 가족들은 리즈완이 위험을 무릅쓰고 정치 활동을 하는 것을 반대했고, 리즈완에게 "정치를 계속할지, 가족의 구성원으로 남을지 선택하라"고 했다.

리즈완은 조금도 망설이지 않고 정치를 택했다고 한다. "내가 하는 일이 옳지 않느냐고 부모님께 물었다. 부모님은 '옳지만 위험하고 불가능한 일'이라고 했다. 나는 할아버지가 우리를 위해 싸웠듯이, 계속 독립운동을 하겠다고 했다. 그 후 단 한 번도 가족과 연락하지 않았다."

리즈완은 가족을 등지고 정치 활동을 계속했지만, 파키스탄

군 정보국이 2013년 5월 카슈미르 독립운동 연합전선의 대표 사르다르 아리프 샤히드를 암살하면서 리즈완도 위기를 맞았다. 그는 여러 차례 항의 시위 대열에 참가해 카슈미르의 독립을 외치다 블랙리스트에 올랐다.

파키스탄 정부는 반정부 활동 혐의 등으로 리즈완에 대해 체포영장을 발부했다. 반국가 연설, 공무집행 방해, 파키스탄 국기 훼손 등 '국가비상사태권한법Emergency Power Act'을 위반한 혐의였다. 세상에서 가장 위험한 것은 '합법 아래 위법한 폭력을 행사하는 국가권력'이라는 명제는 카슈미르에서도 참이었다.

정당 관계자들은 그에게 카슈미르를 떠나라고 권유했다. 많은 동지가 체포되어 무수한 고문을 당한 뒤 비참하게 숨져 돌아오는 것을 보아온 리즈완은 어쩔 수 없이 조국을 떠나기로 했다. 촌각을 다투는 상황이라 가방을 꾸릴 시간도 없었다. 베갯잇에 중요한 서류 등만 싸서 길을 떠났다.

아프가니스탄으로 가는 길은 험했다. 파키스탄 군인들이 곳곳에 있어 주로 밤에 움직였다. 탈레반 대테러 군사지역도 뚫어야 했다. 일주일 동안 음식을 거의 먹지 못하기도 했다. 계곡물로 배를 채웠다. 리즈완은 이때를 인생에서 가장 견디기 힘든 시간이었다고 회상했다. 환영과 꿈 사이를 헤매면서 우여곡절 끝에 아프가니스탄에 도착했지만, 이곳에서는 언제 군인들에게 붙잡혀 파키스탄에 넘겨질지 몰랐다. 그는 친구들의 도움으로 아프가니스탄에서 자신을 탈출시켜줄 위조여권을 구했다. 타이와 한국을 거쳐 뉴질랜드로 갈 계획을 세웠다. 앞서 뉴질랜드로 가 난민으로 인정받은 카슈미르 독립운동가의 이야기를 들은 리즈완은 자신의 난민 신청을 도와줄 변호사와 미리 연락을 취해둔 상태였다. 독립운동은 전 세계적으로 인정받는 난민협약상의 대표적인 난민 인정 사유다. 한국도 미얀마에서 독립운동을 했던 많은 정치적 활동가를 난민으로 인정했다.

위조 여권을 쓸 수밖에 없었던 이유

하지만 리즈완은 한국을 떠나 뉴질랜드로 향하기 직전에 발목이 잡혔다. 위조 여권을 쓴 것이 발각되어 인천공항에서 체포된 것이다. 2014년 1월의 일이었다. 리즈완은 "한국에 머물 계획이 없다. 뉴질랜드로 보내달라"고 했지만, 한국 정부는 그를 경기도 화성에 있는 외국인 보호소로 보냈다. 그는 자신이 위조 여권을 쓸 수밖에 없었던 사실을 증명할 서류도 모두 갖고 있었지만, 그것을 인정받는 데 예상보다 훨씬 오래 걸렸다. 그는 뉴질랜드행을 단념하고 보호소에서 난민신청서를 냈다. 다른 선택지가 없었다.

"말이 좋아 보호소지 감옥보다 못했다. 운동도 할 수 없었고, 뉴스를 보거나 인터넷에 접속할 수도 없었다. 난민 신청을 하고 면접을 준비하려면 고국의 지인들과 연락하고 자료를 받아야 하는데, 아무것도 뜻대로 할 수 없었다." 절망한 리즈완은 뉴스 채널 시청, 영어 신문 구독, 운동 시간 보장, 균형 식단 제공, 질병 치료, 인터넷 사용 허가 등을 요구하는 탄원서를 썼다. 그는 보호소 안에서 자신의 난민 신청을 도울 변호사에게 자료를 보낼 수도 없었고, 자신을 도와줄 비정부기구NGO와 연락할 방법도 없는 절망적인 상황에 처했다.

그가 택한 것은 단식투쟁이었다. 단식투쟁은 보통 최후의 수단이다. 생명 유지를 거부함으로써 자신의 생명을 증명할 수밖에 없을 때, 그것 말고는 다른 선택지가 없을 때 하게 된다. 그는 57일간 단식을 이어 갔다.

그사이 난민 소송에 미숙했던 소송대리인이 주한 파키스탄 대사관에 내용증명을 요청하는 참사가 일어났다. 파키스탄 정부를 비판하고, 국가비상사태권한법을 위반한 혐의로 수배되어 한국까지 도망 온 사람의 도주 사실 확인을 해당 국가에 요청한 것이다. 게다가 화성 외국인 보호소가 여권을 소지하고 있지 않은 리즈완을 본국으로 송환하기 위해 여행증명서를 파키스탄 대사관 쪽에 요청하면서 더 큰 위험에 놓였다.

"보호소에서 네 여행증명서를 신청했는데, 우리는 이미 네가 위조 여권으로 한국에 들어온 것을 알고 있다. 왜 네가 한국에 왔고, 두 건의 형사사건에 연루된 범죄자라는 사실, 반정부 인사라는 사실, 단식투쟁을 하고 있다는 것 모두를 알고 있다. 너를 조사하고 파키스탄으로 데려가 처벌하겠다." 리즈완은 대사관 쪽으로부터 협박을 받았다. 파키스탄으로의 송환은 처참한 죽음을 의미했다.

그는 이러한 우여곡절을 겪고, 난민인권센터의 도움을 받아 보호소를 나올 수 있었지만 이미 1년 7개월이 흐른 뒤였다. "단식 끝에 보호소를 나왔지만 눈도 잘 떠지지 않았고, 제대로 걷기도 어려웠다. 마치 〈워킹데드〉의 좀비 같았다."

보호소를 나온 리즈완은 카슈미르에 있는 친구들과 한국 인권변호사들의 도움을 받아 자료를 모았고, 다시 난민 소송에 임했다. 리즈완은 2016년 10월 법적으로 난민이 됐지만, 자신이 처한 상황은 전과 다르지 않다고 했다.

리즈완은 이렇게 토로했다. "신분증이 나오고 2019년까지 합법적으로 일할 수 있게 되었지만 그뿐이다. 그 후에는 어떻게 될지 모른다. 아무런 계획도 세울 수 없다. 공동체의 일원으로서 이웃을 위해 무엇이든 하고 싶지만, 한국에서 나는 여전히 고립되어 있다. 비슷한 어려움을 겪는 난민들을 위해 목소리를 내고 싶지만 되레 내 지위가 위협받는다. 그래서 보호소를 나왔어도 여전히 손발이 묶여 있는 기분이 든다. 나는 동물이 아닌 사람으로 살고 싶다." 그는 자신보다 10년 전에 캐나다로 망명한 동료 독립운동가가 2014년 지역 의원으로 선출된 사례를 언급하면서 안타까워했다. "나는 먹고살기 위해 한국에 온 게 아니다. 그럴 거였다면 올 필요가 전혀 없었다. 부유한 가정에서 즐겁게 살 기회를 모두 걷어차고 이곳까지 흘러왔다. 나는 타인을 돕고 싶지만 한국 사회는 그것을 원하지 않는다. 그저 없는 사람처럼 지내길 원한다." 그는 한국에서 난민으로 인정받았지만, 여전히 다른 나라로 가 다시 난민 신청을 해야 할지 고민한다. 한국에서 겪었던 난민 인정 절차를 다시 한번 겪는다고 생각하면 눈앞이 캄캄해져 선뜻 실행에 옮기기가 힘들다.

난민에 대한 지원이 열악하고 차별이 심한 한국에서는 난민으로 인정받고도 떠나는 사례가 많다. 2001년 한국이 처음 난민으로 인정한 '1호 난민'도 한국을 떠났다. 그는 유럽에서 다시 난민 지위를 인정받았다.[1]

리즈완의 조국은 아직 참극의 안갯속에 있다. 2018년 세밑, 잠무카슈미르 풀와마 지역에서 민간인 시위대에 인도 정부 보안군이 총격을 가하면서 일곱 명이 목숨을 잃었다.[2] 카슈미르 지역의 편입을 주장하는 파키스탄 정부는 강한 유감을 나타냈다.

해가 바뀌고 2019년에도 카슈미르의 비극은 계속되었다. 2월 14일(현지 시간) 잠무카슈미르주의 주도 스리나가르 외곽 지역에서 폭탄 테러가 발생해 인도 중앙예비경찰부대CRPF 소속 경찰관 40명이 목숨을 잃었다.[3] 리즈완은 이렇게 말했다. "그 소식을 들었을 때 나는 너무 절망적이었다. 차라리 내가 그곳에 있었으면 싶었다. 낯선 땅, 낯선 생명 가운데 어색하게 살기보다, 우리 민족의 친숙한 죽음 가운데서 죽고 싶었다."

　분쟁은 이슬람 극단주의 무장 단체인 카슈미르 반군 '자이시에무함마드Jaishi-e-Mohammed'가 2월 14일 인도령 카슈미르(잠무카슈미르)에서 인도 중앙예비경찰부대를 상대로 자살 폭탄 공격을 하면서 시작되었다. 폭탄 테러로 40여 명의 경찰이 목숨을 잃자, 인도도 가만있지 않고 역공에 나섰다. 인도 공군은 2월 26일, 1971년 이후 48년 만에 처음으로 파키스탄을 공격했다. 인도 정부는 인도 공군이 통제선Line of Control, LoC을 넘어 카슈미르 바라코트 지역의 테러리스트 캠프를 공습했다고 밝혔다. 그곳이 자이시에무함마드의 파키스탄 내 가장 큰 훈련 캠프였고, 인도군의 폭격으로 캠프가 완전히 파괴되었으며 테러리스트와 훈련 요원, 간부 등이 목숨을 잃었다고 발표했다. 이날 공습에는 전투기 12기가 동원되어 1톤 이상의 폭탄을 떨어뜨렸다. 이튿날 파키스탄 공군도 통제선을 넘어가 인도 항공기 2기를 폭격하면서 긴장감은 더욱 높아졌다. 아자드카슈미르(파키스탄령)와 잠무카슈미르(인도령) 사이를 가르는 통제선 인근에서는 양국 군대의 폭격이 끊이지 않았다.

　리즈완의 친구는 인도 공군의 폭격이 계속되던 3월 3일, 통제선 인근에 사는 고향 친구와 통화했다. 친구는 "수시로 쏟아지는 폭격 때문에 3일 동안 제대로 잠을 잘 수 없었다"고 했다. 인도와 파키스탄이 쏘아대는 포탄에 힘없는 카슈미르 주민들의 집은 박살 났고, 카슈미르 영토 내 모든 병원에는 비상이 걸렸다. 하지만 세계의 그 어떤 언론도 카슈미르 주민의 죽음을 주목하지 않았다. 카슈미르에는 언론사가 있지만 자율적으로 보도할 수 없다. 어떤 보도도 하지 못하도록 통제한다. 카슈미르 관점에서 파키스탄과 인도는 모두 '침략자'다. 그들에게 카슈미르는 서로의 군사력을 과시하기 위해 싸움을 벌이는 '놀이터'다. 하지만 이 싸움은 단순히 인도와 파키스탄의 알력 다툼이 아니다. 양쪽 카슈미르에 사는 2000만 동포들의 목숨을 위협하는 전쟁이다.

카슈미르는 유엔이 인정한 독립 국가이지만 카슈미르 사람들은 카슈미르 땅에서 고문당하고 죽임을 당했다. 폭력이 없는 평화적인 저항도 용인되지 않았다. 지난 2년 동안 1000명 넘는 사람이 인도군이 시위대를 해산하기 위해 쏜 고무탄에 맞아 시력을 잃었다. 그리고 300명이 넘는 '순교자'가 나왔다. 그들은 자신의 삶을 카슈미르의 독립과 자유를 위해 바쳤다.

하지만 국제사회에서 카슈미르의 목소리는 미약하다. 인도와 파키스탄은 카슈미르 문제를 해결할 의지가 없다. 그들의 이익을 위해 이용하려고만 한다. 선거철이 다가오는 인도에서는 카슈미르 지역에서 벌어지는 분쟁을 빌미로 표몰이를 한다.

서남아시아의 화약고는 평화를 찾을 수 있을까? 리즈완의 고국은 독립을 맞이할 수 있을까?

리즈완은 "평화와 독립을 믿는다"고 했다. "1945년까지 한국이 일본의 식민지였을 때, 한국인의 선조들은 후손들의 자유를 위해서 자신의 삶을 희생했다. 우리는 노예로 태어났지만 그것은 우리 잘못이 아니다. 하지만 우리가 노예로 죽는다면 역사가 우리를 용서하지 않을 것이다. 나 역시도 언젠가 우리 카슈미르가 독립을 되찾을 것이라 믿고 내 삶을 내던졌다. 지금의 한국인들은 당신의 자손들을 위해서 무엇을 하고 있는가?" 그가 던진 질문이 오랫동안 귓가를 맴돌았다.

1 〈'1호 난민'은 한국에 없다〉, 《한겨레21》, 2013년 10월 4일.
2 〈印·파키스탄, 또 카슈미르 갈등…칸, 인도군 민간인 발포 비난〉, 《연합뉴스》, 2018년 12월 17일.
3 〈인도, 파키스탄 수입품에 200% 관세…'카슈미르 테러' 보복〉, 《연합뉴스》, 2019년 2월 17일.

03

아미르

발루치스탄

발루치스탄 난민 아미르가 하던 일을 멈춘다. 몸에 묻은 먼지를 털고, 흐르는 물에 손발을 씻은 뒤 작은 창문이 있는 공장 탈의실에서 모국어로 기도를 올린다.

"파키스탄에서 발루치스탄 사람들을 그만 죽였으면, 하루빨리 발루치가 독립되어 조국으로 돌아갈 수 있었으면……." 아미르가 나지막이 읊조린다. 여전히 발루치스탄에서 죽음의 공포에 떨며 억압받는 친척들과 형제들을 위해 기도하는 시간. 한국 땅에 살지만 그림자처럼 드러나지 않는 '노웨어 맨Nowhere Man(어디에도 없는 사람)'이 하루 중 유일하게 자신의 목소리를 내는 순간이다.

이는 김정근 감독이 아미르의 고달픈 한국살이를 담은 영화

〈노웨어 맨〉의 마지막 장면이다. 〈노웨어 맨〉은 2017년 5월 말 인천에서 열린 제5회 디아스포라(이산) 영화제 폐막작으로 상영되었고, 2018년 10월 12일 이화여대 아트하우스에서 열린 제12회 이주민영화제에서도 상영작으로 뽑혔다.

김 감독은 아미르의 일상을 담은 영화의 제목으로 〈노웨어 맨〉을 붙인 이유를 이렇게 설명했다. "아미르는 한국에서 난민으로 인정받았지만, 여전히 고향으로 돌아가고 싶어 한다. 하지만 발루치스탄에서 그를 기다리는 건 죽음뿐이다. (한국을) 떠나지도 못하고 정착하지도 못한 채, 마치 없는 사람 취급당한다. '노웨어 맨'은 그의 상태를 표현하는 적확한 말이라고 생각했다."

노웨어 맨, 아미르의 고향 발루치스탄은 19세기 말부터 영국의 식민 지배를 받았다. 영국 지배하의 발루치스탄은 1935년과 1945년 대규모 지진을 겪은 뒤 1947년 영국령 인도제국이 해체되면서 자치권을 가질 기회가 있었다.

하지만 1948년 3월 파키스탄이 강제로 들어와 불법 점령했다고 발루치스탄 사람들은 주장한다. 발루치스탄인들의 삶의 터전은 세 조각으로 찢겨 주변의 이란, 파키스탄, 아프가니스탄에 편입되었다.

발루치스탄은 파키스탄 4개 주 가운데 석유와 천연가스, 각종 광물과 해양자원이 가장 풍부한 지역이지만 주민들은 이 자원의 혜택을 누리지 못했다. 마실 물조차 부족한 사람이 즐비하다. 파키스탄 정부가 모든 자원을 통제하고, 이에 항의하는 발루치스탄 사람들을 탄압하기 때문이다.

발루치스탄의 분리·독립을 주장하는 세력은 1948년부터 조직적으로 저항하기 시작해 현재까지 70년이 넘도록 싸우고 있다. 이러한 저항에 파키스탄 정부는 강력한 무력으로 맞서고 있다. 발루치스탄에서 2011년부터 2016년 말까지 사법 절차를 거치지 않고 죽임을 당한 뒤 버려진 주검이 1000구가 넘는다. 발루치스탄의 인권 단체 '실종 발루치인의 목소리VBMP'는 직접 조사한 죽음만 1200건에 이르고 파악하지 못한 죽음까지 포함하면 훨씬 많을 것으로 본다.

파키스탄 정부의 70년이 넘는 무력 탄압에 주민들의 독립 의지도 꺾인 탓인지 2012년에 발루치에서 한 여론조사를 보면 주민의 다수는 분리·독립을 지지하지 않는 것으로 나타났다. 오직 37%만이 발루치의 독립을 지지하고 있었다.

하지만 주민의 대다수인 67%는 독립까지는 아니더라도 여전히 발루치스탄 영토에서 더 많은 자치권을 누리기를 바란다.[1] 이들은 자신들이 가장 비옥한 영토에 거주하고 있으면서도 차별받고 있으며, 경제적 불이익을 받고 있다고 생각한다.[2]

2018년 10월 20일, 서울 종로구에서 열린 '난민 환영 문화제'에서 만난 발루치 난민 나세르는 이렇게 전했다. "파키스탄이 발루치스탄을 점령한 뒤 발루치 사람들의 인권은 심각하게 침해되었다. 파키스탄군 정보국은 아이와 여성 가리지 않고 무차별로 납치하고 죽였다. 파키스탄의 착취와 폭력에 대항해 독립운동이 일어났지만, 파키스탄 정부는 무력으로 짓밟았다."

아미르와 한국의 인연은 깊다. 그는 1996년에 비전문취업 비자인 E9을 발급받고 한국 땅을 처음 밟았다. 그는 가리봉동 인근 인쇄 공장에서 일했다고 한다. 비자가 만료되어 1998년 돌아갔지만 그는 한국에서 월드컵이 열렸던 2002년에 다시 한국에서 E9 비자를 발급받아 일할 기회를 가졌다. 하지만 비자가 만료된 뒤에도 아미르는 발루치의 상황이 나빠져 고국으로 돌아갈 수 없게 되었다.

아미르는 한국에 있는 동안 《데일리 카와르》라는 발루치스탄 현지 신문에 기고문을 쓰고 페이스북을 통해 파키스탄 정부가 어떻게 발루치 주민을 학대하는지 알렸는데, 이런 활동을 파키스탄 정부가 알게 되면서 눈 밖에 났다.

그는 한국에 오기 전 발루치스탄에서 학생운동과 독립운동에 뛰어든 전력이 있다. 발루치에서 독립을 외치는 시위와 주민의 인권 보장에 관해 토론하는 회의에 참여했던 것인데, 한국에 와서도 비슷한 활동을 꾸준히 이어 갔다.

결국, 아미르는 2009년 난민 신청을 하기로 결심했다. 식민 지배를 당한 경험이 있는 한국은 발루치의 독립운동가인 자신을 조금은 더 이해해주고 배려할 거라는 믿음이 있었다. 그러나 아미르의 믿음은 오래가지 못했다. 한국에서 난민으로 인정받기는 어려웠다. 난민 신청한 지 2년 뒤에 '불인정' 결정이 떨어져 행정소송을 했고, 아미르가 승소했지만 이번에는 법무부가 결과를 받아들이지 않았다. 항소를 제기해 고등법원으로 넘어가는 사이 발루치스탄에 있던 아들이 군 정보국에 납치됐다. 그는 고등법원에서 판사에게 읍소했다. 그리고 2014년에야 난민 지위를 인정받아 발루치스탄에 있던 가족을 한국으로 데려올 수 있었다. 천만다행으로 군 정보국에 납치되었던 아들도 풀려나 현재는 아미르 곁에 있다.

아미르는 한탄했다. "5년이라는 시간이 흘렀다. 정말 너무 오래 걸렸다. 한국의 법무부와 정부에 왜 이렇게 오래 걸려야 했는지 묻고 싶다." 하지만 이미 흐른 시간을 되돌릴 수는 없다.

부산의 발루치스탄 사람들

한국에서는 발루치스탄이라는 나라의 존재도 잘 모르는 경우가 많지만, 부산 지역에는 꽤 많은 발루치스탄 사람이 살고 있다. 대부분은 열악한 환경에 놓여 있다. 아미르와 같이 부산 지역에 살고 있는 발루치스탄 출신 칼레드는 아들 미르가 뇌성마비를 앓고 있는데도 난민이라는 이유로 장애인 복지 서비스를 받지 못했다. 장애인복지법상 장애인으로 등록할 수 있는 외국인(재외 국

민, 외국 국적 동포, 한국 영주권자, 결혼 이민자)에 해당하지 않는다는
것이었다.

다행히 2017년 부산고등법원이 난민의 장애인 등록 거부는 위
법이며, 난민도 장애인으로 등록해 복지 서비스를 받을 권리가
있다고 판결했다. 그 후 보건복지부가 난민도 장애인 지원 혜택
을 받을 수 있도록 법을 개정하고 제도를 정비했다.[3] 한국에 있는
900명 이상의 난민들에게 중요한 변화가 발루치 난민을 통해서
이루어진 것이다.

난민으로 인정받은 아미르는 가족과 함께할 수 있게 되었지
만, 여전히 힘든 일상을 버티고 있다. "한국은 물가가 너무 비싸
다. 공장에서 아무리 열심히 일해도 집세, 전기 요금, 식비를 내
면 거의 남는 게 없다. 아들이 대학에 가고 싶어 했지만 엄두도
못 냈다. 휴일이면 어디 가까운 곳에 소풍을 가고 싶지만, 그마저
도 단념해야 하는 상황이다."

아미르가 일하는 부산의 사상공단은 근무 환경이 열악한 곳
이다. 한국인이 꺼리는 일자리를 아미르 같은 난민들과 이주 노
동자들이 대신하고 있다. 이주 노동자 문제에 관심이 많은 김 감
독과 아미르가 사상공단에서 만난 것은 우연이 아니었다. 그렇게
〈노웨어 맨〉이 세상의 빛을 보게 되었다.

아미르의 조국 발루치스탄에는 화약 냄새가 끊이지 않고 있
다. 2019년 5월 11일 발루치스탄의 관광 명소 중 한 곳인 과다르

지역의 5성급 호텔 펄 콘티넨털에 총기 등으로 무장한 세 명의 괴한이 난입해 경비원을 살해하는 사건이 발생했다.[4] 발루치스탄 분리주의 반군 조직인 발루치해방군Baloch Liberation Army, BLA은 배후를 자처하면서, "중국인과 여타 외국인 투자자들을 겨냥했다"고 밝혔다. 파키스탄과 중국은 2015년 중국에서 파키스탄 과다르항까지 3000킬로미터에 걸쳐 도로와 철도, 송유관 등을 구축하기로 합의했다. 발루치스탄 분리주의 반군 조직은 이런 사업과 관련해 발루치스탄 주민들이 합당한 대가를 받지 못하고 있다고 주장했다.

7월 23일에는 발루치스탄 주도인 퀘타 인근 시장에서 폭탄 테러가 발생해 31명이 목숨을 잃거나 다쳤다.[5] 퀘타 경찰은 폭탄이 장착된 오토바이가 시장 내 약국 근처에 세워져 있다가 폭발한 것으로 파악했다. 발루치스탄에서는 2018년 한 해 동안만 이러한 테러 사건으로 경찰관 15명을 포함해 119명이 목숨을 잃었다. 한국 언론은 이처럼 참혹한 무력 충돌의 상황을 단편적으로 보도하면서도 발루치스탄이 독립운동을 하는 이유에 대해서는 잘 언급하지 않는다. 발루치스탄의 역사적 배경을 이해하지 못하면 자칫 분리·독립운동에 대한 혐오로 이어질 우려가 있다.

아미르는 파키스탄 군 당국에 짓밟히고 있는 발루치스탄의 인권 상황을 전하고 싶다고 강조했다. "나의 몸은 한국에 와 있지만 여전히 발루치가 그립다. 특히, 라마단이나 우리 고향의 풍요로운 결혼식을 떠올리면 너무 돌아가고 싶어진다. 독립이 되면 하루라도 빨리 고국에 돌아가서 살고 싶다. 발루치의 독립을 원한다. 그게 내 소원이다. 한국과 유럽, 국제사회가 발루치스탄의 인권 침해 상황에 관심을 두고, 집단 학살을 멈추라고 촉구해달라."

1 "37pc Baloch favour independence: UK survey," *The News International*, 2012.8.13.

2 Kemp, Geoffrey(2010). *The East Moves West: India, China, and Asia's Growing Presence in the Middle East*(1st ed.). Brookings Institution. p. 116.

3 〈등교 어려운 장애인 난민 아동에 복지부 뒤늦은 도움〉, 《한국일보》, 2017년 6월 24일.

4 〈파키스탄 5성급 호텔에 반군 난입…총격에 최소 3명 사상〉, 《연합뉴스》, 2019년 5월 12일.

5 〈파키스탄 남서부 퀘타 교외 시장서 폭탄 테러 31명 사상〉, 《뉴시스》, 2019년 7월 24일.

04

아메드

시리아

"군대에서 널 찾고 있어. 다시는 돌아오면 안 돼."

2012년 12월 한국에 온 시리아 난민 아메드 라바비디는 한국에 온 지 얼마 되지 않아 가족에게서 전화 한 통을 받았다. 시리아 정부군의 체포 대상에 포함되었다는 내용이었다.

아메드는 2012년 봄 대학생이 되었지만, 캠퍼스의 낭만을 누리지는 못했다. 그는 알레포 대학교에서 공학을 공부하며 엔지니어가 되는 꿈을 키웠다. 수업이 끝난 뒤에는 아르바이트로 컴퓨터 수리를 했다. 하지만 꿈을 이룰 '청춘'은 아메드에게 주어지지 않았다. 그 대신 튀니지에서 시작된 '아랍의 봄' 바람이 시리아와 그의 삶을 바꾸어 놓았다.

2011년 3월, 시리아 남부의 작은 도시 다라에서 학생들이 '재스민 혁명'의 민주화 구호를 벽에 썼다가 체포되었다. 시민들은 학생들의 석방을 요구하며 평화 시위를 벌였지만, 바샤르 알아사드 정부가 시위를 무력으로 진압해 무고한 시민들이 목숨을 잃었다. 30년 동안 시리아를 통치한 하페즈 알아사드가 2001년 숨졌지만, 아들 바샤르가 정권을 이어받아 시리아를 통치하고 있었다.

평화 시위를 폭력으로 짓밟은 알아사드 정권의 퇴진과 민주화를 요구하는 시민들의 시위가 시리아 전역으로 퍼져 나갔다. 전국적인 반정부 운동에 알아사드 정부의 무력 탄압은 더욱 노골화했다. 탄압에 반기를 든 일부 군인은 대열을 벗어나 반군에 가담했다. 국제사회는 2012년 6월 시리아 사태를 내전 상황으로 선언했다.

그 후 시리아 내전은 제국주의와 다른 국가들의 지정학적 이해관계가 얽히면서 더욱 복잡한 양상으로 전개되었다. 대표적인 수니파 국가인 사우디아라비아는 '아랍연맹'을 내세워 알아사드 대통령을 압박했다. 반면 시아파 국가로 분류되는 이란은 알아사드 정권을 지원했다. 이라크에서 발생해 시리아로 유입된 이슬람국가Islamic State, IS 역시 시리아 내전 상황을 더욱 복잡하게 만들었다.

아메드의 고향인 '시리아 제2의 도시' 알레포에서는 2012년 7월 말, 반군과 정부군의 교전이 시작되었다. 아메드는 교전 당시 목숨을 잃을 뻔한 고비를 여러 번 넘겼다.

하루는 아메드가 알아사드 정권에 반대하는 구호를 외치며 시위에 참여했는데, 정부군이 기습 공격을 시도했다. 도심 지역의 전기와 통신을 차단하고, 시민들에게 무차별 총격을 가했다. 군인들이 총구를 겨누며 아메드를 뒤쫓았고, 하늘에서는 헬리콥터에 탄 군인들이 총을 쐈다. 주변에 함께 도망치던 사람들이 총에 맞아 쓰러졌다. 정부군은 어린이와 어른을 가리지 않고 마구 쐈다. 아메드의 옷은 금세 벌겋게 피로 물들었다. 집 앞 건물로 쫓겨 들어갔는데, 주민이 그를 숨겨주었다. 그는 군인들의 추격을 가까스로 따돌리고 겨우 목숨을 건졌다.

시리아 내전이 격화되면서 정부는 대학생들도 군대로 끌고 갔다. 아메드는 정부군에 가담하고 싶지 않았다. 군대에 가면 시위대와 반군을 향해 총을 겨눠야 했다. 그렇지 않으면 죽임을 당했다. 죽고 싶지도, 죽이고 싶지도 않았던 그는 시리아를 떠나기로 결심했다. 터키 국경과 알레포는 그리 멀지 않았지만, 시리아를 떠나기는 쉽지 않았다. 정부군과 반군의 전투가 잦았기 때문이다.

세 살 아이 쿠르디의 죽음

터키에 도착한 아메드는 한국행을 택했다. 자신보다 먼저 시리아를 떠난 남동생이 한국에서 중고차 수입 일을 하고 있었다. 몇 달 정도 머문 뒤 시리아로 돌아갈 계획이었지만, 내전 상황이 격화되어 돌아가기 힘들다고 판단한 아메드와 동생은 한국에서 난민 지위를 신청했다.

시리아인의 한국행은 2011년께부터 시작되었다. 내전 상황이 심각하지 않았던 당시는 시리아에서 한국행 여행비자를 발급받을 수 있었기 때문에 어렵지 않게 한국으로 온 뒤 난민 신청을 할 수 있었다. 아메드의 동생처럼 주로 중고차 수입과 판매 일을 하던 사람이 많았다. 한국 사업가들이 시리아에 중고차를 많이 팔았는데, 시리아에서 사용하던 차를 수리해야 할 때면 시리아 사업가들이 한국에서 부품을 조달하는 일을 많이 했다. 사업가들이 시리아 직원들과 같이 한국에 와서 3개월간(체류 기간) 머물며 중고차 부품을 사서 컨테이너에 채워 시리아에 보내는 식이었다. 그렇게 사업차 왕래하다 시리아 내전 상황이 악화하자 한국에 정착한 것이다.

이러한 인구 구성이 시리아 난민과 예멘 난민의 가장 큰 차이점이었다. 제주도를 찾은 예멘 난민들은 언론인, 엔지니어, 학생 등 다양한 직군이 섞여 있었고, 한국에 대해 잘 몰랐다는 공통점이 있다. 반면, 시리아 난민들 가운데는 한국을 잘 아는 사람이 많았다. 시리아 난민이 예멘 난민만큼 논란이 되지 않았던 이유를 짐작할 수 있는 대목이다.

한국행 여행비자가 없는 사람들은 시리아와 무비자 협정을 맺은 중국을 거쳐 한국으로 왔다. 2013년부터는 레바논과 터키를 거쳐서도 많이 들어왔다. 하지만 사회문제로 불거지지 않았다. 1년에 100명 남짓 들어오니 시리아 난민들이 한국에 오는지도 잘 몰랐다. 예멘 난민처럼 짧은 기간 수백 명이 제주도라는 섬으로 몰린 것도 아니었기 때문에 눈에 잘 띄지 않았다.

하지만 메르스(중동호흡기증후군)라는 낯선 역병이 한국을 휩쓸었던 2015년 한 해에만 200명의 시리아인이 입국하면서 한국 정부는 시리아 난민의 입국 경로를 차단하고 나섰다. 공항 난민 심사에서 불회부 결정으로 입국하지 못한 28명은 8개월 가까이 송환 대기실에서 생활했다. 난민 인권 단체와 많은 사람이 힘을 합쳐서 소송을 제기했고, 승소하면서 어렵게 한국에 들어올 수 있었다. 2018년 봄, 예멘 난민 500여 명의 방문에 한국 사회는 화들짝 놀랐지만 수백 명 규모의 난민 행렬은 처음이 아니었던 것이다.

예멘 난민이 제주도를 찾았을 때 난민을 혐오하는 쪽에서는 '이들을 추방하라'고 강하게 요구했는데, 그 이유 중 하나가 '가짜 난민'이라는 것이었다. 제주도를 찾은 예멘 난민 대부분이 젊은 남성이기 때문에 이들은 난민이 아니라 이주 노동자에 불과하다고 주장했다.

남성의 비중이 큰 것은 시리아 난민도 마찬가지였다. 법무부 출입국·외국인정책본부의 자료를 보면, 2017년 12월 31일 기준

국내 체류 시리아인은 1353명인데 이들 대부분이 난민이다. 여기서 남성이 983명이고, 여성은 370명이다.

난민 신청자의 73%가 남성이었지만 한국 사회는 시리아인들을 냉대하지 않았다. 여기에는 시리아 소년 알란 쿠르디와 오므란 다크니시의 역할이 컸다. 2015년 9월 터키 해안가에서 엎드려 숨진 채 발견된 세 살 소년 알란 쿠르디, 그리고 2016년 9월 알레포의 무너진 집 잔해 틈에서 발견된 오므란 다크니시의 사진은 전 세계 시민에 충격을 주었다. 국제사회의 관심이 커졌다. 한국도 마찬가지였다.

시리아 유학생 압둘 와합이 한국에서 2013년 6월 세운 '헬프 시리아'를 통해 온정의 손길이 이어졌다. 헬프시리아는 한국인들이 모아 준 3억 원에 가까운 성금으로 총 여섯 차례에 걸쳐 터키-요르단 등지에 있는 시리아 난민 캠프에 음식, 약품, 난방 시설, 연료 등을 지원했다.

한국 정부는 시리아 난민 가운데 1200여 명에게 인도적 체류 지위를 부여했지만 법적 난민으로는 단 네 명만 인정했다. 이들의 신분은 공개되지 않았으나, 시리아에서 군인이었거나 군인 가족이었던 사람들이 난민 지위를 인정받은 것으로 알려져 있다. 네 명의 난민 인정자 중 한 명은 한국을 떠나 독일로 향했다. 난민에 대한 한국의 처우가 독일에 한참 못 미쳤기 때문이다.

100여 명은 인도적 체류 지위도 인정받지 못했는데, 이들은 어떤 이유로 난민 심사에서 단순 불인정이 되었는지 아직 모른다. 출입국 사무소도 알려주지 않았다. 인도적 체류를 인정받지 못한 시리아인들은 일자리를 찾아서 취업 비자를 받거나 각자 살 길을 모색했다. 끝내 뾰족한 수를 찾지 못하고 한국을 떠난 사람도 있다.

한국인이 된다면

아메드는 난민 지위를 인정받지 못했지만, 인도적 체류 지위를 받을 수 있었다. 그렇게 겨우 평화를 찾은 듯싶었던 그에게 또다시 큰 불행이 닥쳤다. 시리아에서 내전의 참상을 목격하고, 한국으로 떠나오는 과정에서 극심한 스트레스를 받은 그가 2013년 초 희귀 난치성 질환인 크론병(국소성 장염)에 걸린 것이었다. 의료보험에 가입하지 않아 적절한 치료를 받지 못한 그는 장출혈로 쓰러져 큰 수술을 받고 한 달 동안 병원에 입원했다. 문제는 600만 원에 가까운 치료비였다. 인권 단체가 돈을 모아 겨우 치료비를 낸 그는 퇴원 뒤 건강보험에 가입되는 일자리를 찾았다.

아메드 같은 시리아 난민들이 한국에 처음 들어왔을 때 제일 어려워했던 부분으로 '언어, 날씨, 한국 문화' 등 적응 관련 문제를 많이 꼽았는데, 한국에 체류하는 시간이 길어지면서부터는 문제가 더욱 복잡하고 다양해졌다.

개인의 노력으로 해결할 수 없는 문제가 많았다. '가족'과 관련된 부분도 그랬다. 한국에 와서 난민 신청을 할 때만 해도 '시리아 내전 상황이 금방 좋아질 테니까' 하는 희망이 있었다. 그런데 7~8년이 지나도 전쟁이 끝나지 않아 가족들을 만나지 못한 경우가 많아졌다. (법적) 난민으로 인정받지 못하면 아내와 자녀들을 데려오지 못하기 때문에 계속 이산가족으로 살아야 했다. 젊은 시리아 남성들은 결혼을 희망하는데, 인도적 체류 지위로는 제약이 따른다. 한국 여성과 결혼하고 자녀까지 낳은 시리아 난민이 있긴 하지만 극히 드물다.

아메드는 의지가 강해 어려움을 씩씩하게 잘 헤쳐 갔다. 한국어뿐 아니라 영어도 익숙하지 않았던 그는 틈틈이 한국어 공부도 열심히 했다. 지난해 500여 명의 예멘인 난민 심사를 앞두고 아메드는 제주도 출입국청을 돕기로 마음먹었다. 제주도에서 아랍어-한국어 통역을 할 수 있는 유일한 사람이었다. 아메드는 이렇게 말했다. "나 자신이 한국 사회에 적응하는 과정에서 힘든 일을 많이 겪었기 때문에 예멘인들이 똑같은 어려움을 반복하지 않길 바랐다. 중동 사람인 내가 통역하면 예멘인들이 좀 더 편하게 이야기할 수 있겠다고 생각했다."

아메드는 지난해에 한국인으로 귀화 신청을 했다. 귀화 시험과 모든 법적 절차를 밟고 결과 발표를 기다리던 아메드는 "한국인이 된다면 시리아 난민 중에서는 최초"라며 기대감을 나타냈다. 아메드가 최초의 '한국인' 시리아 난민이 될 수 있지만, 제2의 아메드는 나올 수 없다. 개정 시행된 국적법에 따라 2018년 말부터 인도적 체류자는 귀화 신청을 할 수 없기 때문이다.

조금씩 안정을 찾아가는 아메드와 달리 그의 조국 시리아는 아직 안갯속에 있다. 시리아 내전은 다른 국가들의 이해관계가 얽히면서 더욱 복잡한 양상으로 벌어졌다. 미국 도널드 트럼프 대통령이 시리아에서 IS가 격퇴되었다고 발표했지만, 정부군과 반군의 갈등은 아직 남아 있다. 아메드의 고향과 그리 멀지 않은 시리아 북서부 도시 이들리브에서는 2019년 4월 7일 정부군과 반군 사이에 포격전이 벌어져 민간인이 10명 넘게 죽었다.

아메드는 시리아가 아닌 한국에서 제2의 삶을 살기로 결심했다. 스물여섯 살의 아메드가 말했다. "한국이 고향이라고 생각한다. 장출혈로 쓰러져 수술받았을 때 15팩 넘게 피를 받았다. 내 혈관에는 한국인의 피가 흐른다. 시리아에서는 전쟁과 총성, 눈 앞에서 보았던 죽음만이 기억난다. 한국에 올 때 나는 비로소 고향으로 가는 느낌을 받았다. 사회복지사 자격증을 따고 싶어서 공부를 시작했다. 시리아에서 교육받았다는 사실을 입증할 자료가 하나도 없어서 초등교육 검정고시부터 볼 계획이다. 귀화가 승인되면 한국 이름으로 바꾸고 싶다."

05

이삭

로힝야

"마을이 불타고 사람이 죽어 나간다는 기사가 나오는데, 눈물이 흐르고 정신을 차릴 수 없었다." 로힝야 출신 난민 모하메드 이삭은 한국에서 고향의 박해 소식을 전해 들은 때를 떠올리면 아직도 정신이 아득해진다. 촉촉하게 젖어오는 두 눈을 지그시 감았다.

2017년 8월 25일, 미얀마(옛 버마) 군대가 미얀마 라카인주 북부 지방에 사는 로힝야 사람들을 총칼로 무자비하게 죽이고 마을을 불태우기 시작했다. 로힝야의 민병대 '아라칸로힝야구원군 ARSA'이 미얀마 보안군을 공격한 사건이 불씨가 되었으나, 미얀마 군대에 목숨을 잃은 수천 명은 대부분 무고한 민간인이었다. 로힝야 사람들이 거주하는 마을 400곳이 공격 대상이었다. 무차별 방화, 집단 성폭행, 아동 살해 등 미얀마 군대의 잔혹한 학살은 로힝야 사람들의 삶을 순식간에 지옥으로 바꿔 놓았다.

　미얀마 정부는 대테러 작전이라며 잔혹한 군사행동을 포장했다. 미얀마 민주화의 상징으로 노벨 평화상을 받았고, 국가 자문역을 맡은 아웅산 수치는 군을 감쌌다. "군은 안보 작전을 수행하면서 행동 수칙을 엄격히 지켰고, 민간인 피해를 줄이기 위해 충분한 조치를 했다." 로힝야 사람들이 입은 인명 피해는 아예 언급조차 하지 않았다. 학살의 책임을 외면한 수치는 지금까지도 국제사회의 비판을 받고 있다. 유엔 조사단이 로힝야 학살의 책임자로 지목한 민 아웅 흘라잉 최고사령관은 이렇게 발뺌했다. "미얀마군이 로힝야족 박해에 관련되었다는 명백한 증거가 없다. 증거 없이 군을 비판하는 것은 미얀마의 권위를 훼손하는 것이다." 그는 "로힝야 미얀마군이 반인도적인 범죄를 저질렀다고 모두 똑같이 주장하는데, 누군가가 그렇게 말하라고 시킨 것"이라고 했으며, 수십만이 넘는 대규모 난민 발생에 대해서도 다음과 같은 엉뚱한 답변을 내놓았다. "친척과 함께 살려고 가는 것 등을 생각해볼 수 있다." 유엔 진상조사단은 로힝야 사건 최종보고서에서 미얀마군에 희생된 로힝야 사람을 1만 명으로 추정했다. 아울러 민 아웅 흘라잉 사령관 등을 국제 법정에 세워야 한다는 의견을 밝혔다.[1]

소수 이슬람 민족인 로힝야는 오래전부터 라카인주에 정착해 불교 중심의 미얀마 문명과 공존해왔다. 일부 로힝야 난민과 관련된 기사에 달리는 다음과 같은 댓글은 사실이 아니다. "로힝야족은 미얀마 사람이 아닌 방글라데시 출신의 무슬림 불법체류자다." 이는 미얀마 정부가 줄곧 주장하고 있는 내용일 뿐이다. 1885년부터 미얀마를 식민 지배했던 영국이 수탈한 비옥한 아라칸(현재의 라카인)의 농토를 경작할 목적으로 방글라데시 동부(치타공) 지역 주민의 이주를 장려한 것은 사실이다.[2] 하지만 당시에는 방글라데시와 미얀마 사이의 국경이 확정되기 이전으로 두 지역을 오가는 데 법적 제재가 없었다. 로힝야 사람들의 일부 조상이 방글라데시 이주민일 수는 있어도, '불법'이라는 주장은 근거가 없는 것이다.

또 영국 식민 지배 당시에는 이처럼 국외에서 미얀마 전역으로 이주하는 사례가 많았는데, 로힝야 사람들은 자신들만 문제 삼는 것을 '무슬림'이라는 이유로 차별하는 것이라고 생각한다. 현재 미얀마 정부는 로힝야 사람들을 '벵골인'이라고 부른다. 방글라데시에서 온 사람들이라는 뜻이다. 여기에는 미얀마 내 소수민족으로 인정하지 않겠다는 정부의 의지가 담겨 있다.

이러한 역사적 배경과 더불어, 로힝야는 1948년 미얀마 독립 후 다른 민족과 평등한 권리를 인정받았던 과거도 있었다.

하지만 1962년 군사 쿠데타를 일으킨 네윈이 소수민족의 자치권을 부정하면서 삶의 뿌리가 흔들렸다. 로힝야 사람들은 거주 이동의 자유를 제한당했고, 공무원 시험에 응시할 수 없었으며, 투표도 할 수 없었다. 1982년 제정된 미얀마 '시민권법'은 로힝야를 국가가 인정하는 135개 소수민족에서 제외했다. 시민권도 박탈했다.

라카인주 북부 지방 도시 부티다웅이 고향인 이삭은 아버지가 지병으로 사망하고 홀몸이 된 팔순 노모와 형제들, 그리고 스물다섯 살 장남 모두가 미얀마 군대의 공격 때문에 삶의 터전에서 쫓겨났다.

"너무 위험한 상황이다. 사람들이 계속 죽어 나간다." 짧은 소식만 들은 뒤 가족들과 연락이 끊어졌던 이삭은 2017년 학살 사건 이후 한동안 애가 타서 밥도 먹지 못하고, 잠도 잘 수 없었다. "가족들이 농사짓던 땅과 기르던 가축들을 다 버려두고 몸만 방글라데시에 있는 난민 캠프로 옮겼다. 산을 넘고 강을 건너는 과정에서 또 많은 사람이 목숨을 잃었다."

이때 고향을 떠난 로힝야 사람들은 국경을 넘어 방글라데시 콕스바자르에 있는 난민 캠프로 향했다. 2017년 참사 후 90만 명에 가까운 로힝야 난민이 이곳으로 향했다. 이들은 나프강 주변 여의도 3배 면적의 불모지에 27개 캠프, 20여만 개의 거대한 텐트촌을 이루어 살고 있다.[3]

이삭은 이때 받은 스트레스로 심장질환과 고혈압 증상까지 생겼다. 1년이 훌쩍 지난 지금까지 회복되지 않아 일주일에 5일을 일하는 것도 버겁다. 몸이 아픈 날에는 일하지 못하고 어쩔 수 없이 약을 먹고 집에서 쉬는 그에게 로힝야 사태는 과거가 아닌 '현재'다.

고등학교를 졸업한 이삭은 미얀마 군부 정권에 저항하며 민주화운동에 몸담았다. "미얀마 정부는 로힝야 사람들이 대학에 진학하는 것도 방해했다. 무슬림을 싫어했는데, 민주화운동은 더 싫어했다. 민주화운동을 하는 로힝야 사람은 마구잡이로 탄압했다."

이삭은 민주화운동을 하다 1988년 경찰에 체포되었다. 한 달 가까이 감옥에 있으면서 그대로 있으면 총살을 당할 것 같다고 느낀 이삭은 위험을 무릅쓰고 탈옥을 감행했다. 탈출에 성공한 그는 방글라데시로 도망쳤지만 두 살 터울의 동생은 끝내 미얀마 경찰의 손에 목숨을 잃고 말았다.

미얀마를 떠나던 해에 결혼한 부인 파티마와는 생이별했다. 방글라데시에서 이삭은 11년 동안 로힝야 난민들을 돌보고 학생들을 가르쳤다. 하지만 1999년 방글라데시 정부가 로힝야 사람들을 단속해 감옥에 가두거나 미얀마로 돌려보내기 시작했다. 이삭은 방글라데시를 떠나 인도로 향했다.

미얀마에서도, 방글라데시에서도 시민으로 인정받지 못했던 이삭은 여권을 만들거나 비자를 발급받을 수 없었다. 2000년 봄 어렵게 모은 3000달러로 부산항에 밀입국했다.

부산에서 처음 한국 땅을 밟은 이삭은 한국에 아는 사람이 단 한 명도 없었다. 무작정 버스를 타고 무슬림이 많은 서울 이태원으로 향했다. 그는 이태원에서 만난 방글라데시 불법체류자들과 함께 묵으며 주로 공사장과 공장에서 일했다.

한국 정부는 2000년대 초반 불법체류 노동자가 늘어나자 대대적인 단속에 나섰다. 2002년 월드컵이 성공적으로 막을 내린 뒤인 2003년 한국 정부는 본격적인 단속을 시작했다. 또다시 쫓기게 된 이삭은 용산 나눔의 집에서 만난 신부의 도움을 받아 난민신청서를 냈고, 2006년 초에 난민으로 인정받았다. 그는 3년여간의 난민 신청 절차 동안 경제적인 어려움을 겪었지만 단 한 푼도 지원금을 받지 못했다.

세계를 떠도는 100만 명의 로힝야 사람들

그래도 (법적) 난민으로 인정받은 뒤에는 형편이 조금 나아졌다. 의료급여 수급권자로 지정되면서 병원에서 진료를 받을 수 있었고, 돈을 벌지 못하면 기초생활수급도 받을 수 있었다. 무엇보다 가족을 한국으로 데려올 수 있게 된 것도 큰 혜택이었다. 이삭은 2007년 아내 파티마를 한국으로 데려왔다. 가구 공장과 여러 일터를 전전하며 아이 셋을 낳았다.

이삭은 2016년에 한국 국적 취득(귀화) 신청을 했다. 이삭이 한국인이 되면 세 자녀도 모두 한국인으로 인정받는다.

현재 이삭은 용산 전자상가에서 아르바이트를 하고, 파티마는 어린이집에서 아르바이트를 한다. 부부가 함께 일하지만 한 달에 손에 쥐는 돈이 150만 원 남짓이다. 서울 용산구 이태원동 15평 비좁은 반지하 방에서 다섯 식구가 살고 있다. 빠듯한 살림살이에도 이삭은 두 달에 한 번씩 방글라데시 난민 캠프에 있는 어머니에게 30만~40만 원씩 보낸다.

이삭은 어머니를 한국으로 모시고 오는 꿈을 꾼다. 그는 이렇게 말했다. "대한민국은 앞서 미얀마 난민을 한국에 데려온 적이 있다.⁴ 로힝야 난민들도 조금 관심을 두고 데려와주면 좋겠다." 현재 한국에 사는 로힝야 난민은 두 가족으로, 10명이 조금 넘는 것으로 알려져 있다. 대한민국 법무부는 2013년 난민법이 제정된 뒤 재정착 제도를 이용해 타이에 있는 미얀마 난민 79명을 한국에 데려왔다.

100만 명 넘는 로힝야 난민이 세계 곳곳을 떠돌지만, 그들은 언제 고향으로 돌아갈지 알 수 없다. 로힝야 난민들을 돕고 있는 '아시아 인권평화 디딤돌(아디)'의 김기남 변호사는 이렇게 말했다. "로힝야 사람들은 조금도 나아진 게 없다. 방글라데시 난민 캠프에서 구호 단체가 나눠 주는 식량으로는 그저 생존만 할 수 있다. 로힝야 참사의 진상을 규명하고 책임자를 처벌하는 일이 언제 이뤄질지 기대하기 어렵다."

미얀마 정부가 '로힝야 지우기'에 들어갔다는 절망적인 보도가 나오기도 했다. 영국 공영방송 BBC는 미얀마 라카인주 로힝야 마을 전체가 철거되고 경찰 막사, 정부 건물, 난민 이주 수용소 등이 세워졌다고 보도했다.[5] "위성사진으로 확인한 결과 로힝야 마을의 40%가 완전히 철거되었고, 정부 시설로 대체되고 있다. 미얀마 정부가 로힝야 공동체를 없앨 심산이다."

2019년 7월, 미얀마 정부는 방글라데시 콕스바자르 지역 난민 캠프에서 로힝야 난민 대표와 귀환 협상을 했으나 결렬되었다. 미얀마가 반환을 승인한 3450명 중 누구도 미얀마로 돌아가겠다는 의사를 밝히지 않았다.

로힝야 난민의 길어지는 난민 캠프살이에 지쳐가는 방글라데시 정부도 로힝야 사람들에게는 불안 요소다. 방글라데시 콕스바자르 국제대학은 로힝야 난민이라는 이유로 아크테르 쿠시에 대해 정학 처분을 내렸다.[6] 방글라데시는 난민에게 정규 교육을 허용하지 않고 있는데, 이는 송환에 응하지 않는 로힝야 사람들에 대한 방글라데시 정부의 태도가 변하고 있음을 방증한다고 외신들은 분석했다. 방글라데시 정부는 2019년 8월 25일, 로힝야 학살 2주기를 맞아 난민촌 내에서 열린 대규모 시위를 용인한 정부 관료들을 소환하고 재배치하는 조치를 취한 것으로 보도되었다. 이와 함께 로힝야 난민이 미얀마로 돌아가지 않도록 부추기고, 학살 2주기 집회를 지원했다는 이유로 난민캠프에서 활동해 온 구호 단체에 활동 금지 명령을 내리기도 했다.

하지만 이삭은 포기하지 않았다. "나는 한국의 로힝야다. 미얀마는 로힝야 사람들에게 학교도 못 가게 하고 이동도 못 하게 하며 인권을 탄압했다. 미얀마 정부는 현재 로힝야를 없애려고 한다. 이를 알리고 로힝야 사람들을 도울 수 있다면, 나는 가진 돈과 내 몸을 다 바칠 수 있다."

1 〈미얀야 군부의 오리발…"로힝야족 박해 명백한 증거 없다"〉, 《연합뉴스》, 2019년 2월 16일.

2 Aye Chan(2005). "The Development of a Muslim Enclave in Arakan (Rakhine) State of Burma(Myanmar)," *SOAS Bulletin of Burma Research*.

3 〈로힝야족 소년의 그림에선 고향집이 불타고 있었다〉, 《한겨레》, 2018년 7월 31일.

4 〈'미얀마 재정착 난민' 다섯 가족, 내일 한국 입국〉, 《뉴시스》, 2017년 7월 24일.

5 〈"미얀마, 로힝야 마을 없애고 정부 시설 세워" BBC〉, 《뉴시스》, 2019년 9월 10일.

6 〈송환 무산 후폭풍?…로힝야족에 '등 돌리는' 방글라데시〉, 《연합뉴스》, 2019년 9월 9일.

06

놈비

민주콩고

"콩고는 새로운 시대의 지평선에 있다. 우리는 분열과 증오, 종족주의 국가가 아닌 기본권을 보장하는 나라가 될 것이다."

2019년 1월 24일, 콩고민주공화국(민주콩고) 수도 킨샤샤의 대통령궁에서 열린 대통령 취임식에서 펠릭스 치세케디 대통령이 강조한 말이다. 그는 '민주적인 복지국가 건설'을 언급하면서 부정부패 척결과 반군 집단 소탕, 정치범 석방을 약속했다.[1] 치세케디 신임 대통령은 2018년 12월 30일 치러진 대통령 선거에서 38.57%의 득표율로 당선했다. 또 다른 야권 유력 후보였던 마르탱 파율루는 34.8%의 표를 받아 근소한 차이로 고배를 마셨다. 조제프 카빌라 전 대통령의 지지를 받았던 범여권 후보 에마뉘

엘 라마자니 샤다리 전 내무부 장관의 득표율은 23.8%였다.

1960년 벨기에의 식민 지배를 벗어나 독립을 맞이한 민주콩고가 선거를 통해 평화적으로 정권을 교체한 것은 처음이다. 로랑 카빌라 전 대통령(1997~2001년)과 그 아들 조제프 카빌라 대통령(2001~2019년)의 대를 이은 세습 독재가 22년 만에 막을 내렸다.

처음으로 투표로 정권을 교체한 민주콩고의 주민들은 대체로 기쁨을 감추지 못했다. 하지만 채 4%p도 되지 않는 차이로 고배를 마신 파율루 의원이 대선 결과에 승복하지 않고 이의를 제기했다. 그는 이렇게 주장했다. "치세케디 후보가 카빌라 대통령의 경제적 이득, 형사소추 면책 등을 놓고 밀실 거래를 했다. 여당 후보가 매우 적은 득표율로 탈락한 것은 이들이 '야합'했다는 것을 방증한다."

이처럼 대통령 선거가 끝난 뒤에도 의혹이 끊이지 않고, 민주콩고 주민들이 의심의 눈초리를 거두지 못하는 것은 선거제도에 대한 신뢰가 부족하기 때문이다. 놈비 헨리는 고국에서 치러진 대통령 선거에 대해 "투표가 아니라 혼돈 자체였다"며 깊은 실망감을 나타냈다.

민주콩고를 18년 동안 통치한 카빌라 대통령이 차일피일 미뤄온 선거가 마침내 이루어졌지만 놈비는 조금도 기뻐하지 않았다. 선거가 각종 의혹으로 얼룩졌기 때문이다. 카빌라 대통령의 임기는 2016년 12월 이미 끝났지만 대선은 재정과 치안 등을 핑계로 미뤄왔다.

카빌라 정부는 대선 다음 날인 2018년 12월 31일 오후부터 전국의 통신망을 임의로 끊었다. 정부 관계자는 언론 인터뷰에서 다음과 같이 밝혔다. "(대선에 관한) 거짓 결과가 SNS로 유포되어 공공질서 유지를 위해 인터넷과 문자메시지 서비스를 차단했다." 민주콩고 국민의 페이스북 등을 보면 선거 직후 이미 야권의 대선 주자인 치세케디 민주사회진보연합 대표가 중간 개표 결과 앞서고 있다는 소식이 퍼졌다.

민주콩고의 이번 대선에서는 일찌감치 야권의 두 주자, 치세케디와 파율루, 그리고 샤다리 전 내무장관이 삼각 구도를 형성할 것으로 예상되었다. 시민사회는 야권 주자가 대통령이 되기를 강하게 소망했다. 외신은 카빌라 대통령의 측근인 샤다리 전 장관이 이기면 2023년 차기 대선에 카빌라 대통령이 다시 나설 수도 있다고 점쳐, 민주주의를 열망하는 시민들을 불안하게 했다.

이 시점에서 통신망 차단은 국민의 신뢰를 잃어 설득에 나설 수 없는 정부의 궁색한 결정이었다. 인터넷을 사용할 수 없는 국민은 발을 동동 굴렀지만 정부는 막무가내였다. 선거 결과가 나올 때까지 통신망 차단 조처를 거두지 않았다.

민주콩고와 한국이 만나는 지점들

놉비가 민주콩고를 설명하면서 언급한 단어 '혼돈'은 2018년 노벨 평화상 수상자인 데니스 무퀘게Denis Mukwege가 미국의 《뉴욕 타임스》에 기고한 글에서 따온 것이었다. 무퀘게는 2018년 12월 23일 예정되었던 대선이 일주일 연기된다는 소식을 듣고 기고글을 써 "민주콩고가 '혼돈'으로 미끄러져 들어가고 있다"고 상황을 묘사했다.

무퀘게는 민주콩고 내전에서 성폭력과 각종 범죄 피해자가 된 수만 명의 여성을 치료한 공을 인정받아 2018년 노벨 평화상 수상자로 선정되었다. 그는 1998년 민주콩고 내전이 재발하여 병사들이 여성을 성폭행하는 장면을 본 뒤, 1999년 민주콩고 동부 부카부에 병원을 설립하여 3만 명이 넘는 여성을 치료했다. 그는 2016년 서울평화상을 받아 한국을 방문해서도 일본군 '위안부' 피해자 문제에 깊은 관심을 드러내 주목을 받았다.[2] 지구 반대편에 있는 민주콩고와 한국은 무관해 보이지만, 성적인 학대를 경험한 여성 전쟁 피해자들이 살고 있다는 공통점이 있었다.

12월 23일로 예정된 민주콩고의 선거가 연기되었던 이유는 선거에 사용될 전자투표 기계가 대거 불에 타 망가졌기 때문이다.

대선을 열흘 앞둔 12월 13일 수도 킨샤사의 창고에서 불이 나 8000대의 전자투표 단말기가 불에 탔다. 대선 후보들은 서로 책임을 돌리며 자신들이 한 일이 아니라고 잡아떼기 바빴다. 결국 이번 선거는 전자투표와 선거용지를 활용한 기존 투표 방법, 두 가지를 모두 활용하여 치러졌다. 그리고 여기서 민주콩고와 한국 의 또 다른 접점이 나온다. 그것은 바로 전자투표 단말기다. 이때 불탄 전자투표 단말기는 한국에서 건너간 것이었다.

'프리덤 파이터(자유투사)'는 2018년 콩고에서 대선이 열리기 넉 달 전인 8월 9일, 경기도 과천 중앙선거관리위원회 김대년 사무 총장을 방문해 다음과 같이 요청했다. "민주콩고는 문맹률(23%) 이 높고, 모바일 기계를 평생 한 번도 보지 못한 사람이 많다. 그 러므로 전자투표 시스템을 도입할 이유가 없다. 제발 투표 기계 를 보내는 것을 중단해달라."

자유투사는 2017년 4월, 놈비를 포함해 한국에 사는 민주콩 고인 30여 명이 결성한 모임이다. 이들은 반군과 내전으로부터 생명의 위협을 느끼고 한국으로 온 난민이다. '민주콩고의 정의 와 변화, 진보를 위해서 싸운다'를 구호로 민주콩고 정부의 불법 행위를 고발하기 위해 분투하고 있다. 이들의 고발은 중앙선관위 의 조사로 이어졌고, 김용희 전 사무총장이 전자투표 기계 업체 선정에 개입했다는 논란이 일면서 김대년 사무총장의 사퇴로 이 어졌다. 공정 선거의 최후 보루인 중앙선관위가 민주콩고의 부정 선거에 빌미를 줄 수 있다는 압박을 극복하지 못한 것이었다.

자유투사의 대표를 맡은 놈비는 이렇게 말했다. "한국의 전자투표 기계 회사는 다른 나라보다 2~3배 높은 가격으로 민주콩고에 팔았는데, 그 돈이 누구의 호주머니에 들어갔는지 모른다. 이 부분에 대한 추가 조사를 촉구한다."

놈비는 1974년 민주콩고의 남쪽 도시 루붐바시에서 태어났다. 그는 경찰이었던 아버지를 따라 수도 킨샤사로 가서 1997년 고등학교를 졸업하고 대학에 진학했다. 그러나 이듬해인 1998년에 제2차 콩고 내전이 터져 학업을 중단했다. 아프리카 역사상 최악의 내전으로 꼽히는 제2차 콩고 내전은 2003년 끝날 때까지 잠정적인 인명 피해가 500만 명 이상으로 추산될 만큼 참혹했다.

제2차 콩고 내전이 끝난 뒤에도 민주콩고에는 크고 작은 소요가 끊이지 않았다. 놈비는 부모님을 따라 동쪽 지방인 고마로 향했지만, 그곳 상황은 더 처참했다. 르완다 접경에 있는 고마에는 반군이 끊임없이 출몰했다.

2006년 놈비는 고마 지역을 장악하고 정부군과 싸우던 콩고인민방위군CNDP에 납치되었다. 콩고인민방위군은 르완다 투치족에 우호적인 군대로, 지하자원이 풍부한 키부 지역을 놓고 민주콩고 정부군과 다퉜다. 민주콩고는 전기자동차와 휴대폰, 각종 전자제품의 배터리 원료가 되는 콜탄이 세계에서 가장 풍부한 나라다. 전 세계 생산량의 70~80%가 민주콩고에서 나온다.

"수시로 콩고인민방위군 같은 반군이 고마로 몰려와 닥치는 대로 죽이고, 식량을 훔쳐 갔다. 말을 듣지 않으면 팔다리를 잘

랐고, 젊은 사람들은 납치했다." 놈비의 증언에 따르면, 반군은 납치한 젊은이들을 성폭행하고, 전쟁터로 끌고 갔다.

납치, 탈출 그리고……

놈비는 콩고인민방위군에 납치당한 뒤 목숨을 걸고 탈출을 감행했고, 르완다와 우간다, 케냐를 거쳐 2007년 한국으로 왔다.

　놈비가 고국을 떠난 지 십수 년이 넘었지만 민주콩고는 여전히 불안하다. 그런 까닭에 자유투사는 생계를 위해 일하기 바쁜 와중에도 2주에 한 번씩 모여 회의를 열고 민주콩고의 현안을 토론한다. 이들은 다음과 같이 입을 모았다. "한국 정부나 기업이 민주콩고 정부와 계약해 사업을 하거나 어떤 지원을 해도, 그 혜택은 국민에게 돌아가지 않고 고스란히 정부 관계자의 사익으로 돌아간다. 시간이 흘러도 주민들의 삶은 조금도 개선되지 않는다."

　"데니스 무퀘게는 민주콩고가 대통령으로 원하는 사람이다." 자유투사는 노벨 평화상 수상자인 무퀘게가 평화와 민주주의를 위해 꼭 필요한 인물이라고 추켜세웠다. 놈비의 생각도 같다. "아픈 사람들의 치료를 오랫동안 도운 그는 따뜻한 심장을 가진 사람이고, 진심으로 민주콩고를 위할 인물이다. 많은 국민은 그가 앞으로 정치에 나서줄 것으로 기대하고 있다."

자유투사는 한국 기업의 불법적인 민주콩고 자원 취득에 대한 조사를 계속하겠다는 포부도 밝혔다. "우리 민주콩고 난민은 고국을 사랑하지 않는 사람들이 아니다. 너무 사랑하기 때문에 가족과 고향을 떠나온 것이다. 한국에서 민주콩고를 위해 할 수 있는 일을 계속하겠다."

---

1 〈'정권교체' 민주콩고 대통령 "민주국가 건설"〉, 《연합뉴스》, 2019년 1월 25일.
2 〈노벨평화상 무퀘게 "일본인도 성폭력에 맞설 책임 있어"〉, 《한겨레》, 2018년 10월 7일.

07

아담

수단

"10도 남짓한 한국의 초봄 날씨가 몹시 추워 덜덜 떨었던 기억밖에 나지 않는다." 아담은 2011년 3월, 청바지에 얇은 셔츠 한 장만 입고 한국에 왔다. 고향 수단은 평균기온이 30도를 웃도는 더운 나라지만 그에게 한 번도 따뜻했던 적이 없다. 인종차별과 대규모 학살, 정보경찰의 수배, 고문의 공포에 그는 항상 떨어야 했다.

제국주의가 세계를 휩쓴 1899년 영국과 이집트의 공동 지배를 받는 식민지로 전락한 수단은, 1956년 독립했지만 북쪽 아랍계 무슬림과 남쪽 아프리카계 흑인 사이의 다툼이 끊이지 않았다. 독립 후 수단의 불안 요소는 크게 세 가지였다. 첫째는 수단 북쪽에 국경을 맞대고 있는 이집트의 끊임없는 개입이다. 이 때문에 수단은 독립 후에도 이집트와 충돌하는 일이 많았다. 둘째는 수단 내 이슬람 종파 간의 잦은 세력 다툼이다. 주로 수단 북부에 살고 있는 아랍계 무슬림 인구는 수단 인구의 75%를 차지했는데, 그들 사이에 싸움이 계속되었다. 셋째는 흑인계 주민들의 반정부 활동이다. 수단 남부 지역 3개 주에 거주하는 흑인들은 수단 인구의 25%를 차지하는데, 이들은 북수단의 아랍인들과 갈등을 겪었다.[1]

보통 수단 내 갈등을 '북부 아랍계 무슬림'과 '남부 아프리카 흑인 기독교도'의 구도로 단순화하여 설명하는데, 이는 사실과 거리가 멀다. 더글러스 해밀턴 존슨Douglas Hamilton Johnson은 《수단 내전: 원인, 실상 그리고 평화The root causes of sudan's civil war》에서 다음과 같이 설명한다. "수단 내전은 상상을 초월할 만큼 복잡하다. 20년 넘게 내전이 지속되면서 남과 북 사이의 명확한 경계선은 사라졌고, 내전은 수단을 넘어 주변국으로까지 번진 지 오래다. 수단 내전은 무슬림이 무슬림을 상대로, 아프리카 사람이 아프리카 사람을 상대로 싸우는 전쟁이다. 이렇게 수단 내전에는 여러 요인이 서로 맞물려 있다. 한때는 국제적인 원인과 동아프리카의 정치 질서에서 내전의 원인을 찾은 적도 있었다. 하지만 수단 내전이 더 오래 지속된다는 것은 내전의 근본 원인을 치료하는 것이 얼마나 어려운지 보여준다."[2] 존슨은 남부 지역에 살았던 아프리카계 흑인들이 토속 신앙을 갖고 있었다는 점을 강조한다. 북수단의 이슬람 개종 요구에 반발심을 가진 남수단 주민들 가운데 비교적 많은 수가 기독교로 넘어간 것은 사실이다. 하지만 남수단 아프리카계가 모두 기독교도인 것처럼 설명하면 안 된다. 오히려 종교를 내전에 이용한 측면을 봐야 한다.

아담도 북수단 이슬람교와 남수단 기독교 중 어느 곳에도 속하지 않는 '무교'였다. 하지만 어느 쪽에도 속하지 않는다고 해서 내전이 그를 피해 간 것은 아니었다. 아담이 열일곱 살 되던 해인 2003년, 수단 서쪽에 자리 잡은 고향 땅 다르푸르에서 일어난 대규모 학살은 그의 삶을 송두리째 바꿔 놓았다. 기독교계 흑인 반군 조직이 중앙정부에 반기를 들고 선제공격을 하면서 내전이 시작됐지만, 정부는 반군 조직을 소탕한다는 명목으로 무고한 시민을 무차별적으로 학살했다. 수단 정부는 아랍계 민병 조직을 동원했는데, 이들은 다르푸르의 마을 곳곳에서 대규모 방화를 일삼았다. 가족이 보는 앞에서 부녀자를 성폭행하고 죽이기도 했다.

21세기의 첫 대규모 학살

유엔이 '21세기의 첫 대규모 학살'로 규정한 다르푸르 잔혹사는 '현재 진행형'이다. 유엔은 지금까지 다르푸르 학살로 30만 명이 목숨을 잃고, 250만 명이 고향을 떠나 난민이 된 것으로 보고 있다. 하지만 수단 정부는 사망자가 1만 명을 넘지 않는다고 주장한다. 반란군의 불법적인 저항을 정부군이 합법적으로 막는 과정에서 인명 피해가 났다며 불가피성을 주장하고, 책임을 회피하고 있다.

총명하고 학업 성적이 뛰어났던 아담은 수단의 수도 하르툼의 한 대학 경영학과에 진학했지만, 다르푸르에서 본 참상을 잊을 수 없었다. 그래서 그는 반정부 활동에 몸담기로 마음먹었다. 그는 다르푸르 학살을 알리기 위해 하르툼에서 수시로 강연회를 개최했다. 정부에 학살 책임을 묻는 집회도 수시로 열었고, 모금 활동도 했다. 다르푸르 학생들에게 책과 학용품을 사서 보내기도 했다.

이 과정에서 아담은 경찰에 세 번 체포되었다. 구치소에서 물고문, 빛고문, 소음고문을 받으며 무차별 폭행을 당했던 그의 팔에는 아직 고문 흉터가 남아 있다. 정부의 탄압은 2011년 들어 더욱 잔인해졌다. 학생운동가들을 마구 잡아갔다. 학생들이 소리소문 없이 사라졌는데, 누가 어떻게 죽였는지도 알지 못했다.

정보 당국의 수배 명단에 오른 아담은 수단을 떠나기로 결심했다. 친척의 도움을 받아 한국으로 가는 비자를 받을 수 있었다. 수단을 떠나는 비행기를 타기 직전 출국 심사에서 수배 중인 사실이 탄로 났다. 그는 가진 돈 전부(100달러)를 출국 심사 직원에게 주었지만 짐을 모두 빼앗겼다. 빼앗긴 짐에는 신분과 학력을 입증할 서류도 있었다.

이때까지 한국이 어디에 있는지도 몰랐던 아담은 천신만고 끝에 한국 땅을 밟을 수 있었다. 하지만 도와줄 사람이 아무도 없었다. 인천공항에서 우연히 만난 사람에게서 이태원에 외국인이 많아 수단 사람도 만날 수 있을 거라는 이야기를 듣고 무작정 서울 이태원으로 향했다. 이슬람 사원에서 만난 수단 사람의 집에서 한 달을 신세 졌다. 이때까지 그는 자신이 '난민'이라는 사실도 알지 못했다.

아담은 비자 기간(3개월)이 만료될 때쯤에야 자신이 난민 신청 조건이 된다는 사실을 깨닫고, 뒤늦게 난민신청서를 냈다. 하지만 한국에서 난민으로 인정받기가 하늘의 별 따기만큼이나 어렵다는 사실을 깨닫고 다시 한번 좌절했다. 난민 신청자 생계지원비를 신청했지만, 한국 정부는 그에게 지원금을 주지 않았다.

아담은 건설 현장과 공장을 전전하며 힘겹게 생계를 이어 갔다. 다행히 조국에서 영어를 공부해 한국에서 난민을 돕는 '피난처' 같은 인권 단체에서 번역 일을 할 수 있었다. 그는 "번역보다는 수단과 다르푸르의 상황을 알릴 수 있는 강의를 만들어달라"고 요구했다. 그는 끊임없이 수단의 현실을 알리려고 노력했다.

아담은 혼자 준비했던 첫 번째 난민 심사에서 떨어졌다. 이의 제기 소송 1심에서 난민 지위를 인정받았는데 법무부가 항소했고, 2심에서 다시 불인정 판결을 받았다. 그는 2016년 법무법인 어필 등의 도움을 받아 다시 난민 심사에 지원했고, 2017년 6월

29일 난민 지위를 인정받았다.

아담은 다르푸르 학살을 목격한 뒤 생긴 '외상후스트레스장애' 때문에 첫 번째 난민 심사에서 자신의 경험을 제대로 설명하지 못한 까닭에 난민 인정을 받지 못했다는 사실을 뒤늦게 깨닫고 크게 슬퍼했다. "난민으로 인정받았을 때 기쁨보다는 억울함이 컸다. 합법적으로 일할 수도 없었고, 전화 요금도 낼 수도 없었다. 7년 가까이 아무것도 하지 못한 시간이 너무 아까웠다."

아담의 눈가가 촉촉해졌다. 학구열이 남달라 대학에 진학하고 싶었던 아담이었지만 대학을 다닐 수 있는 시간을 그냥 흘려보낸 것이었다.

보통 사람, 아담

아담은 한국살이 7년에 "한국에서는 언론의 힘이 정말 강하고, 중요하다고 느꼈다"고 털어놓았다. 그는 이렇게 토로했다. "한국에서는 언론이 어떤 이슈를 건드리면 그들이 의도하는 방향으로 바뀐다. 최근의 미투 사태와 박근혜 전 대통령 탄핵 사태에도 언론이 엄청나게 큰 영향을 미쳤다. 한국에서는 오늘 일어난 일을 언론이 기사로 다루면 내일 모든 사람이 그 주제를 놓고 이야기한다. 제주도로 들어온 예멘 난민에 대해서는 언론이 부정확한 정보를 제공하면서 사람들이 오해하게 만들었다. 예멘 난민을 IS

와 관련지어 보도했는데, 왜 그전에 시리아 난민이 들어올 때는 IS를 언급하지 않았나? 큰 문제다. 대중은 언론의 보도 내용을 큰 의심 없이 믿는데, 언론은 정확한 정보를 전달하기보다는 자극적인 기사로 더 많은 독자를 확보하는 데 혈안이 되어 있다."

이렇게 언론을 중요하게 생각해서인지, 아담은 수단에서 한국까지 온 여정을 기록해 책으로 펴낼 계획이다. 그는 수단에서부터 두꺼운 노트에 일상을 기록해왔다. "세계적으로 대국이 된 곳은 외부인을 받아들여 조화롭게 살아온 나라들이다. 계속 강의하고, 학생들과 대화해 폐쇄적인 한국 사회가 외국인과 난민에게 열린 사회가 될 수 있도록 노력하겠다. 그러면 한국도 더 위대한 나라가 될 것이다." 아담은 고향에 있는 어머니가 그립다. "만약 내일 수단의 상황이 나아진다면 나는 모레 고국으로 돌아갈 것이다."

자신을 한 단어로 정의해달라는 부탁에 아담은 잠시도 망설이지 않고 '보통 사람'이라고 말했다. "한국 사람은 외국인과 난민을 다른 시선으로 본다. 하지만 나는 보통 사람이고 싶다. 낮에는 일하고, 세금 내고, 휴일에는 쉬고, 친구와 가끔 소주를 마시고, 화나면 화낼 수도 있는 사람이다. 그냥 있는 그대로 우리를 봐주면 금세 친한 친구가 될 수 있다."

아담의 조국 수단은 2019년 중대한 갈림길에 서 있다. 2018년을 한 달 남겨두고 아담이 대학을 다녔던 수도 하르툼과 수단 전역의 주요 도시에서 정부의 빵 값 인상에 반대하는 반정부 시위가 일어났다.[3] 수단 정부가 빵 값을 1수단파운드(한화 약 23원)에서 3수단파운드로 3배 가까이 올리기로 결정하면서 집회가 촉발되었고, 오마르 알 바시르 대통령의 퇴진을 요구하는 상황으로 이어졌다. 1989년 쿠데타로 권좌에 오른 뒤 30년째 수단을 통치해온 바시르 대통령은 반정부 시위에도 물러나지 않겠다는 뜻을 밝히고, 집권을 계속하려는 야욕을 드러냈다. 그는 2019년 2월 22일, 전국에 비상사태를 선포하고 시위대 무력 진압에 나섰다. 그러나 그리 오래가지 못했다. 4월 11일, 아와드 이븐 아우프 수단 국방부 장관의 군부 쿠데타로 바시르는 권좌에서 물러났다.[4] 쿠데타로 집권한 이가 쿠데타로 축출되는 순간이었다. 수단 당국은 바시르 대통령 퇴진 요구 시위와 관련해 총 49명이 목숨을 잃은 것으로 파악했다. 바시르 전 대통령은 2019년 9월 현재 코바르 감옥에 수감된 채 기소되어 재판을 받고 있다.

바시르의 퇴진으로 모든 상황이 정리된 것은 아니었다. 새롭게 권력을 잡은 신군부가 2년의 정비 후 '민정 이양'을 약속했으나, 즉시 문민정부를 구성하라고 촉구하는 야권과 충돌했다. 과도 통치기구를 어떻게 구성할지를 놓고 씨름하던 이들은 다시 한번 무력충돌에 직면했다. 2019년 8월 3일, 하르툼의 국방부 청사 앞에서 연좌 농성을 하던 반정부 시위대에 수단 보안군이 총격을 가하면서 인명 피해가 속출했다.[5] 이날 이후 수단 각지에서 시위가 격해지면서 인명 피해가 잇따랐다. 야권 의사 단체인 '수단 의사중앙위원회'는 100명이 넘는 시위대가 숨졌고, 500명이 넘는 부상자가 나왔다고 파악했다. 이처럼 조속한 민정 이양을 요구하는 여론과 신군부는 좀처럼 이견을 좁히지 못하고 있다.

일각에서는 수단에서 국민의 민주화 열망을 반영해 민주 정부를 구성하지 않고 갈등이 계속되는 가운데 외세가 개입하면 내전 상황으로 발전해 '제2의 시리아'가 될지도 모른다는 우울한 전망도 나온다. 수단 내전이 종식되어 안정을 되찾고 아담이 안전하게 고향으로 돌아가는 그날은 언제나 찾아올까?

1 〈수단 내전〉, 세계 분쟁 데이터베이스, 한국국방연구원. https://terms.naver.com/entry.nhn?docId=1053781&cid=42147&categoryId=42147.

2 《수단 내전: 원인, 실상 그리고 평화》, 더글러스 해밀턴 존슨, 최필영 옮김, 양서각, 2011년 2월 10일.

3 〈퇴진 요구받은 수단 대통령 "시위로 정부 안 바뀐다"〉, 《연합뉴스》, 2019년 1월 15일.

4 〈30년 집권 수단의 바시르 대통령 군부 쿠데타로 실각〉, 《경향신문》, 2019년 4월 11일.

5 〈"수단 반정부 시위대 100여 명 사망⋯나일강에 시신 40여 구 던져"〉, 《연합뉴스》, 2019년 6월 6일.

08

오사마

이집트

2013년 8월 14일 아침 6시 30분 이집트의 수도 카이로, 어스름이 채 가시지 않은 라바 광장에는 전운이 감돌았다.

총기로 중무장한 군인과 경찰은 동틀 무렵부터 광장에 모였다. 불도저와 장갑차도 보였다. 인근 건물 옥상에는 저격수도 배치되었다. 군경 2만 2000명은 광장과 연결된 네 개의 도로를 모두 차단한 다음 진격했다. 경고 방송이나 해산명령은 없었다. 시위대의 농성용 천막은 전진하는 육중한 중장비 아래 힘없이 깔렸다.

"탕탕!" 이윽고 군경은 최루탄과 총을 쏘기 시작했다. 광장은 순식간에 총성과 비명이 뒤섞여 아수라장이 되었다. 오사마는 총을 쏘지 말라고 외치며 도망쳤다. 광장에 함께 온 형과 남동생, 아버지와 뿔뿔이 흩어졌다. 옆에 있던 중년 남성의 이마로 들어간 총알이 머리를 관통하는 걸 본 그는 비명을 질렀다. "그 순간 모든 생각과 감정이 멈췄다. '신이시여, 우리는 죽습니다. 우리를 용서하소서'라고 기도했다." 그는 너무 놀라 울음도 나오지 않았다고 당시를 회상했다.

군경은 점심 무렵 잠시 사격을 중지했지만, 오후 2시부터 재개했다. 늦은 오후까지 계속된 총격으로 광장에는 주검이 즐비했다. 일부 시민들은 죽은 체하며 주검들 사이에 누웠다. 휴먼라이츠워치는 이날 총격으로 최소 817명의 무고한 시민이 숨졌다고 보고했다. 부상자도 4000명에 이르렀다. 이는 휴먼라이츠워치가 파악한 인명 피해 최소치다. 실제로는 사망자가 1000명이 넘을 것이라는 보도도 나왔다.

사격이 멈춘 뒤, 시민들은 광장을 헤집고 다녔다. 가족과 친구를 찾기 위해서였다. 오사마는 나머지 가족이 모두 죽었다고 생각하며 시신들을 헤집던 중 형과 마주쳤다. 곧 동생에게서도 전화가 왔지만 아버지는 끝내 연락이 닿지 않았다. 전화기는 꺼져 있었다.

아버지 없이 집에 돌아온 형제를 본 어머니는 울음을 터뜨렸다. 가족은 아버지가 죽었을 거라고 체념했다. 아버지는 이틀 뒤 전화로 살아 있음을 알렸다. 총상을 입은 어깨를 붕대로 감은 아버지는 다리까지 부러져 절뚝거리며 집으로 돌아왔다.

"이때부터 삶이 내게서 빠르게 멀어졌다. 나는 줄곧 도망치는 삶을 살았다." 이집트에서의 일을 설명하는 오사마는 한숨을 연거푸 내쉬었다.

이집트에서 광장의 역사는 통곡과 환희가 뒤섞여 있다. 2011년 2월 11일, 이집트의 민중은 광장에서 춤을 추고 노래를 불렀다. 1981년 대통령 자리에 올라 무려 30년 동안 이집트를 통치한 호스니 무바라크를 민중이 끌어내린 날이었다.

1981년 10월 안와르 사다트 전 대통령이 충격으로 암살된 뒤 대통령직에 오른 무바라크는 불안정한 이집트 정국을 안정시킨다는 명목으로 비상계엄법을 선포했다. 집회를 금지하고 언론 자유를 통제한 비상계엄법에 근거해 시민운동을 탄압했다. 무바라크 정부는 강력한 경찰권을 동원해 장기 독재의 계획을 실현했다. 형식적인 선거제도를 운용한 이집트에서 무바라크는 다섯 번 연임에 성공했다.

배반당한 혁명

'절대권력은 절대 부패한다'는 명제는 이집트에서도 '참'이었다. 무바라크 통치하의 이집트는 부정부패가 횡행했다. 정치와 사회, 경제 모두 바닥을 쳤다.

총체적 난국에 빠진 이집트를 바꿔보겠다고 정부에 반기를 드는 세력은 무참히 짓밟았다. 무바라크 정부의 미국 친화적인 외교 노선에 반기를 드는 이슬람주의 단체인 무슬림형제단은 수없이 많은 단원이 체포되고 목숨을 잃었다.

　이렇게 강제와 폭력으로 유지된 이집트를 가장 크게 뒤흔든 것은 경제였다. 2008년 미국발 금융 위기가 초래한 자본의 위기는 북대서양을 건너 아프리카, 중동까지 집어삼켰다. 이집트 민중의 삶은 비참했다. 인구의 절반이 하루 2달러 수입으로 겨우 생존하는 빈곤 가구로 전락했다.

　2010년 12월 튀니지에서 촉발된 중동과 아프리카 지역의 민주화 바람은 국경을 넘어 이집트에 당도했다. 이집트 시민들은 2011년 1월 25일, 무바라크의 퇴진을 요구하며 광장으로 나섰다. 시위대와 군경의 충돌로 수백 명이 목숨을 잃고, 수천 명이 다쳤다. 시민들이 거리로 나선 지 3주 만에 무바라크는 대통령 자리를 내려놓았다. 무바라크 정권이 무너진 뒤 2012년 6월 이집트에서 실시된 사상 첫 자유선거에서는 무슬림형제단의 지지를 받은 무함마드 무르시가 당선했다. 무슬림형제단 대변인 출신인 무르시 대통령은 무바라크 퇴진 시위에 가담했다 옥고를 치르기도 했다.

　하지만 자유선거로 뽑힌 무르시 대통령도 집권 1년 만에 위기를 맞았다. 아둘팟타흐 시시 국방부 장관이 쿠데타를 일으켜 정권을 잡았다. 군경은 시시 정부에 반대하는 시위대와 무슬림형제단을 무참하게 짓밟았다.

오사마 가족은 이처럼 불안정한 이집트의 역사를 온몸으로 겪어냈다.

이집트 북부 샤르키아주의 주도 자카지크가 고향인 오사마는 어릴 때부터 코란 교사였던 아버지를 잘 따랐다. 아버지는 마을에서 따르는 사람이 많았다. 중요한 행사가 있으면 대표 자격으로 기도를 올렸다. 정치적으로도 중립성을 지켜 신망이 높았다.

오사마의 가족은 무슬림형제단은 아니었지만 무르시를 지지했고, 무슬림형제단에도 정치적 지지를 보냈다.

2011년 무바라크 독재 정부 퇴진에 적극적으로 참여하고, 제 손으로 직접 뽑은 무르시를 지지했던 오사마 가족은 시시 군부의 쿠데타와 집권에 반대했다. 이들이 평화 시위에 몸담은 이유다.

시시 군부는 평화 시위를 노골적으로 탄압했다. 집회와 시위에 관한 법을 뜯어고쳐 쿠데타에 반대하는 사람들을 닥치는 대로 잡아들였다. 오사마 주변에는 군부에 끌려가 고문당하고 실종되었다는 사람들의 이야기가 쏟아졌다. '라바 학살' 이후 반정부 시위가 전국으로 확산되었다. 오사마 가족도 계속해서 군부 쿠데타 규탄 시위에 참여하러 광장에 나갔다.

2013년 8월 14일 라바 광장의 대규모 학살 이후 이집트 전역에서 '무르시의 복권'과 '쿠데타 반대'를 요구하는 시위가 이어졌다. 시위 참여자들은 손가락 네 개로 숫자 '4'를 만들어 보이는 구호를 사용했다. '라바'는 아랍어로 '넷'을 의미했고, 라바 광장의 학살을 추모하기 위한 구호였다. 하지만 평화 시위가 커질수록 시시 군부의 탄압은 더욱 노골화했다.

2014년 여름에는 오사마와 가족에게도 체포영장이 발부되었다. 오사마는 집을 떠나 도피 생활을 시작했다. 가족은 흩어졌고, 비참한 생활이 이어졌다. 수시로 노숙을 했고, 남들이 먹다 버린 음식물 쓰레기를 먹기도 했다. 2015년, 아버지와 남동생이 경찰에 붙잡혔다. 아버지는 석방과 구금을 반복하며 도망 다니는 삶을 이어왔다.

이집트의 상황에 절망한 오사마는 2016년에 이집트를 떠나기로 결심했다. 목적지는 스웨덴이었다. 2011년 이집트 혁명과 2013년 라바 광장 시위에 함께한 친구가 스웨덴에서 난민으로 인정받았다는 소식을 들었기 때문이다. 수배자가 된 오사마는 다른 사람 명의로 발급받은 가짜 여권으로 이집트를 떠날 수 있었다. 하지만 스웨덴으로 가는 길은 멀었다. 2017년 터키에서 그리스를 통해 스웨덴으로 가려 했지만, 그리스 국경에서 여러 차례 입국을 거부당했다.

그리스, 터키에서 한국으로

"한국에서 난민 신청을 하면 아마 난민으로 인정받을 수 있을 거야, 내가 정보를 찾아볼게."

터키에서 갈 곳을 정하지 못한 오사마는 한국에서 난민 인정을 받은 친구의 이야기를 듣고 한국행을 결심했다. 2018년 1월 한국에 온 오사마는 난민 신청 서류를 제출했다. 가짜 여권은 출입국관리사무소에서 압수당했다. 하지만 그는 괜찮다고 생각했다. 한국에서 난민 인정을 받아 새 삶을 시작할 수 있다고 믿었기 때문이다.

오사마는 친구가 알려준 대로 난민들에게 보금자리를 제공하는 난민 지원 단체를 찾아갔다. 석 달이 지나 그는 거처에서 나와야 했고, 서울 용산구 이슬람 중앙성원(모스크)에서 노숙을 시작했다. 한국 정부의 난민 신청자 생계 지원은 없는 것이나 마찬가지다. 생계 지원 신청 절차에 따라 신청해도 부양할 어린이나 가족이 없으면 거의 받을 수 없다. 1년에 1만 명이 넘는 난민 신청자가 있지만, 생계 지원비로 마련된 예산이 턱없이 부족하기 때문이다.

체류 기간이 여섯 달이 넘지 않아 오사마는 일을 할 수도 없었다. 알음알음 음식을 구걸하며 버틴 그에게 '난민 불인정 결정 통지서'가 날아든 것은 2018년 8월 말이었다. 모스크에서 다섯 달을 노숙하며 버틴 그는 큰 충격에 빠졌다. "모든 것을 잃어버렸고, 순식간에 한국은 지옥이 되었다."

모든 길은 사라졌다. 여권을 빼앗겨 한국을 떠날 수도 없었고,

일을 할 수 없으니 한국에 머물 수도 없었다. 오사마는 출입국청에 가 따져 물었다. 출입국청은 비행기 표를 사 오면 가짜 여권을 돌려주겠다고 했다. 그는 친구에게 돈을 빌려 터키로 돌아가는 비행기표를 샀다. "다시 그리스 접경으로 가서 스웨덴에 가려 했다. 될 때까지 시도해보고 안 되면 죽어버리려고 했다. 나는 도망치는 삶에 너무 지쳤다."

오사마는 절박했다. 그런데 이번에는 네덜란드 국적기 항공사가 발목을 잡았다. 항공사는 오사마가 경유지인 암스테르담에서 난민 신청을 할 것으로 보고 탑승권을 발급해주지 않았다. 항공권 비용은 환불받지 못했고, 여권은 다시 빼앗겼다. 이때가 9월 말이었다.

설상가상으로 10월 첫째 주말에 큰비가 내렸다. 기온이 급격하게 떨어졌다. 오사마는 해가 진 뒤 모스크가 문을 닫으면 모스크 앞 현관에서 담요를 덮고 잠을 청했다. "밤에는 손가락이 오그라들 정도로 춥다. 너무 추워 좀처럼 잠을 이루기 어렵다."

오사마는 모스크에서 서울 시내를 내려다보며 죽음을 생각했다. 하지만 수화기 너머에서 형이 그를 다독였다. "죽음은 신의 뜻이 아니다. 끝까지 살아야 한다." 그는 난민을 돕는 한 공익법단체의 도움을 받아 난민 불인정 결정에 이의를 제기했다.

"나는 한국을 떠날 수도, 머물 수도 없다. 난민으로 받아주지 않을 거라면 내가 나갈 수 있게 도와달라." 감정과 생각을 잃어버렸다는 오사마가 표정 없이 담담하게 말했다.

오사마에게 불운은 계속되었다. 그와 그의 가족이 지지했던 무르시 전 대통령이 2019년 6월 17일 재판 도중 숨을 거두면서 이집트는 다시 한번 격랑 속으로 빠져들었다. "무르시 전 대통령이 세상을 떠난 뒤 지지자들이 모스크에서 추모 기도를 올리려고 하지만 압둘팟타흐 시시 현 대통령과 정부는 이를 감시하고 탄압한다. 카이로 시내에 배치되는 군대와 경찰 수가 나날이 늘며 분위기가 삼엄하다고 한다."

오사마의 가족은 시시 정부에 저항했다는 이유로 끊임없이 감시당하고 폭력에 시달렸다. 그는 이렇게 하소연했다. "남동생이 실종되었는데 얼마 전에야 감옥에 있다는 소식을 들었다. 최근에는 이집트에 있는 가족도 동생과 연락이 닿지 않아 걱정하고 있다. 3개월 전쯤 카이로의 고향 집에 군인이 들이닥쳐 집기를 닥치는 대로 부수었다. 가족은 집을 떠나 이집트 곳곳을 떠돌고 있다. 이집트의 이야기를 들으면 혼자 이렇게 떠나와 있는 게 너무 미안하다. 나와 이집트는 자유만을 원한다."

09

베레켓

에티오피아

2018년 9월, 경기도 파주 헤이리 논밭예술학교에서는 특별한 주제의 사진 전시회가 열렸다. 전시회에는 에티오피아 출신 베레켓 알레마예후가 찍은 얼음 사진들이 걸렸다. 무채색의 얼음과 선명한 색상의 도형이 강렬한 대조를 이루는 사진이었다.

2014년 9월 한국 망명길에 오른 베레켓은 그해 겨울에 영하의 날씨를 처음 경험했다. 적도에서 멀지 않은 에티오피아는 겨울에도 물이 얼지 않았다. 그에게 한국살이는 처음 겪는 겨울과 같았다. 아는 사람도, 의지할 곳도 없었다. 한국에 와 6개월이 지난 뒤부터는 공장에서 일을 시작했다. 가구공장 등의 여러 공장을 옮겨 다녔지만 열악한 노동환경과 강도 높은 업무에 시달렸다.

망명의 무늬

2015년 한국에서 두 번째로 맞는 겨울, 경기도 고양의 시골 마을에서 살던 베레켓은 마당에 두었던 대야 안의 물이 얼어붙은 것을 보았다. 그는 겨울 햇빛에 서서히 녹는 얼음의 무늬가 바뀌는 것을 보면서 생각에 잠겼다. 매서운 겨울바람이 만든 얼음은 곧 베레켓 자신이었다. 바로 그가 사진을 찍어 기록하기로 결심한 이유다.

날씨에 따라 각각 다른 얼음의 무늬를 갖게 된다는 사실을 깨달은 그는 여러 가지 실험적인 사진을 찍었다. 얼음 가장자리를 꿰뚫는 빛과 여러 색깔은 고된 한국살이에서 얻은 교훈과 조국의 민주화에 대한 희망을 나타낸다고 베레켓은 설명했다. "한국살이는 얼음장처럼 차가웠다. 하지만 한국에 적응하는 과정에서 많은 것을 배웠다. 한국인 특유의 성실함은 내가 에티오피아로 돌아가도 잊지 못할 것이다."

반짝이는 눈빛으로 자신의 작품을 설명하던 베레켓은 오로모족 출신인지 묻자 금세 미소를 지우고 언짢은 기색을 내비쳤다. "어느 부족 출신인지 묻지 마라. 한국에 망명 온 에티오피아 사람들은 서로 어느 부족인지 묻지 않는다. 우리는 그것이 싫어 이곳까지 왔다."

에티오피아에서 오로모족이 박해받고 있다는 사실은 2016년

114

8월 브라질 리우데자네이루에서 열린 올림픽 대회의 마라톤 경기를 통해 널리 알려졌다.[1] 남자 마라톤에서 은메달을 딴 페이사 릴레사는 2시간 9분 54초의 기록으로 결승점을 통과하면서 두 팔을 엇갈려 엑스 자를 그려 보였다. 경기가 끝난 뒤 시상대에 올라서도 역시 같은 자세를 취했다.

릴레사는 시상식이 끝난 뒤 인터뷰에 나서서 말했다. "에티오피아 정부가 내 부족인 '오로모' 사람들을 죽이고 있다. 내 친척들은 감옥에 있는데, 그들이 민주적 권리를 주장하면 죽게 될 것이다. 나는 오로모족의 항의 시위를 지지하는 뜻으로 손을 들어 올렸다. 나도 에티오피아로 돌아가면 죽임을 당하거나 투옥될 것이다. 아직 결정을 못 했지만, 아마도 다른 나라로 (망명을) 갈 것이다."

에티오피아 국영방송은 릴레사가 결승점을 통과하는 장면을 빼고, 올림픽 마라톤 방송을 중계했다.

릴레사의 용기 있는 행동으로 자국의 인권 탄압이 전 세계적으로 알려진 에티오피아는 결국 '백기'를 들었다. 2018년 8월 에티오피아 육상경기연맹 회장과 에티오피아 올림픽위원회가 "릴레사를 환대할 준비가 되어 있으니 조국으로 돌아와 선수 생활을 계속해 달라"고 요청했다. 박해하지 않겠다는 에티오피아 정부의 약속을 받아낸 릴레사는 2018년 10월 고국으로 돌아갈 수 있었다.[2]

미국 CIA의 자료에 따르면 에티오피아는 오로모족(34.4%), 암하라족(27%), 티그레족(6.1%)이 3대 종족을 구성하고 있다. 세부적으로는 80개에 이르는 언어와 부족이 있다. 1991년 이후 수가 적은 티그레족이 나머지 부족을 관리하는 통치 구조를 유지했다.

1991년은 에티오피아에 격동의 시기였다. 1974년 입헌군주제를 무너뜨렸던 멩기스투 하일레 마리암의 사회주의 정권이 무너졌다. 인민혁명민주전선EPRDF의 멜레스 제나위 총리가 집권하면서 민주화가 실현되는 듯 보였지만, 제나위는 자신이 속한 티그레족에 요직을 나눠 주면서 또 다른 갈등을 낳았다.

2012년 쉰일곱 살의 나이로 사망한 제나위는 1991년부터 5년 동안 대통령직을 수행했고, 그 후 17년 동안 총리로 있었다. 제나위는 생전에 한국의 새마을운동을 높이 평가하면서 박정희 전 대통령에 대한 존경을 표했다.

하지만 베레켓은 제나위 정부를 '국가의 분열을 이용한 정부'라고 혹평했다. 그는 이렇게 말했다. "1991년 기존의 나쁜 정부가 더 나쁜 정부로 대체됐고, 새 정부는 부족 간 갈등을 조장해 권력을 유지했다. 에티오피아 사람에게 출신 부족을 묻는 것은 한국인에게 '경상도 출신인지, 전라도 출신인지'를 묻는 것과 같다."

2005년 5월 에티오피아의 민주화 이후 실시된 세 번째 총선에서도 제나위 쪽이 승리하자 통합민주연합CUD 등 야당에서는 부정 선거 의혹을 제기하며 반정부 시위에 나섰다. 통합민주연합

지지자인 베레켓도 시위에 참여했다. 6월과 11월에 이어진 대규모 시위를 진압하는 과정에서 제나위 정부군은 일반 시민에게 총을 쏘았다. 당시 사고조사위원회는 "2005년 시위 진압 중에 193명이 학살되었다"고 언론 보도에서 밝혔다.

그 후 정부의 탄압은 더욱 치밀해지고 노골화했다. 베레켓은 2007년부터 한 국제 인권 기구 에티오피아 지부에서 일했는데, 정부가 인권 기구의 자금줄을 죄었다. 외국에서 조달하는 운영비가 전체 예산의 10%를 넘지 못하도록 법제화했다. 사실상 반정부 활동을 무력화한 조처였다.

언론의 자유를 억압하고 테러 방지법까지 동원한 정부는 야당 지도자와 지지자들을 감시했다. 베레켓은 이렇게 말했다. "정보기관들은 내가 외국의 누구와 연락해 무슨 대화를 하는지 다 알고 있었다. 수시로 전화해 위협했다."

휴먼라이츠워치는 에티오피아 정부가 국민의 인터넷 사용을 감시한다고 지적했다. 이탈리아의 해킹 업체 '해킹팀'은 2011년부터 에티오피아 정보기관의 감시를 도운 것으로 알려졌다. 2014년 9월 서울에서 열린 국제인권 콘퍼런스에 초대받은 베레켓은 한국에 와 난민 신청을 했다.

커피의 나라, 에티오피아

2018년 7월 말을 기준으로 한국이 (법적) 난민으로 인정한 에티오피아인은 123명이다. 난민 인정자 수가 미얀마(268명)에 이어 두 번째로 많다. 한국전쟁에 참전해 목숨을 잃은 에티오피아 군인의 수도 123명이다.

에티오피아는 아프리카 국가 중 유일하게 유엔군 편에서 참전했다. 에티오피아군은 스스로를 '강뉴' 부대라고 명명했다. '강뉴'는 에티오피아어로 '혼돈에서 질서를 확립하다'라는 뜻이다.[3] 에티오피아 황제 하일레 살라시에는 6000여 명의 황실근위대를 한국전쟁에 파병했다. 부대명은 황제가 직접 붙여주었다. 강뉴 부대는 1951년 5월 한국에 도착해 253회의 전투에서 253회를 이겼다. 전투에서 123명이 전사하고 536명이 다쳤다.

베레켓은 이렇게 말했다. "한국에서 난민으로 인정받기가 무척 어렵지만, 에티오피아인은 다른 국가에 비해 많이 인정받은 편이다. 한국전쟁에서 함께 피를 흘렸던 역사적 사실과 관련 있다고 생각한다." 하지만 에티오피아의 엄혹한 시절은 언제 끝날지 기약이 없다. 정부의 탄압을 피해 조국을 떠나 난민이 된 사람이 2만 5000명이 넘고, 에티오피아 안에서 내분을 피해 떠도는 사람은 140만 명에 이른다.

하지만 2018년 들어 작은 변화의 조짐이 있었다. 인민혁명민주전선의 하이을러마리얌 더살런 총리가 2월에 총리직을 내려놓았다. 계속된 반정부 시위에 사실상 굴복한 것이다. 뒤를 이은 아비 아흐메드 총리는 언론 탄압을 해제하고, 민간 출신 인사들을 장관직에 앉히는 등 개혁적 행보를 보였다. 아비 총리의 아버지는 오로모족이고, 어머니는 암하라족이다. 그가 군부 출신의 집권 여당 총책임자인데도 에티오피아 사람들이 기대하며 지지하는 것은 이런 이유 때문이다.

그러나 아비 총리의 인민혁명민주전선은 여전히 하원 547석 중 502석을 차지해 일당독재 체제를 유지하고 있다. 국제사회는 에티오피아의 정치가 51%의 지지만으로도 의석을 독식할 수 있는 구조라고 비판한다. 베레켓은 이렇게 말했다. "다음 총선에서 투명한 선거가 실시되어야 한다. 국민이 선택한 대표가 다스리는 에티오피아가 되면 고국으로 돌아갈 수 있을 것이다."

"한국에서는 에티오피아가 '커피의 본고장'으로도 유명하다"고 하자, 그의 얼굴에서는 어느새 슬픔이 사라졌다. "나에게 커피는 혈액이고, 삶이고, 모든 것이다. 에티오피아에서는 커피를 마시는 것이 일종의 사회적 의식과 같다. 볶고 향을 음미하는 과정을 함께하면서 여러 가지 대화를 나눈다." 최근 한국에서도 커피에 대한 관심이 높아지면서 베레켓은 전국 곳곳에서 에티오피아 방식으로 커피를 마시는 행사를 개최하고 있다. 그는 한국에서 커피와 관련한 학위 과정diploma을 만들고 싶다는 소망을 나타냈다.

"에티오피아 방식으로 커피를 마시며 사회문제와 소수자의 인권 등에 관해 이야기하는 과정을 만들고 싶다. 그리고 남한과 북한의 관계가 좋아지면 서울을 떠나 평양을 거쳐 중국과 실크로드를 지나는 커피 여행을 하고 싶다."

1 〈정부 비판 세리머니 마라토너 "나는 이제 돌아갈 곳이 없다"〉, 《한겨레》, 2016년 8월 22일.

2 "Ethiopian marathoner who made Rio protest returns from exile," *AP*, 2018.10.21.

3 《강뉴: 에티오피아 전사들의 한국전쟁 참전기》, 키몬 스코르딜스, 송인엽 옮김, 오늘의책, 2010년 6월 25일.

10

샤오루이

중국

'문명집법文明執法(법 집행을 문명적으로 하자).'

2009년 4월 4일 청명절 밤 9시께, 중국 후난성 주저우현 외곽의 낡은 건물 2층 취조실. 당시 20대였던 여성 샤오루이(가명)의 눈에 벽 한가운데 덩그러니 걸려 있는 포스터 문구가 들어왔다. 네 명의 남자 경찰에 둘러싸여 좁은 취조실로 들어온 샤오루이는 음습한 기운에 온몸이 오싹했다. 방 가운데 낡은 테이블과 철제 의자가 있었다. 팔다리를 묶을 수 있게 만들어진 의자였다. 곧 자신이 그 의자에 결박될 것임을 직감했다. 방 한쪽 벽 손이 닿지 않을 정도로 높은 곳에 아주 작은 창문이 있었는데 철망이 쳐져 있었다.

샤오루이는 어릴 때부터 기독교도였지만 중국은 종교의 자유를 허락하지 않았다. 1949년 집권한 마오쩌둥 주석은 무신론자였다. 그는 종교를 강력하게 탄압하지는 않았지만 중국 공산당에 호의적인 종교협회(개신교삼자교회, 중국불교협회, 중국이슬람협회, 중국도교협회, 중국천주교애국회) 다섯 개만 인정했다. 마오는 공산주의 국가인 중국에서는 종교가 자연스럽게 사라질 것이라고 내다보았다. 하지만 마오의 기대와 달리 공식적인 삼자교회의 포섭을 거부한 '지하 교회'는 정부의 감시를 피해 인민들 사이에 더 깊이 뿌리내렸다.

문화대혁명기(1966~1976년)에 마오와 홍위병은 불교, 이슬람교 등 모든 종교를 탄압하고 신자를 박해했다. 학계에서는 수십만 명의 신자가 이 시기에 박해당하고 살해되었다고 보고한다. 마오 사망 후 권력을 잡고 개혁·개방을 주창했던 덩샤오핑은 제한적으로 종교의 자유를 인정할 필요가 있다고 판단했다. 하지만 1989년 천안문 시위와 동유럽 공산주의의 몰락, 2001년 미국에서 일어난 9·11 테러 등을 목격하면서 종교에 대한 중국 공산당의 태도는 문화대혁명기의 마오 시절로 돌아갔다. 중국공산당은 신종교인 '전능하신 하나님 교회(이하 전능신교)'와 심신 수련법인 파룬궁을 '사교(이단)'로 규정하고 심하게 박해하기 시작했다.

샤오루이는 1999년에 전능신교 신자가 되었다. 1991년 중국에서 생긴 전능신교는 〈마태복음〉 24장 27절 "번개가 동편에서 나서 서편까지 번쩍임같이 인자의 임함도 그러하리라"라는 내용에 따라 예수가 동방국인 중국에서 여성으로 다시 태어난다고 주장해 '동방번개'라고도 불린다. 중국 공산당은 전국 각지에 400만 명의 전능신교 신자가 있다고 파악했지만, 학계에서는 이런 수치가 과장되었으며 실제로는 100만 명 정도라고 본다. 고향인 허베이성에서 부모와 함께 전능신교를 믿었던 샤오루이는 중국 곳곳을 돌며 교회 일을 했다.

사실상 종교의 자유가 없는 중국에서 사교로 규정된 전능신교 신자는 공개된 곳에서 예배할 수 없었다. 몰래 모여 조심스럽게 기도해야 했다. 중국 형법 제300조에서는 "미신 집단, 사교 조직을 이용해 국가 법률을 위반하면 3년 이상 7년 이하의 유기징역에 처한다"고 규정한다. 중국 정부는 형법 제300조에 따라 범죄를 저지른 사교 신자만 처벌한다고 주장하지만, 현실은 달랐다. 신앙을 전파하거나 사교의 서적을 나누는 것만으로도 처벌받았다.

중국 정부의 전능신교 탄압은 베이징 올림픽이 있었던 2008년 더욱 노골화했다. 샤오루이는 이렇게 말했다. "국가적으로 큰 행사가 있을 때마다 중국 공안은 사교 '싹쓸이' 작전을 폈다. 2008년에는 광둥성과 쓰촨성의 리더(교회 간부)가 모두 잡혀갔다." 삼엄한 분위기에서 청명절을 맞아 다른 신자들과 함께 예배하고 길을 나섰던 샤오루이도 체포되었다.

종교의 자유와 고문

샤오루이는 취조실 벽의 글귀 '문명집법'을 보며 생각했다. '문명이란 무엇인가? 법이란 무엇인가?'

곧 고문이 시작되었다. 경찰들은 닥치는 대로 때렸다. 수갑을 채우고 허공에 매단 채 머리, 몸, 다리를 가리지 않고 밤새 폭행했다. 당시 손등에 생긴 수갑의 흉터는 10년이 지난 지금도 남아있다. 경찰은 교회 헌금이 어디로 갔는지, 교회의 또 다른 신자는 누구인지 물었다. 샤오루이는 입을 열지 않았고, 시간이 흐를수록 고문관의 수도 늘었다. 한 남자가 협박했다. "당에서 지령이 떨어졌는데 전능신교 신자는 죽여도 문제 삼지 않겠다고 했다. 게다가 너는 다른 지역 사람이니 우리가 죽여도 아무도 모를 거다."

샤오루이는 덜컥 겁이 났다. 마음속으로 기도하며 고통을 잊으려고 애썼다. 6일 동안 고문당하면서 음식을 먹지 못한 그는 온몸이 부어올랐다. 그렇게 구치소와 취조실을 오갔던 샤오루이에게 한 달 뒤 검사가 찾아왔다. 검사는 "경찰이 고문으로 자백을 강요했나?"라고 물었고, 그는 "그렇다"라고 대답했다. 검사는 "고문이 없었다"라고 기록했다.

재판에서 죄를 인정하느냐는 질문을 받은 샤오루이는 이렇게 대답했다. "중국 헌법에 공민은 신앙의 자유가 있다고 명시되어 있고, 우리는 말씀을 나누고 기도했을 뿐이다. 법을 어기지 않았다."

판사는 "전능신교를 믿는 것 자체가 범법 행위다"라고 판결했다.

샤오루이는 형법 제300조 위반으로 3년 6개월의 징역형을 살았다. 2012년 10월, 형기를 채우고 출소했지만 공안의 샤오루이 탄압은 끝나지 않았다. 2013년 1월부터 중국 정부는 이미 형기를 마친 신자도 석방된 뒤 신앙을 포기하지 않으면 계속 탄압했다. 샤오루이는 어쩔 수 없이 고향을 떠나 중국 곳곳을 떠돌았다.

2014년 5월에는 산둥성의 맥도날드 점포에서 여섯 명의 전능신교 신자가 무고한 여성 한 명을 마구 폭행해 숨지게 했다는 뉴스 보도가 나오면서, 중국 정부의 전능신교 탄압은 더욱 심해졌다. 하지만 이 사건을 연구했던 이탈리아의 종교사회학자이자 중국 내 종교 탄압 실태를 고발하는 온라인 매체 《비터 윈터Bitter Winter》의 편집장인 마시모 인트로빈Massimo Introvigne은 다음과 같이 주장했다. "해당 사건의 가해자들은 전능신교와 관련이 없었다."

중국에서 도피 생활을 하던 샤오루이는 한국에서 난민의 사회권 보장과 처우 개선을 명시한 '난민법'이 시행되었다는 소식을 듣고 2016년 한국행을 택했다. 난민 신청을 했지만 샤오루이는 법적 난민으로 인정받지 못했고, 재신청을 준비하고 있다. "한국에 와서 처음으로 자유민주주의 국가에서 산다는 것이 어떤 것인지 알게 되었다. 길에 다니면서 이어폰으로 설교를 들을 때, 공원에서 성경을 읽을 때 가장 큰 희열을 느낀다. 중국 정부는 중국에 종교 박해가 없다며 우리를 돌려보내라고 하지만 이는 거짓 말이다. 우리는 중국에 돌아가면 바로 체포된다."

중국 정부의 종교 박해가 계속되면서 샤오루이처럼 한국에 난민 신청을 하는 중국인도 늘고 있다. 2010년 일곱 명이었던 중국 난민 신청자는 2017년 1413명으로 빠르게 늘었다. 1994년부터 2018년 말까지 총 4839명의 중국인이 난민 신청을 했는데, 이 가운데 1000여 명이 전능신교 교인이다. 이 외에 파룬궁 수련자, 신장웨이우얼자치구 무슬림도 포함되어 있다.

한국 정부는 중국 난민 신청자 가운데 20명을 난민으로 인정했고, 36명에게 인도적 체류 지위를 주었다. 하지만 전능신교 교인 1000명 중에서는 단 한 명도 난민이나 인도적 체류 지위를 받지 못했다. 캐나다(인정률 74%)와 뉴질랜드(78%) 등지에서 전능신교 신자를 난민으로 인정한 것과는 상반된 결과다.

샤오루이의 난민 신청을 돕고 있는 난민 인권 네트워크의 이일 변호사는 이렇게 설명했다. "한국 정부도 중국에서 종교 박해가 일어나는 것을 알고 있지만, 선뜻 법적으로 인정하지는 못하고 있다. 4대 종교(불교·개신교·천주교·이슬람) 말고는 이단으로 인식하는 사회적 분위기, 그리고 중국과의 외교적 관계 등을 고려하는 것 같다." 중국이 종교 박해 국가로 인식되는 것을 원하지 않기 때문에, 한국 정부가 종교적 이유로 난민 지위를 신청한 중국인을 섣불리 법적 난민으로 인정하기 어렵다는 것이다.

미국 정부 자신들이 반이민자 정책을 노골화하면서도, 중국을 겨냥해 종교 박해를 폭로하며 대외적으로 비판한다. 마이크 폼페이오 미 국무장관은 2019년 7월 18일 '종교의 자유 증진을 위한 장관급회의'에서 다음과 같이 비판의 수위를 높였다. "중국은 우리 시대 최악의 인권 위기 지역으로 세기의 오점이다."

도널드 트럼프 미국 대통령은 그 전날인 17일 중국, 북한 등 17개국에서 종교 박해를 피해 미국으로 온 난민 27명을 백악관으로 초대했다. 이 난민들 중에는 파룬궁 수련자와 신장웨이우얼자치구 중국 난민이 포함되었다. 미국의 연방정부 위원회 중 하나인 국제종교자유위원회와 유엔 인권고등판무관은 다음과 같이 보고했다. "2018년까지 중국 공산당이 수십만 명의 전능신교 교인을 감시하고 구속하는 등 박해를 가했다."

이일 변호사는 이렇게 말했다. "한국 정부도 이들이 고국으로 돌아가면 박해당할 것을 알기 때문에 강제 송환까지는 하지 않는다. 박해 위험이 너무 명백하기 때문에 앞으로 한국에서도 법원이나 행정부의 결정으로 전능신교 난민 인정자가 나올 것으로 예상한다."

11

이주니

줌머

난민 2세 이주니는 한국어로 꿈을 꾼다. 국적이 한국인 그의 국어는 한국어다.

주니의 기억은 다섯 살에서 시작한다. 집은 경기도 김포에 있는 작은 공장이었다. 부모님이 그 공장에서 일했고, 공장에 딸린 작은 방에서 세 식구가 살았다. 주니는 통진읍에 있는 어린이집에 다녔다. 낮에 어린이집에서 친구들과 놀고 오면 일을 마친 부모님과 저녁밥을 지어 먹었다. 부모님은 저녁을 먹으면서 주니에게 하루 동안 있었던 일을 한국어로 물었다. 부모님은 종종 주니가 알아듣기 힘든 외국어로 대화를 나누곤 했다. '차크마어'였다. 2018년 대학생이 된 그는 부모의 모국어인 차크마어를 말하고 들을 수는 있지만, 읽고 쓸 수는 없다.

친구들은 그를 "주니야!"라고 불렀지만 그의 성(姓)은 또래들과 달리 조금 길었다. 차크마. 2011년 '이주니'로 바꿀 때까지 그의 이름은 '패마스 주니 차크마'였다.

주니의 아버지 이름은 '로넬 나니 차크마'다. 로넬의 고향은 김포에서 3700킬로미터 떨어진 방글라데시 치타공이다. 로넬의 아버지의 아버지, 그리고 훨씬 이전부터 그들은 산악 지대인 치타공에 삶의 터전을 일궈왔다.

치타공에서 살아온 차크마, 마르마, 트리푸라, 텅창갸 등 11개 소수 부족 75만 명을 통틀어서 '줌머'라고 한다. 전체 인구가 1억 6000만 명이 넘는 방글라데시에서는 소수에 불과하다. 줌머의 사전적 뜻은 '화전농을 하는 사람들'이다. 치타공은 인도, 미얀마와 국경을 마주하는 방글라데시 남동쪽에 있다.

영국은 1947년까지 인도반도를 지배했지만 줌머가 사는 치타공까지는 영향력이 거의 미치지 않았다. 방글라데시의 주류인 벵골인 대다수가 이슬람교를 믿지만 줌머인은 대부분 불교를 믿으며 자신들의 전통을 지켜올 수 있었던 것도 그 때문이다. 하지만 줌머인들의 치타공은 영국 식민 지배가 끝나고 파키스탄의 지배를 받으면서 조금씩 불안정해졌다.

파키스탄 정부는 1962년 치타공 중심에 있는 카르나풀리강에 캅타이댐을 지으면서 치타공의 가장 비옥한 경작지 40%를 수몰

시켰다. 이 과정에서 줌머인 10만 명이 고향에서 쫓겨나 강제 이주되었다. 줌머인은 강압 정책을 펼치는 파키스탄에 맞서 벵골인들과 함께 싸웠다. '방글라데시 독립전쟁'의 결과로 1971년 12월 16일, 방글라데시는 파키스탄을 영토에서 몰아내고 독립을 맞았다. 하지만 줌머와 함께 독립을 쟁취한 방글라데시는 줌머인들의 치타공 지배권을 인정하지 않았다.

로힝야는 수용하고 줌머인은 박해하는 아이러니

방글라데시 정부는 무슬림 벵골인들에게 치타공으로 이주할 것을 장려했다. 1978~1984년 치타공으로 이주하면 1가구당 6000평의 농토를 주고, 식량도 무료로 주었다. 이 기간에 무슬림 벵골인 40만 명이 이주했다. 1979~1997년에 무슬림 벵골인 이주민과 방글라데시 군대는 15회 이상의 대량 학살로 인종 청소를 시도했다. 이 기간에 민간인 2만여 명이 목숨을 잃었다고 줌머인들은 주장한다. 이러한 박해를 견디지 못하고 전 세계를 떠도는 줌머 난민은 수십만 명에 이른다. 인도에 20만 명, 미얀마에 2만 명이 살고 프랑스와 일본 등지에 넓게 퍼져 있다. 미얀마의 로힝야 난민 수십만 명을 수용하는 방글라데시가 한편으로는 줌머인을 박해하는 것은 역사적 아이러니다.

치타공 지역에는 방글라데시 무장군인 3만~4만 명이 배치되어 군사적 긴장감이 높다. 게다가 2만여 명의 불법 민간 무장단체도 있다. 이러한 위협에 맞서 살아남기 위해 줌머인들은 군대를 조직해 게릴라전을 펼쳤다.

주니의 아버지 로넬도 줌머 게릴라군이었다. 줌머의 자치권을 회복하기 위해 활동하던 그는 1986년 방글라데시 정부군에 체포되어 3년간 수감되었다. 로넬은 수감 중에 각종 고문에 시달렸다. 강한 전기가 흐르는 의자에 앉아 자백을 강요당하는 '전기의자 고문'을 여러 차례 받았고, 여러 명의 군인에게 반복적으로 마구 맞았다. 고문관들은 그에게 하지 않은 일을 했다고 말하라고 강요했다. "그때 고문받으며 생긴 트라우마가 아직 남아 있다. 한국 경찰과 군인을 보면 무섭고, 감옥 생활을 하는 악몽도 꾼다." 로넬은 30년이 훌쩍 지났지만 박해받은 기억을 잊을 수 없다고 말한다.

로넬은 만 3년의 수감 생활을 마치고 밖에 나왔지만, 정보기관의 감시가 따라붙었다. 목숨 걸고 지키고 싶었던 조국을 떠나기로 마음먹었다. 스님으로 위장해 인도와 라오스, 타이를 거쳐 1994년 한국 땅을 밟았다. '한국 방문의 해'였던 1994년에는 비자가 없는 외국인들이 한국에 오기 쉬웠다. 한국은 로넬이 믿는 불교 신자가 많은 나라였다. 로넬의 기억 속에 그해 여름 한국은 몹시 더웠고, 북쪽 지도자가 목숨을 잃었다.

로넬은 미등록 체류자 신분으로 경기도 김포 인근 가구공장에서 일하며 어렵게 생계를 이어 갔다. 공장을 전전하는 한국살이는 쉽지 않았지만 언제 군부 폭력의 희생양이 될지 모르는 조국에서 사는 것보다는 나았다.

IMF 외환 위기의 그늘이 드리우던 1997년은 한국 사회에 큰 변곡점이었다. 이곳에 사는 로넬의 삶도 크게 흔들렸다. 한국 사람도 일자리를 구하기 힘들던 그해에 한국에서 외국인이 일자리를 구하는 것은 '사막에서 바늘 찾기'였다. 김포에 사는 줌머인들은 농사일도 마다하지 않았지만 그조차 못하는 날이 많았다.

때마침 고국에서 반가운 이야기가 들려왔다. 자치권 투쟁을 이어오던 줌머 지역정당과 방글라데시 정부가 '치타공 산악 지대 평화협정'을 체결했다는 소식이었다. 총을 들고 투쟁에 나섰던 줌머인 게릴라군은 무기를 반납하고 속속 일터로 복귀했다. 인도로 망명한 줌머인 6만 명도 고향으로 돌아왔다. 로넬도 1998년 조국으로 돌아갔다.

그러나 방글라데시 정부는 철수하기로 했던 군대를 계속 주둔시켰고 평화협정은 이행되지 않았다. 줌머인에 대한 폭력과 박해는 계속되었다. 로넬은 다시 한국으로 떠날 채비를 했다. 2000년에 태어난 아들과 부인 졸리 데완을 두고 그는 다시 길을 떠났다. 한국에 온 로넬은 더욱 열심히 조국의 상황을 알리며 적극적인 대외 활동을 이어 갔다. 2002년 4월 줌머인의 고유 명절인 '보이사비 축제'를 김포에서 열며 '재한 줌머인 연대'를 출범했고, 줌머인 10여 명과 함께 집단 난민 신청을 했다. 2004년 난민 지위를 인정받은 로넬은 아내와 아들을 한국으로 데려왔다.

"방글라데시 정부가 줌머인들의 토지를 강제로 뺏고, 나쁘게 했다는 것만 알고 있어요." 주니는 아버지 로넬의 망명사를 제대로 알지 못한다. 그는 방글라데시에서 태어났지만, 그곳에서의 일을 기억하지 못한다.

입대를 준비하는 난민 2세

한국에서 초·중·고를 졸업한 주니는 의사소통으로 어려움을 겪은 적이 한 번도 없었다. 아버지 로넬은 김포시 외국인 주민 지원센터에서 통역을 할 정도로 한국어와 영어가 유창하다. 보통 난민 부모는 자녀의 한국어 교육에 어려움을 겪지만, 주니의 집은 달랐다.

어릴 때 친구들보다 피부색이 짙었던 주니는 일부 짓궂은 친구들이 '검둥이'라거나 외국인이라고 놀렸지만 크게 상처받지는 않았다. "장난치는 친구들이 있었지만, 대체로 친구들과 잘 어울렸고, 친구나 선생님에게 차별받은 기억이 전혀 없다." 학교 공부를 잘하는 편은 아니었지만, 아주 나쁘지도 않았다. 평균 정도의 성적을 유지했다.

한국 가족과 조금 다른 부분이 있다면 부모님이 주니가 학교에서 어떤 공부를 하는지 잘 모른다는 것이었다. 아버지 로넬은 주니의 학창 시절을 떠올렸다. "한국 교육체계를 잘 몰라 자녀와 소통하기 힘들었다. 대부분의 난민은 생계를 유지하기 위해 일하느라 아이들과 이야기할 시간을 내기 어렵다." 주니는 학교 공부와 관련해 궁금한 게 있으면 친구들과 이야기하거나 학원 선생님의 도움을 받았다. 로넬은 주니가 초등학교 4학년이 되던 해에 한국인으로 국적을 바꾸었다. 성은 이씨였다. 아버지는 '이나니', 아들은 '이주니'로 각각 바꿨다. 로넬은 자신이 한국인이 되면 앞으로 이 땅에서 계속 살아갈 주니에게 도움이 될 것으로 판단했다. 난민 신분인 로넬보다는 한국인 '이나니'가 다른 줌머인들을 돕기에도 나았다.

2017년 고등학교 3학년이 된 주니는 대학수학능력시험에서 경상북도의 한 대학 경찰행정학과에 합격했다. 중학교 때 곤경에 처한 사람들을 친절하게 도와주는 경찰관을 보고 주니는 약한 사람들을 돕는 경찰관이 되겠다고 마음먹었다. 태권도 4단인 그는 꿈을 이루기 위해 운동도 꾸준히 했다. 가정 형편이 넉넉지 않은 주니 집에서 300만 원이 훌쩍 넘는 한 학기 등록금은 적잖은 부담이었지만, 다행히 국가장학금을 받아 짐을 조금 덜 수 있었다.

대학교에서 만난 친구들은 주니가 말하지 않으면 외국인인 줄 몰랐다. "사실, 난 줌머 난민의 자녀야." 이렇게 말하면 친구들은 놀라면서도 크게 신경 쓰지 않았다. 어릴 때는 줌머 음식과 한국 음식을 비슷하게 먹었는데, 나이 들면서는 한국 음식에 더 익숙해졌다. 집 떠나 대학 기숙사에 들어간 뒤로는 줌머식 식사를 할 일이 거의 없다.

주니가 제일 좋아하는 음식은 돼지국밥이다. 가끔 친구들과 소주를 마시고 피시방에서 게임을 하거나 노래방에 가는 것을 즐긴다. 제일 좋아하는 가수는 김범수다.

대학교 2학년이 된 주니는 입대를 준비하고 있다. 한국으로 귀화한 외국인은 병역이 의무가 아니라 선택이지만 군대에 가기로 마음먹었다. 주변에 친한 대학 선배와 친구들이 군대에 가는 것을 보면서 입대에 대한 두려움을 떨쳐냈다. 부모님도 한국 지인들과 이야기하고 고민한 끝에 "한국에서 살려면 군대를 갔다 와야 한다"고 했다.

"이왕 군대에 갈 거라면 병사보다는 리더로서 지휘하는 쪽으로 더 보람 있게 군 생활을 하고 싶다. 집안 형편이 넉넉지 않으니 월급도 더 많이 받는 장교로 군에 가는 편이 도움이 될 것 같다."

주니는 2019년 초에 학군단ROTC에 지원했다. 한국사 시험, 인지능력 평가, 신체검사, 체력검사, 면접 등의 선발 절차를 모두 밟고 11월에 최종 합격 통보를 받았다.

"어젯밤에 '색을 이용한 커뮤니케이션'이라는 교양과목 발표 자료를 파워포인트PPT로 만드느라 제대로 잠을 못 잤다."

초·중·고교 교육과정을 거치면서 불편함을 느낀 적이 거의 없을 정도로 한국어가 유창한 주니도 대학에 들어간 뒤에는 조금씩 어려움을 겪고 있다. "법 관련 과목에 한자가 많이 나와서 힘들고, 교양과목에 글쓰기 과제가 많으면 어려움을 많이 느낀다. 의사소통에는 문제가 없는데 글 쓸 때 단어 선택이나 문장 배치를 많이 고민한다." 다행히 주변 친구나 선후배들이 그를 도와주고 있다.

주니는 학과 공부와 아르바이트를 병행하느라 한눈팔 겨를 없이 분주한 대학 생활을 하고 있다. 수십 대 일에 육박하는 경쟁률로 유명한 경찰공무원 시험도 주니가 앞으로 넘어야 할 큰 장벽이다. "학교에서 공시(공무원 시험)에 합격하는 선배가 손에 꼽을 정도로 적어서 걱정된다. 군대에 가더라도 시간 나는 대로 틈틈이 공부해 준비할 계획이다."

아들 이야기만 나오면 귀를 쫑긋 세우고 눈빛을 반짝이는 아버지 나니는 주니가 당당히 꿈을 이루고 살아가기를 바란다. 그는 주니가 난민의 아들이라는 이유로 학군단에서 떨어질까 노심초사했는데, 다행히 최종 합격했다는 소식에 기쁨을 감추지 못했다.

주니는 아버지의 망명사를 완전히 이해하지는 못하지만, 자신이 누리는 평화가 얼마나 소중한지 잘 안다. "내가 평화롭게 꿈을 펼치며 살 수 있는 환경을 만들어주기 위해 어렵고 먼 길을 돌아온 아버지께 항상 감사하는 마음을 갖고 있다. 대학을 졸업하고 취업하면 꼭 좋은 나라로 여행을 보내드리겠다." 한국인 난민 2세 주니는 그저 평범한 한국인이 되는 꿈을 꾸고 있다.

2장

거짓과 혐오,
우리가 모르는 난민

01

가짜 난민

한국에 오는 난민은 대부분 가짜다?

난민 유입을 반대하는 쪽에서 강조하는 것 가운데 대표적인 것이 '가짜 난민' 논리다. 한국 사회가 난민을 수용하는 것은 난민 협약국으로서 의무를 다하는 것이기 때문에 반대하지 않는다면서도, 난민 심사에서 (법적) 난민으로 인정받지 못하는 사람은 (진짜) 난민이 아니라 가짜 난민이기 때문에 수용할 수 없다고 주장한다. 더 나아가 가짜 난민을 추방해야 한다고 한다.

얼핏 보기에는 타당해 보이는 주장이지만 난민의 개념을 편협하게 이해했다는 문제점이 있다. 이러한 문제는 용어의 정의 문제에서 비롯되는 측면이 있다. 한국에서 난민이라고 하면 대개 'Refugee(난민)'만을 떠올린다. 하지만 국제적인 기준에서 난민이라고 하면 Refugee와 함께 'Asylum Seeker(보호 신청자)'를 함께 지칭한다. '보호 신청자'는 고국을 떠나 다른 나라를 떠도는 사람 가운데 안전하게 고국으로 돌아갈 수 없는 사람들을 말한다. 난민은 보호 신청자의 부분집합으로 이해할 수 있다. 보호 신청자는 다른 나라에 난민 지위를 신청하고 난민 심사를 거쳐서 (법적) 난민이 될 수 있지만 모두가 인정받을 수는 없다. 난민 인정 범위에 관한 논란은 한국뿐만 아니라 앞서 난민 문제로 내홍을 겪은 독일 등 유럽 국가에서도 문제가 되고 있다. 보호 신청자는 안전하게 고국으로 돌아갈 수 없다는 점에서 이민자와는 확연하게 구분된다. 하지만 한국에서 난민을 반대하는 쪽에서는 안전하게 고향으로 돌아갈 수 없는 보호 신청자를 단지 난민 심사를 통과하지 못했다는 이유로 이주 노동자나 이민자와 같다고 주장한다. 명백하게 잘못된 주장이다.

이런 오해와 한국 정부의 엄격한 난민 심사가 맞물리면서, 예멘인들은 의심할 여지 없이 '가짜 난민'으로 전락한 듯 보였다. 2017년 기준 한국의 난민 인정률(2.0%)은 OECD 국가 중 가장 낮은 수준에 속했다. 한국보다 낮은 국가는 일본(0.2%)과 이스라엘(0.1%) 단 두 국가뿐이었다. 난민을 반대하는 쪽에서 "한국에는 가짜 난민만 오기 때문"이라고 주장하고 싶겠지만 근거 없는 믿음일 뿐이다. 한국은 외국인이 난민 신청을 목적으로 입국하면 공항에서 사전 심사를 통해 회부와 불회부를 결정한다. 출입국항이 불회부를 결정하면 아예 한국으로 들어올 수 없는 구조다. 애초에 가짜 난민이 들어오기 힘들다.

한국의 난민 인정률이 낮은 것은 법 집행이 과도하기 때문이다. 한국 정부는 난민 심사 과정에서 현행 난민법상 다섯 가지 난민 인정 사유(인종, 종교, 국적, 특정 사회집단 구성원 신분, 정치적 견해로 인한 박해 위험)만을 잣대로 엄격하게 들이대고 있다. 미리 정해 놓은 난민 인정 사유를 교조적으로 받아들이고, 난민법 시행의 본질에서 되레 멀어지고 있다는 비판을 받고 있다.

난민이 되는 가장 중요한 이유는 '박해 가능성'인데, 한국은 박해 가능성보다 '인종, 종교, 국적, 사회집단, 정치적 견해'라는 범주를 더욱 중요하게 보고 있다. 이 때문에 제주도에 온 예멘 난민의 상당수가 내전 발발 이후 징병 위험을 난민 신청 사유로 언급하고도, 난민으로 인정받지 못했다. '내전'이나 '징병 위험'은 난민법상 난민 인정 사유가 아니라는 것이 법무부의 입장이다. 하지만 전통적으로 전쟁은 난민 보호 사유였다. 이를 난민 신청 사유로 보지 않는 것은 본말이 전도된 것이다.

한국 법무부는 예멘인에 대한 난민 심사 결과를 발표하면서 이러한 오해를 더욱 공고히 했다. 제주 출입국청은 2018년 10월 17일 난민 심사 결과를 발표하면서 다음과 같이 밝혔다. "예멘 내전 상황에도 불구하고 제3국에서 출생한 뒤 그곳에서 계속 살아왔거나 외국인 배우자가 있는 등 제3국에서 안정적으로 정착할 수 있어 경제적 목적으로 난민 신청한 것으로 판단되는 자는 단순 불인정 결정했다."

현재 예멘 내전 상황을 고려해보면 단순 불인정 자들도 안전하게 예멘으로 돌아갈 수는 없다. 이들이 태어나거나 살아온 곳은 대개 사우디아라비아인데, 사우디가 예멘 내전에 개입하면서 상황은 더욱 복잡해졌다.

제주도에서 만난 예멘인들은 "사우디에서 거주하기 위해서는 감당하기 벅찬 수준의 금액을 지급해야 한다"고 했다. 과연 이들을 경제적인 이유로 한국에 왔기 때문에 '난민이 아니다'라고 단정할 수 있는지는 좀 더 신중하게 고민해봐야 할 부분이다.

난민에 대한 몰이해

한국 정부가 예멘인 중 두 명을 제외한 나머지를 (법적) 난민으로 인정하지 않으면서도 인도적 체류 지위를 부여했던 것은 이들을 보호 신청자로 보았기 때문이다. 안전하게 고국으로 돌아갈 수 없다고 판단했다는 의미다. 그러므로 이들이 난민이 아니기 때문에 모두 쫓아내 본국으로 송환해야 한다는 주장은 잘못되었다.

'가짜 난민'이 아예 없는 것은 아니다. 일부 이주 노동자들 가운데 고국으로 돌아가지 않고 머물다가, 미등록 거주 상태를 벗어나기 위해 난민 신청을 하는 경우가 드물게 있다. 또 난민 신청을 돕는 불법 브로커를 통해 해외에서 난민 신청자를 모집해 오는 경우도 있다. 모든 제도는 악용하는 사람이 있게 마련이고, 난민법도 악용하는 사례가 일부 있을 수 있다.

하지만 소수가 제도를 악용할 여지가 있다고 해서, 제도를 아예 없애자고 주장하는 것은 너무 멀리 간 것이다. 복지 수당을 악용하여 부당하게 수령하는 사람이 있다고 해서 복지 제도를 폐지하자고 하지는 않는다. 게다가 난민 협약과 밀접한 관계를 맺고 있는 난민법의 경우 더욱 신중해야 한다. 국제사회와 긴밀하게 관련된 난민법은 국내의 논의와 정치적 합의만으로 폐지할 수 있는 간단한 문제가 아니다.

실제 난민 심사 현장에서는 난민 신청 사유가 충분히 되지만 과거 산업 연수생으로 한국에 왔다는 이유만으로 난민 심사 과정에서 불이익을 받는 경우도 있다고 한다. 처음 한국에 이주 노동자로 왔다는 사실 때문에 난민 심사를 제대로 받지 못했다는 것이다. 이러한 선의의 피해자가 생기지 않도록 유의해야 한다.

난민 신청 사유가 전혀 되지 않는 가짜 난민을 입국시키는 사례가 사정 당국의 단속망에 걸려 보도되기도 했다. 이를 근거로 다른 난민들까지 가짜라고 하는 것 역시 성급한 일반화의 오류다. 현장에서는 최근 언론 보도가 나올 정도로 단속이 강화되면서 불법 난민 브로커가 급격하게 줄었다고 한다.

정리하면, 현재 난민을 반대하는 여론에서 주장하는 '가짜 난민'은 난민의 개념을 잘못 이해한 데서 출발했다. 그리고 가짜 난민이 존재할 수 있지만, 이는 일부의 문제로 난민 수용 자체를 반대할 논리는 되지 못한다.

02

젊은 남성

난민 대부분은 젊은 남성, 입대를 거부한 비겁한 사람이다?

한 시리아인은 인터뷰에서 이렇게 말했다.

아무래도 힘이 있고 이동하기 쉬운 남자가 먼저 가서 정착한 뒤에 다른 가족들을 데려올 수 있을 거라고 생각했던 사람이 많았다. 시리아도 그렇고, 예멘도 보면 내전 상황에서는 여유가 없다. 난민 신청과 관련한 정보를 충분히 모을 시간이 없었다. 일단 한 명이 가서 조금만 생활하면 가족을 데려올 수 있다고 생각하니까 집에서 힘 있고, 눈치 빠르고, 똑똑한 남자를 한 명 보낸 경우가 많았다.

시리아 사람들도 내전이 처음이고, 난민을 경험해본 적이 없었다. 당시에는 시리아 주변에 쉽게 갈 수 있는 나라가 많았다. 일단 가서 일자리 구하고 자리 잡으면 안전하게 가족도 초대할 수 있을 거라고 생각했다. 한국으로 올 때 아내와 자녀를 데려오지 않고 혼자 왔던 젊은 아버지가 많았던 것도 그래서다. 이들은 대부분 지금 후회를 하고 있다. '비용이 많이 들더라도 같이 왔어야 했는데'라고.

하지만 이미 이산가족이 되었고, 늦어버렸다. 이제는 데려올 수 없으니 열심히 일해서 돈이라도 보내야겠다고 판단한 경우가 많다. 한국에서 돈 벌어서 어렵게 시리아로, 난민 캠프로 돈을 보내주고 있다.

한국을 찾았던 시리아 난민 역시 젊은 남성의 비중이 컸다. 2017년 12월 31일을 기준으로 국내에 체류 중인 시리아인은 1353명인데, 이들 대부분이 난민이고 그중 73%(983명)가 남성이었다. 같은 기간 한국에 거주했던 예멘인 454명 가운데 330명이 남성이고, 124명이 여성이었다. 역시 73%에 이른다. 비슷한 비율로 남성이 많음을 알 수 있다.

이렇게 비중이 큰 남성의 숫자는 시간이 흐르면서 조금씩 줄어들어 결국에는 비슷해지는 경향을 보였다. 난민으로 인정받은 뒤 고국에서 부인이나 배우자를 데려오기 때문이었다. 이러한 경향성은 2019년 현재 경기도 김포 지역에서 150명 가까이 모여 부

족 공동체를 이루고 있는 '줌머인'들에게서 확인할 수 있었다.[1]

《한겨레21》이 임의로 30명의 줌머인을 뽑아 설문조사를 했는데, 15명이 남성이고 나머지 15명은 여성이었다. 조사 결과 줌머인 여성은 남성보다 체류 기간이 짧았고, 여성이 남성보다 임금이 더 낮은 것으로 나타났다.

이처럼 성별에 따라 체류 기간과 임금에 차이가 나는 것은 이들이 정착하는 방식 때문이다. 줌머인 가족은 아빠나 남편이 먼저 한국에 와 난민 인정을 받은 뒤 조국에 있는 가족을 초청하는 '가족 결합' 형태로 한국 사회에 자리 잡았는데, 이를 통계로 확인할 수 있었다. 2018년 한국 사회가 예멘 난민에게 품었던 '젊은 남성이 대부분인 예멘 난민은 가짜 난민'이라는 한 가지 오해를 풀 수 있는 대목이다.

난민 신청자 중 남성이 많은 것은 비단 한국에만 국한된 이야기가 아니다. 미국의 여론조사 기관인 '퓨 리서치 센터'가 2015년 유럽연합European Union, EU의 난민 현황을 조사해 발표한 내용을 보면, 유럽의 상황도 비슷했다.[2]

2015년, EU 난민 신청자의 73%가 남성이었다. 한국을 찾은 시리아 난민, 예멘 난민과 똑같은 73%다. 유럽을 찾은 시리아 난민의 71%가 남성이었고, 아프가니스탄 난민의 80%가 남성이었다. 감비아(97%), 파키스탄(95%), 방글라데시(95%)처럼 난민 신청자의 거의 전부가 남성인 국가도 있었다.

이처럼 남성의 비중이 절대적으로 높은 가운데 젊은 남성이 많은 것도 한국과 비슷했다. 같은 기간 EU의 난민 신청자 중 18세에서 34세 사이의 성인 남성은 전체 난민 신청자의 42%를 차지했다. 가장 비중이 큰 국가로는 이탈리아가 74%로 가장 높았고, 불가리아(53%), 핀란드(52%), 헝가리(51%)가 그 뒤를 이었다.

징집 대상 1순위

최근에 EU가 직접 발표한 공식 통계도 비슷한 결과를 보였다. EU의 통계청이라 할 수 있는 EUROSTAT가 발표한 자료를 보면 2018년 EU 28개 회원국의 보호 신청자는 총 63만 명이었고, 그중 58만 명이 처음으로 난민 지위를 신청한 사람이었는데, 그중 79%가 35세 미만의 젊은이였다. 또한 18~35세가 전체 난민의 거의 절반(48%)을 차지했다. 성별을 살펴보면 18~35세 난민 중 70%가 남성으로, 역시 젊은 남성이 많았다.[3]

이처럼 난민의 대다수가 '남성' 혹은 '젊은 남성'인 이유는 무엇일까? 예멘 난민들은 인터뷰 과정에서 "젊은 남성들이 징집 대상 1순위이기 때문"이라고 입을 모았다. 후티 반군의 점령 지역에 있었던 젊은 남성들은 거의 납치되다시피 하여 집총을 강요당했다. 집총을 거부하면 '정부군과 한편'이라고 몰아세우면서 감금하거나 고문하고, 심지어는 목숨을 앗았다고 한다.

여기에 '적응력'이라는 현실적인 요소도 작용한 것으로 보인다. 현실적으로 모든 가족 구성원이 난민 행렬에 나서기 어려운 상황을 고려해 가장 영리하고 건강한 젊은 남성을 우선 떠나게 했을 가능성이 크다. (법적) 난민으로 인정만 되면 대부분의 국가에서 가족 결합이 가능하기 때문에 모두가 길을 헤매지 않아도 된다. 난민으로 인정받지 못한다고 하더라도, 육체노동이라도 해서 외화를 벌어 가족들에게 보내줄 수 있다.

낯선 곳으로 가족 구성원을 보낼 때, 여성보다 남성을 먼저 보내는 것은 한국에서도 마찬가지였다. 전쟁 때 피란길에 오를 수 있었던 것도 상대적으로 기동력이 있는 젊은이들이었다.

과거 한국 사회에서 한창 산업화가 진행될 때 서울이나 대도시로 유학하거나 취업하는 것은 장남이나 똘똘한 아들의 몫이었다. 비참한 현실을 벗어나 운명을 개척하고, 새로운 환경을 찾아 떠날 권리는 남성과 여성이 차별 없이 누려야 한다는 당위성에는 공감한다.

하지만 현실적인 환경은 동등한 기회를 허락하지 않는다. 여성은 상대적으로 폭력의 위험에 노출될 가능성이 크다. 난민 여성은 성폭력에 취약한 것으로 알려져 있다.[4] 동등한 노동의 기회도 누리지 못한다. 한국 사회의 고질적인 남녀 임금 격차가 이를 방증한다. 이주나 더 나은 삶을 결심한 가정이 구성원 가운데 젊은 남성을 먼저 보내 상황을 살피는 것은 자연스러운 현상이다.

이러한 이유로, 단지 젊은 남성이 많다고 '가짜 난민'이라고 주장하는 것은 역시 근거가 없다.

1 〈그들이 김포에 뿌리내린 원동력은?〉, 《한겨레21》, 2019년 5월 28일.
2 "Number of Refugees to Europe Surges to Record 1.3 Million in 2015," Pew Research Center, 2016.8.2.
3 https://ec.europa.eu/eurostat/statistics-explained/index.php/Asylum_statistics#Age_and_gender_of_first-time_applicants.
4 http://www.stopvaw.org/sexual_assault_against_refugees.

03

난민 경제

난민이 일자리를 뺏고, 경제를 파탄에 이르게 한다?

미국의 트럼프 행정부는 2018년 임시 보호 지위Temporary Protected Status, TPS를 부여했던 엘살바도르, 온두라스, 아이티 등지에서 온 난민 30만 명의 강제 추방 계획을 발표했다. 임시 보호 지위는 한국의 인도적 체류 지위와 비슷한 개념으로, 난민으로 인정하는 대신 일시적으로 미국 영토 내에서 거주하고 일할 수 있도록 허용한 제도다.

트럼프 정부의 이러한 난민 추방 방침에 반기를 들고 일어선 것은 지방정부와 지방의 공장주들이었다. 이들은 30만 명에 가까운 노동자들이 미국을 떠나면서 지역 경제에 큰 타격을 줄 것으로 내다보았다. 이민법률자원센터Immigrant Legal Resource Center는 정책 리포트[1]를 통해 엘살바도르, 온두라스, 아이티에서 온 30만 명을 추방하면 69억 달러의 사회보장, 의료보험 관련 세수가 줄어든다고 분석했다. 국내총생산은 452억 달러 감소하고, 10년에 걸쳐 30만 명을 추방하는 데 드는 사회적 비용도 31억 달러가 소요될 것으로 예상했다.

위의 미국 사례만 보더라도 국내에 체류 중인 난민 때문에 한국 경제가 망가질 것이라는 추측은 근거가 희박하다는 것을 짐작해볼 수 있다. 난민을 비롯한 이민자의 유입이 경제적으로 도움이 된다는 것이 상식이다.

2017년 영국 옥스퍼드 대학교에서 펴낸 《난민의 경제Refugees Economies》를 보면, 로잔 협약 이후 대규모로 발생했던 그리스 난민의 사례가 언급된다. 이 책에서는 1922~1923년에 120만 명의 난민이 550만 명의 그리스 인구에 편입되는 과정에서 농작물의 수확량이 늘어나고 가축의 사육 방식도 획기적으로 발전하는 등 그리스 농촌의 현대화가 급속도로 진행된 것으로 분석한다.

"세계적으로 대국이 된 곳은 외부인을 받아들여 조화롭게 살아온 나라들이다. 계속 강의하고, 학생들과 대화해 폐쇄적인 한국 사회가 외국인과 난민에게 열린 사회가 될 수 있도록 노력하겠다. 그러면 한국도 더 위대한 나라가 될 것이다." 수단에서 온 난민 아담의 말이다. 그동안 세계시민사회의 일원으로서 행해야 할 의무 등에 눈감고 있었던 한국이 북한과의 관계 개선 등으로 새로운 도약의 시기를 맞고 있다. 난민 문제 역시 실업이 만성화하고 혁신 성장 동력이 줄어 쉽사리 해결의 실마리를 찾지 못하는 한국 경제가 사회경제적 상상력을 갖고 세밀하게 들여다봐야 할 문제다. 게다가 한국 사회는 전 세계에서 가장 빠르게 소멸해 가고 있는 공동체다. 저명한 인구학자인 서울대 보건대학원 조영태 교수는 세계 최저 수준인 한국의 합계출산율(2018년 기준 0.98명)이 계속된다면, 2050년부터는 제주도민 인구(64만 명) 정도가 매년 줄어들 것으로 내다보았다.[2] 경제 규모는 세계 10위권에 올라 있으면서 인구 1000명당 난민 수용률은 세계 130위인 대한민국이 국제사회에 배타적인 자세를 유지하면서 공동체의 지속 가능성을 꿈꾸기는 어렵다.

난민에게 일자리를 제공하면 국내 일자리를 잠식한다는 주장은 엄밀하게 검토해야 한다. 이러한 주장은 국내시장을 세계 사회로 확장할 가능성을 닫아 놓은 상태를 전제한 것으로 보인다. 그러나 난민은 국내에 체류 중이라는 점에서 부분적으로 국내법의 테두리에 속해 있으나 동시에 국제사회의 일원이기도 하다. 초국적 지위를 가지고 있는 것이다. 이를테면 그들은 내국과 외국, 공식과 비공식의 경계에 서 있는 경계인이다. 이들의 활동 여부에 따라 한국 사회의 경계가 확대될 가능성도 크다.

지금껏 제주도를 찾는 관광객은 주로 중국과 일본 등 아시아권에 국한되어 있었다. 그러나 아랍어를 구사할 수 있는 예멘 난민들에게 한국어를 교육하고 제주도의 아름다움과 역사적 유산 등을 잘 전파하면, 관광객의 영역을 중동으로 확대하는 기회를 가질 수 있다.

전 세계 인구의 23%에 육박하는 무슬림 인구를 한국 사회로 초대한다는 것은 허무맹랑한 발상이 아니다. 실제로 제주도와 제주관광공사는 2019년 9월 초 인도네시아 자카르타에서 '인도네시아 무슬림 프렌들리 코리아 페스티벌'에 참가해 제주도 관광 홍보에 나섰다.[3] 문화체육관광부와 한국관광공사가 주관한 이 행사는 전 세계 18억 명에 이르는 무슬림 인구가 세계 관광 지출의 12% 정도를 차지하고 있는 현실을 반영했다. 정부 당국은 방한 무슬림 관광객이 지속적으로 증가해 2019년에는 100만 명을 돌파할 것으로 예상한다.

난민도 소득세를 낸다

2017년 11월, 말레이시아 쿠알라룸푸르에서 열린 국제협동조합연맹International Cooperative Alliance, ICA 총회에서는 난민이라는 키워드를 중요한 의제로 다루었다. '난민 사태와 이민자 유입에 대처하는 협동조합의 잠재력'이라는 제목의 회의에서는 협동조합의 각국 지도자들이 난민과 함께한 경험을 나누기도 했다. ICA와 국제노동기구International Labor Organization, ILO가 발간한 자료를 보면, 이탈리아 베르가모 지역의 루아RUAH 등 난민과의 상생을 위해 노력한 27개 협동조합을 모범 사례로 꼽았다. 루아는 이탈리아 북부의 마을을 기반으로 한 협동조합으로, 난민들에게 교육과 직업 훈련, 사회 통합 등의 기회를 제공했다. 2015년 이탈리아에서는 루아와 같은 사회적 경제를 실천하기 위한 협동조합이 1만 8000명의 난민과 이주민을 위한 220개 프로젝트 센터와 17채의 집을 제공했다. 세계시민사회도 평화를 찾아온 난민과 상생할 방법을 고민하고 있다.

한국에서는 난민 바리스타를 고용한 카페 '내일의 커피'가 주목받았다. 2014년 문을 연 이 카페에서는 2018년까지 이집트, 부룬디 등지에서 온 여덟 명의 난민 바리스타가 일했다. 카페 대표 문준석 씨는 매년 가을 난민 바리스타를 두 명 뽑아 그들이 2년 동안 커피 교육과 서비스 교육, 한국어 교육을 받을 수 있도록 했다. 문 씨와 함께 일한 난민들은 2년을 채우고 '졸업'한 뒤에도 다른 카페에서 바리스타로 계속 일하고 있다.

난민에 대한 경제적 지원이 사실상 없는 것과 마찬가지일 정도로 빈약한 한국에서 난민은 적극적으로 노동에 나설 수밖에 없다. 난민 지원 전문가들은 난민이 노동하고 자립할 수 있도록 하는 것은 바람직하다고 입을 모은다. 문제는 현행법에 따라 국내에 입국한 지 6개월이 지나지 않은 난민 신청자는 합법적으로 일할 수 없다는 사실이다. 자선단체의 지원을 받지 못하는 난민 신청자들은 불법이라도 일을 해야 한다. 그렇지 않으면 당장 생계를 이을 수 없다. 일을 할 수 있게 해주거나, 지원을 해주거나 둘 중 하나는 필요하다.

제주도에 온 예멘인에게는 법무부가 이들이 제주도를 나가지 못하도록 조치하는 대신 체류한 지 6개월이 되지 않더라도 일을 할 기회를 열어주었다. 극히 이례적이었지만, 제주도에 온 예멘인에게 허락할 수 있다면 다른 난민 신청자에게도 허락할 수 있을 것이다.

예멘인이 한국에 와서 지낸 6개월 동안 이들은 한국 경제에 타격을 입히기는커녕 상당 부분 기여했다. 일각에서는 이들이 돈을 벌어 자국으로 돈을 보내기 때문에 한국의 부가 해외로 유출된다고 하지만 이는 반쪽짜리 진실이다.

우선, 수백 명의 예멘인이 제주도 곳곳으로 가 노동하고 월급을 받음으로써 정부에 소득세를 냈다. 예멘 난민 대부분이 젊은 남성이었다는 사실은 제주도 현지 주민들에게도 반가운 소식이었다. 2018년 6월 두 차례에 걸쳐 제주 출입국청에서 개최된 직업소개 행사에 수백 명의 주민이 찾아온 것은 단지 제주도 지방정부가 강요했기 때문만은 아니었다. 이미 제주도 어촌계와 식당에는 험한 일을 하지 않으려는 한국인 노동자들을 대신해 상당 수의 이주 노동자가 자리 잡았다. 주민들은 상대적으로 저렴한 임금으로 젊은 남성의 노동력을 쓸 수 있을 거라는 기대를 갖고 출입국청을 방문했다.

제주도에 있는 예멘인들은 일을 함으로써 직접세인 소득세를 냈을 뿐 아니라, 식료품을 소비하면서 개별소비세(간접세)도 냈다. 이들은 제주도에 방문해서 정착하기 전까지 제주 시내에 있는 모텔과 숙소 등지에서 묵으며 숙박비도 지급했다. 정부 지원금을 받은 사례가 거의 없다는 점을 고려하지 않더라도, 예멘인들의 입국은 제주도 지역 경제에 도움이 되었다고 단언할 수 있다. 이들은 이렇게 각종 세금을 내고 소비한 뒤 남은 돈 가운데 일부를 고국으로 보냈는데, 돈을 보낼 때도 적지 않은 금액의 수수료를 지급해야 했다. 사회적 지위가 불안정한 이들도 은행에서 계좌를 만들 수 있는 데에는 금융기관의 이해관계까지 얽혀 있다.

젊고 값싼 노동력

대기업 조선소는 저렴한 가격에 쓸 수 있는 젊은 남성 노동력에 관심을 보였다. 2018년 말, 법무부가 난민 심사 결과를 발표한 뒤 목포와 울산 등지에 있는 조선소가 예멘인을 데려갔다.[4] 당시 법무부가 파악한 내용을 보면 412명의 인도적 체류자 중 145명이 조선소에 고용되었다.

청년 실업이 심각한 한국 사회에서 예멘인과 같은 난민이 노동시장을 장악하게 될 것이라는 주장이 나오지만, 이 또한 절반의 진실이다. 한국에서 (법적) 난민으로 인정받지 못한 사람, 또는 인도적 체류 자격을 받은 사람은 육체노동과 같은 단순 노무직 외에는 할 수 있는 것이 없다. 한국 사람들은 단순 노무직을 3D(어렵고, 더럽고, 위험한) 업종으로 여겨 잘 하려고 하지 않는다.

제주도에서 만난 예멘 난민들은 전공과 전문 분야가 다양했다. 호스피스를 전공하고 호스피스 병동에서 일한 마지드, 독일어·영어·아랍어 등 3개 국어를 전공한 알하라지, 영어 통·번역을 전공한 아메드, 킥복싱 국가대표 아흐마드, 임상병리학을 공부한 아파크 압둘라, 가족 대대로 무역업을 해온 후세인 등 고국에서 다양한 직업을 가졌지만 이들이 제주도에서 할 수 있는 일은 어업이나 돼지고기 식당뿐이었다. 제주도를 벗어날 수 있게 되었지만 조선소나 공장으로 갔을 뿐이다. 고국에서 가졌던 일자리로 안정적으로 찾아간 사람은 없었다. 예멘에서 기자였던 이스마일은 난민으로 인정받긴 했지만 한글을 쓸 줄 모르는 그가 한국에서 기자 일을 계속할 수는 없었다.

한국 정부는 한국인의 이익을 최우선으로 두기 때문에 난민의 노동으로 한국인의 노동시장이 약화될 가능성은 별로 없다.

법무부가 2019년 6월 일선 출입국청을 통해 배포한 안내문을 보면, "7월 1일부터 난민 신청자와 인도적 체류자는 사전에 허가를 받고 취업 활동을 해야 하며, 건설업에 취업할 수 없다." 난민 신청자와 인도적 체류자가 건설업에서 일하지 못하도록 한 것이다. 고용노동부가 명시하는 단순 노무직은 건설, 운송, 제조, 청소, 경비, 가사, 음식 판매, 농림, 어업 분야에 다 있지만 의사소통이 어려운 난민들이 할 수 있는 일은 건설, 제조, 농림, 어업 분야 정도로 한정된다. 그중 일자리가 가장 많고 접근성이 높은 건설업에 취업할 수 없게 한 것은 예멘 난민의 삶에 심각한 위협이다.

법무부는 2018년부터 건설업에 종사하는 이주 노동자가 늘어나 내국인 일자리의 잠식이 우려된다며 강경 대응을 예고해왔다. 2018년 8월, 내국인 취업자 수가 글로벌 금융 위기(2008년) 이후 최저치를 기록했다는 보도가 쏟아지자 법무부는 한 달 뒤 건설업 불법 취업자는 1회 적발 시 바로 출국 조치하고, 불법 취업이 적발되면 현장 소장 등에게 관리 책임을 묻도록 출입국관리법을 개정한다는 내용이 담긴 '불법 체류·취업 외국인 대책'을 발표했다.

건설 현장에서 이주 노동자 증가는 해결하기가 어려운 문제다. 대한건설협회가 한국이민학회에 의뢰해 작성한 '건설업 외국 인력 실태 및 공급 체계 개선 방안' 보고서를 보면, 2018년 5월 기준 건설업 종사 이주 노동자는 22만 6391명으로 전체 건설업 노동자의 19.5%를 차지했다. 한국이민학회는 이들 중 15만 9000여 명을 불법 취업으로 파악했다. 불법으로 일하는 노동자들은 휴일 근로 수당을 주지 않아도 불만을 제기하지 않고, 휴식 시간에도 일을 마다하지 않는 경향이 있다. 단속에 걸리지 않고 돈을 벌기 위해서다. 건설 현장에서 일하는 이주 노동자는 한국인보다 나이는 젊지만 임금을 적게 줄 수 있기 때문에 건설업 고용주들이 선호한다. 한국인 노동자들은 이주 노동자들이 건설업 노동환경을 열악하게 만든다고 우려해왔고, 현장에서 이주 노동자들과 충돌하는 일도 잦았다.

이러한 갈등의 불씨가 이주자 가운데서도 가장 힘이 없는 '난민'에게 떨어진 것이다. 인도적 체류 지위를 받아서 합법적으로 일할 수 있는 난민에게 건설업에 취업할 수 없게 한 것은 가혹할 뿐만 아니라 내국인 일자리 보호 효과도 기대하기 어렵다. 900명이 채 안 되는 난민 인정자와 2000명 남짓한 인도적 체류자 때문에 한국의 노동시장이 잠식되리라는 것은 지나친 비약이다.

1   Baran, Amanda; Magaña-Salgado, Jose; Wong, Tom K.(2017), "Economic contributions by Salvadoran, Honduran, and Haitian TPS holders: The cost to taxpayers, GDP, and businesses of ending TPS," Immigrant Legal Resource Center.

2   〈저출산 한국, 2050년이면 제주도가 한 개씩 사라진다〉, 《노컷뉴스》, 2019년 9월 6일.

3   〈세계 최대 관광시장 무슬림 공략 마케팅〉, 《제주도민일보》, 2019년 9월 9일.

4   〈예멘인 체류 허가한 지 6개월… 35%가 조선소서 일해〉, 《조선일보》, 2019년 3월 6일.

04

난민 지원

문재인 정부에서 난민 지원이 확대됐다?

문재인 정권이 들어선 뒤 난민에 대한 정부의 지원이 확대되어 한국행을 택한 난민이 늘었다는 주장은 전혀 근거가 없다. 우선, 난민에 대한 정부의 지원이 늘지 않았다. 이를 확인하기 위해서는 난민 신청자의 증가와 법무부 난민 관련 예산의 변화를 살펴봐야 한다.

문재인 정부 집권 이전이었던 2015년 난민 신청자가 5711명일 때 난민 관련 예산은 24억 3189만 원이었다. 그 후 난민 신청자는 빠르게 증가했다. 예멘 난민이 제주도로 몰려오면서 사회적 화두로 떠올랐던 2018년에는 난민 신청자가 1만 6173명으로 2015년에 비해 3배 가까이 급증했다. 하지만 2018년 법무부 난민 관련

난민 신청자 수와 법무부 난민 관련 예산 통계 (자료: 난민인권센터)

	2015년	2016년	2017년	2018년	2019년
난민 신청자(단위: 명)	5,711	7,542	9,942	16,173	–
법무부 난민 관련 예산(단위: 천 원)	2,431,891	2,399,400	2,646,382	2,792,024	2,902,764

예산은 27억 9202만 원이었다. 난민 신청자는 3배 가까이 늘었으나, 예산은 15% 남짓 인상하는 데 그쳤다. 항목별로 좀 더 자세하게 들여다보면, 2017년에 9942명이었던 난민 신청자가 2018년에는 1만 6173명으로 크게 늘었는데, 2017년과 2018년의 '난민 신청자 생계비 지원 예산'은 8억 1705만 원으로 동결되었다.

난민 신청자가 생계비를 신청하면 난민 신청 기간 중 한 달에 43만 2900원을 받을 수 있지만, 제주도에서 만난 예멘인이 거의 생계비 지원 혜택을 받지 못했던 이유가 여기에 있다. 자녀가 있거나 생계 자금이 꼭 필요한 경우에 한해 지원이 이루어졌지만 그마저도 극소수였다.

생계 지원비를 난민 신청자 한 명에게 난민 심사 기간인 6개월 동안 지급한다고 하면 2018년의 예산으로는 314명에게밖에 지급할 수 없었다. 법무부는 이런 난민 지원 제도와 예산의 불균형에 대해 문제의식을 갖고 있었기 때문에, 제주도에서 예멘인들의 체류 기간이 6개월이 되지 않았는데도 일할 수 있도록 일시적으로 조치했을 가능성이 크다.

이처럼 예산이 턱없이 부족하다는 사실을 잘 알고 있는 난민 신청자들은 아예 생계비 지원을 생각하지 않는 경우도 많다. 난민 신청자 가운데 생계비 지원 신청자가 5%도 되지 않는 현실이 이를 뒷받침한다.

이렇게 부족한 생계비 지원이 2019년 들어 더 줄었다는 사실은 이해하기 어렵다. 2019년도 법무부 예산을 보면 난민 신청자 생계비 예산이 7억 9260만 원으로 책정되었다. 전년도보다 오히려 2500여만 원이 줄었다.

이러한 비인도적 예산 책정을 법무부 탓으로만 돌릴 수는 없다. 법무부 난민과의 한 직원은 공개석상에서 이렇게 토로했다. "우리도 인도적 차원에서 난민에게 생계비를 충분히 지원해주고 인간적인 삶을 보장해주고 싶다. 하지만 기획재정부에서 예산을 이렇게 책정하고, 예산을 증액해 보고해도 국회에서 삭감해버리면 우리로서는 도리가 없다." 결국 이 문제의 열쇠는 정치권과 국회가 쥐고 있는 셈이다.

국민이 보기에는 난민에게 돌아가는 생계비 지원이 적으면 세금이 그만큼 절약되어 오히려 잘됐다고 판단할 수도 있다. 그러나 이는 근시안적인 생각이다. 2018년 제주도를 돌이켜 보면, 정부의 미흡한 지원은 고스란히 시민사회의 몫이 되었다. 기독교계와 가톨릭계 등 종교계가 십시일반 돈과 물품을 모아 난민들을 보호했고, 시민사회도 팔을 걷어붙이고 나섰다.

오히려 정부가 은근슬쩍 지원과 혜택을 축소하면서 난민이 한국을 떠나 제3국으로 가도록 압박하고 있는 것인지 모른다. 그러나 난민협약 가입국인 한국이 협약에 따라 박해의 위험이 명백한 이들을 강제 송환할 수 없는 상황에서 결국 그들을 끌어안아야 하는 것은 우리 공동체임을 잊어서는 안 된다.

난민이 증가한 진짜 이유

그렇다면 의사소통도 어렵고 난민 혜택도 이렇게 부족한 한국행을 택하는 난민이 증가하는 이유는 무엇일까?

외국인 관광객을 유치하기 위해 한국 정부가 무사증 입국 국가를 확대했기 때문일 가능성이 크다. 법무부 통계를 보면 세 자릿수에 그쳤던 난민 신청자가 네 자릿수로 급증한 시기는 2012년 안팎이다. 이 시기는 관광산업 촉진을 위해 한국 정부가 무비자 협정 국가를 늘려가던 시기다. 유럽과 중동 등지에서 오랜 기간 이민자와 난민 유입이 늘자 폐쇄적인 출입국 정책을 펼쳤고, 이에 갈 곳을 찾아 헤매던 난민들이 궁여지책으로 한국까지 밀려왔을 가능성이 크다.

2018년 제주도 예멘 난민 유입 사례를 보아도 말레이시아에 유입되는 예멘인의 수가 수만 명에 이르자 말레이시아 정부가 체류 기간을 제한했고, 비자 없이 들어올 수 있는 제주도로 몰려든 것이었다. 관광산업 촉진을 위해 무사증 제도를 광범위하게 운영하는 제주도에는 현재 예멘 난민뿐 아니라 인도, 이집트, 중국 등 각국에서 온 난민이 체류하고 있다.

이러한 난민의 증가는 미등록 체류자의 증가와도 궤를 같이한다. 2019년 3월 기준으로 미등록 체류자는 35만 6095명(전체 체류자 237만 9805명의 14.9%)이다.[1] 2017년 12월 말 25만 1041명이었던 미등록 체류자는 2018년 5월 말에 31만 2346명으로 증가했다. 이 기간에 증가한 미등록 체류자 6만 1305명 가운데 5만 2213명이 무사증 입국자로 파악되었다. 전문가들은 이렇게 미등록 체류가 늘어난 배경으로 2018년 평창 동계올림픽 성공을 위해 외국인 관광객을 유치하고자 무사증 국가를 확대한 것을 꼽는다. 결국 난민과 미등록 체류자의 증가는 한국 정부의 지원 확대 때문이라기보다는 관광산업 확대의 부수 효과로 봐야 한다.

---

1 〈"불법체류자 쫓아내면 고용창출"된다는 법무부의 단속논리〉, 《한겨레》, 2019년 5월 13일.

05

난민 복지

보험료도 내지 않고 혜택만 받아 재정을 축낸다?

모로코에서 한국으로 아내와 함께 온 A씨는 1년이 넘도록 1차 난민 심사 결과를 받지 못해 기다리고 있다. 일용직 아르바이트를 하며 아내와 갓 돌이 지난 딸을 부양해온 A씨는 최근 극심한 복통으로 병원을 방문했다가 C형 간염 진단을 받았다. 그 후 몇 주간 외래 진료를 받으며 약물 치료를 지속했으나 예전처럼 일을 할 수 없게 되었다. 소득이 60여 만 원으로 줄고 진료비를 감당할 수 없게 되자 그는 결국 치료를 중단했다.[1]

난민 신청자가 건강보험료를 내지 않고도 건강보험 혜택을 받을 수 있다는 주장은 사실이 아니다. 법무부는 난민 관련 지원 예산 가운데 의료비로 2600만 원(2019년)을 책정하고 있지만 중증

질환으로 인한 응급 의료로 사용처를 제한한다.

2018년 한 해에만 1만 6000명이 넘는 난민 신청자의 수를 고려하면 2600만 원은 절대적으로 부족한 금액이다. 게다가 난민들은 조국에서 박해를 피해 도망치거나 내전을 겪는 과정에서 부상을 입은 경우도 많은데, 이처럼 적은 금액으로는 그들을 치료할 수 없다. 게다가 현장에서 만난 난민 신청자들은 이러한 지원을 받을 수 있다는 사실조차 모르는 이가 많았다.

법적 난민으로 인정받거나 인도적 체류 지위를 받지 못한 난민 신청자는 지역건강보험 가입 대상에서 제외되어 있어 직장 가입이 아니면 건강보험 혜택을 받을 방법이 없다. 난민 신청자는 난민 신청을 한 뒤 6개월 동안은 취업할 수 없기 때문에 직장건강보험도 가입할 수 없다. 결국 난민 신청자의 건강권은 사각지대에 놓일 수밖에 없다.

당국은 2019년 7월부터 변경 시행되는 '외국인 건강보험제도'에 따라 인도적 체류 지위자에게 지역건강보험 가입 자격을 부여했다. 보건복지부는 건강보험 사각지대에 놓인 외국인에 대한 보장성 강화를 명목으로 내세웠다. 그러나 이주 노동자와 난민 등을 돕는 외국인 지원 단체들은 손쉽게 국민건강보험 재정 적자를 줄이려는 꼼수라며 강하게 반발했다.

우선, 소득과 재산을 고려하지 않은 과도한 보험료 부과가 도마 위에 올랐다. 인도적 체류자는 소득 및 재산 수준에 대한 고려 없이 일괄적으로 7만 9140원을 매달 내야 건강보험 혜택을 받을 수 있다. 이러한 지역건강보험료 납부는 선택이 아닌 의무 사항이다.

이 금액은 이주 노동자가 내야 하는 11만 3050원에 비해서는 다소 줄어든 금액이지만, 현재 한국에서 살고 있는 인도적 체류자의 수입을 고려하면 절대 적은 금액이 아니라는 지적이 나온다. 법적 난민으로 인정받으면 기초생활수급 대상자로 선정되거나 의료급여를 받는 것도 가능하지만 인도적 체류 지위로는 이러한 사회안전망의 보호를 받을 수 없다. 난민의 고용 상태나 수입에 대한 고려 없이 일률적으로 7만 9140원을 내게 하면 난민의 생계는 더욱 곤란해질 수 있다.

언제 조국의 상황이 나아져서 송환될지 모르는 인도적 체류자들에게 장기요양 보험료를 걷고 있는 것은 더욱 이해하기 어려운 조치다.

가짜 뉴스의 불똥

가족과 세대의 개념을 한국인과 외국인에게 차별해 적용한 부분도 논란이 되었다. 한국인은 만 19세가 넘어도 취업을 하지 않으면 부모의 세대원으로 포함되어 건강보험 혜택을 받을 수 있다. 하지만 외국인은 배우자와 미성년자 자녀로 세대 범위를 축소해

적용했다. 성인이 된 자녀와 부모는 따로 건강보험료를 납부해야 하는데, 이는 차별이라는 지적이 나왔다.

변경 시행되는 '외국인 건강보험제도'를 들여다보면, 외국인의 건강권 보장보다는 건강보험 재정 안정성 강화에 초점이 맞춰져 있음을 알 수 있다. 이러한 변화는 잘못된 정보에 근거한 언론 보도에 힘입어 시행되었다.

일부 언론은 2017년 외국인 지역건강보험 가입자의 건강보험 재정수지가 2051억 원 '적자'라는 사실만으로 마치 외국인이 한국의 건강보험 재정을 축내는 것처럼 보도했다. 그러나 2017년 외국인 지역건강보험 가입자와 직장건강보험 가입자를 합친 건강보험 재정수지는 2490억 원 '흑자'였다. 외국인 지역건강보험 가입자의 적자 비중이 높은 것은 개인사업자 등이 포함된 한국인 지역건강보험 가입자와 달리, 일자리를 구하지 못했거나 직장건강보험 가입자가 되지 못한 취약 계층의 비중이 크기 때문인 것으로 분석된다.

2017년 건강보험 전체 재정은 4조 4475억 원 적자였다. 외국인이 없었다면 4조 6965억 원 적자가 날 수 있었는데, 외국인이 건강보험료를 내준 덕분에 재정 적자를 줄인 것이다. 당국은 7월부터 변경 시행된 외국인 건강보험제도로 40만 명이 추가 가입할 것으로 내다보고, 3000억 원에 가까운 건강보험료가 더 걷힐 것으로 예상한다. 이러한 사실관계를 정확히 파악하지 못한 이들은 되레 외국인의 건강보험 가입 의무제를 철회하라고 요구하기도 했다.

결국 잘못된 정보의 불통은 공동체에서 가장 약자인 난민에게 떨어졌다. 법무부는 2019년 8월부터 건강보험료와 연체금을 합쳐서 50만 원 이상 체납한 만 19세 이상 외국인의 체류 기간을 6개월로 제한하고 연장 횟수를 최대 3회(18개월)로 한정하겠다는 방침을 밝혔다. 보험료를 체납했다는 이유로 난민의 체류를 허락하지 않는 것은 난민 보호의 기본인 '강제 송환 원칙'에 위배된다. 인도주의실천의사협의회의 국제위원회 김영수 간사는 다음과 같이 지적했다. "외국인 건강보험 가입자는 의사소통의 어려움과 지리적 이유로 건강보험료를 내고도 의료 서비스를 잘 이용하지 못한다는 것이 상식이다. 난민은 고국에서 박해받은 경험 때문에 행정기관에 대한 두려움이 있어 의료 서비스 이용을 피한다는 연구 결과도 있다. 한국은 지난 5년 동안 1조 원을 웃도는 건강보험 재정 흑자를 기록했는데도, 한국인 소득수준 하위 20%의 월평균 부담액(2만 원)을 훨씬 초과하는 건강보험료를 '외국인 난민'이라는 이유만으로 일률적으로 걷는 것은 '혐오'에 기댄 복지 쇼비니즘(배타적 애국주의)이다."

1   건강보험 차별 토론회 자료집. http://www.mihu.re.kr/archives/?board_name=board1&order_by=fn_pid&order_type=desc&list_type=list&vid=170.

06

난민 범죄

범죄율이 높아지고, 성범죄도 증가한다?

난민을 잠재적 범죄자로 보는 시선은 낯선 이방인에 대한 막연한 두려움에서 비롯했을 가능성이 크다. 하지만 난민이 범죄(성범죄 포함)를 저지를 가능성이 크다는 것은 통계적으로 입증된 적도 없는 전혀 근거 없는 주장이다.

우선, 2018년 한국을 찾은 예멘인의 사례만 보더라도 한여름 식당에서 일하던 예멘인 두 사람이 서로 갈등을 일으켜 폭력행위가 발생한 경우가 한 건 보도되기는 했지만, 한국인을 대상으로 한 범죄는 없었다. 그럼에도 제주도에서 변사체가 발견되거나 범죄가 보도될 때마다 난민을 혐오하는 쪽에서 '예멘 난민의 소행일 것'이라는 근거 없는 억측을 쏟아내 아무런 죄가 없는 사람들에게 낙인을 찍었다.

라지 알하라지는 난민 혐오 인터넷 카페에서 테러리스트로 낙인찍혀서 이름과 SNS 계정 등이 모두 공유되었다. 혐오 세력이 예멘 난민을 테러리스트라고 지칭하며 "총을 갖고 있는 사진이 올라와 있다"라고 언급했는데, 터무니없는 이유였다. 단지 총을 들고 사진을 찍는 것이라면 한국의 젊은 남성들도 한 번쯤은 경험하는 일이다. 필자도 군대에서 총기를 들고 훈련하면서 찍은 사진을 가지고 있다.

이처럼 난민에 대한 근거 없는 혐오와 모함이 위험한 것은 난민들이 이러한 잘못된 사실에 대응할 방법이 전혀 없다는 점 때문이다. 한국인이라면 잘못된 낙인에 대해 피해자가 고발하거나 법적 대응이라도 할 텐데, 의사소통도 어려운 난민들은 자신에 대한 근거 없는 소문의 내용이 무엇인지조차 모르는 경우가 많다.

세계적으로 난민의 범죄율이 높다는 것은 사실이 아님이 이미 밝혀졌다. 가장 많은 난민(2017년 기준 68만 9000여 명)을 수용한 것으로 알려져 있는 독일 정부가 발표한 통계를 보면, 2017년 33만 명의 난민을 수용했지만 총 범죄 발생 건수는 2016년(637만 2526건)에 비해 9.6% 감소한 576만 1984건을 기록했다. 독일 정부는 이 수치가 1992년(통일 직후) 이래 30년 만에 가장 적은 수치라고 발표했다. 게다가 2017년 독일의 외국인 범죄 건수는 95만 건에서 70만 건으로 대폭 감소했다.

그렇다면 한국 사회의 일부가 난민을 잠재적 범죄자로 인식했던 이유는 무엇일까? 외국인에 대한 두려움에서 비롯했을 가능성이 크다. 이주 노동자와 난민 등 외국인은 젊은 남성이 많고, 언어가 잘 통하지 않다 보니 무섭게 다가올 수 있다.

하지만 조금만 자료를 찾아보면 외국인이 한국 사회에서 한국인보다 더 많은 범죄를 저지른다는 근거는 없다. 한국 형사정책연구원이 정리한 '2017년 한국의 범죄 현상과 형사정책' 자료를 보면 한국인 10만 명당 한국인 범죄자 수는 3636명인 데 반해 외국인 10만 명당 외국인 범죄자 수는 1654명으로 절반에도 못 미친다. 외국인이 한국인보다 범죄를 더 많이 저지른다는 믿음에는 근거가 없다.

범죄 통계를 구체적으로 살펴보면 외국인이 내국인보다 범죄를 저지를 가능성은 크지 않지만 살인, 강도, 마약 범죄 등 강력 범죄 발생 비율이 높기 때문에 위험하다고 주장하는 여론도 있다. 경찰청 자료를 보면 2017년 10만 명당 외국인 살인(미수 포함)범이 4.86명으로 내국인(1.62명)보다 많다, 강도 피의자도 외국인은 3.39명으로 내국인(2.91명)보다 많은 것으로 파악했다. 하지만 이것도 인과관계를 따져보면 생각해볼 부분이 많다.

경찰청 자료에서 비교하는 두 대상(내국인, 외국인)의 인구 구성이 다르다는 것이 가장 중요한 맹점이다. 내국인 통계에는 다양한 연령과 성별이 골고루 분포하지만 외국인 통계에는 젊은 남성의 비중이 크다. 난민과 이주 노동자의 사례에서 보듯이, 한국 사회에 살고 있는 외국인 가운데는 젊은 남성이 많다.

그런데 전 세계적으로 강력 범죄와 각종 범죄율이 높은 인구는 청장년층 남성이다. '젊은 남성은 범죄를 저지를 가능성이 크다'는 사실을 뒷받침할 통계는 얼마든지 있다. 그렇다면 한국에서 외국인의 범죄율이 높은 것은 그들이 '외국인'이기 때문인지, '젊은 남성'이기 때문인지 인과관계가 명확하지 않다고 볼 수 있다. 그래서 '외국인이 늘어나면 한국의 범죄율이 높아진다'는 반쪽짜리 진실이다. 더 정확하게 말하면, (내국인이든 외국인이든) 젊은 남성 인구가 늘어나면 범죄율은 높아질 수 있다. 반대로, 젊은 남성 인구가 줄면 범죄율이 낮아질 수 있다. 게다가 젊은 남성이 큰 비중을 차지하는 외국인의 전체 범죄율이 낮기 때문에 오직 '범죄율을 낮추는 것'만이 목표라면 '한국 사회에서 외국인의 수가 더 늘어나야 한다'고 말하는 것이 옳다.

외국인의 범죄를 살펴보았지만, 난민은 이러한 외국인과도 다르다. 난민은 고국에서 내전의 위험이나 폭력을 피해 낯선 한국 땅까지 왔다. 대개는 평화와 안전을 찾아온 것인데, 이들이 되레 이국땅에서 폭력을 저지른다는 것은 논리적으로 비약이다. 현장에서 만난 난민들이 가장 두려워하는 것은 자신들을 일시적으로 수용해준 한국에서 쫓겨나는 일이었다. 한국에서의 추방은 곧 조국으로의 송환을 의미하고, 조국으로의 송환은 죽음으로 이어질 수 있다. 작은 실수만 저질러도 한국에서 쫓겨나 죽을 수 있다고 생각하는 난민은 정서적으로 위축되어 있는 경우가 많다. 그들은 작은 법질서라도 철저하게 지켜 눈에 띄지 않으려고 노력한다.

자라 보고 놀란 가슴 솥뚜껑 보고 놀란다

난민이 유입되면 성범죄가 늘어난다는 것도 비슷한 맥락에서 사실이 아니다. 성범죄는 권력관계에서 강압적으로 일어나는 경우가 많다. 법적 지위가 불안정한 난민이 성범죄 피의자가 될 가능성은 크지 않다. 하지만 한국의 젊은 여성들이 난민을 두려워하고, 성범죄를 우려하는 것은 한국 사회에서 성범죄 가해자 대부분이 남성이기 때문이다.

2017년도 경찰청 범죄 통계를 보면, 전체 강간(준강간, 특수강간 등) 피의자 가운데 검거된 수가 6012명이다. 그중 남성이 5914명, 여성이 75명이다. 유사 강간 피의자는 699명 가운데 여성이 14명밖에 되지 않고, 강제 추행 피의자는 남성이 1만 8522명인 데 반해 여성은 489명이다. 다 합치면 전체 성범죄자 2만 5000명 가운데 여성은 500명이 조금 넘는다. 성폭력 가해자의 98%는 남성인 것이다. 젊은 남성이 많은 난민 집단을 보면서 한국 사회와 여성들이 두려움을 느끼는 것은 '자라 보고 놀란 가슴 솥뚜껑 보고 놀라는' 격이다.

2018년 예멘인이 들어오면서 한국 포털 사이트, 온라인 카페 등 각종 공론의 장에 무슬림의 범죄 뉴스가 광범위하게 유포되었다. 주로 전 세계에서 일어났던 범죄 중 무슬림이 가해자이고 내용이 엽기적인 뉴스가 많았다. 그러한 내용을 보면서 "무슬림이 들어오고 난민이 유입되면, 한국에서도 저런 사건들이 일어날 것이다. 그러므로 외국인과 난민을 받아들이면 안 된다"고 주장했지만, 이미 한국에서는 그러한 일들이 비일비재하게 일어나고 있다. 단순히 외국인이고 언어가 다른 데다 사진이 적나라하게 공개되어 더 엽기적으로 느껴질 수 있겠으나, 한국에서 일어나는 범죄들도 마찬가지로 사진을 공개하고 외국어로 읽는다면 더 무섭게 느껴질 것이다.

2018년에 난민 혐오 세력이 유포한 뉴스 중에는 가짜 뉴스도 상당수 섞여 있었는데, 그 배경에는 극우 보수 개신교가 있었던 것으로 보도되었다.[1] 이들은 조직적으로 가짜 뉴스를 유포했는데, 성범죄를 가장 많이 저지르는 '교회 목사'[2]가 조직적으로 난민의 성범죄 여론을 형성한 것은 아이러니다.

기독교여성상담소가 2010년부터 2016년 11월까지 '전문 직군별 성폭력 범죄 검거 인원수'에 대한 경찰청 범죄 통계를 분석한 결과, 성범죄를 가장 많이 저지른 전문직 직업군 1위는 목회자였다. 물론, 한국 사회에서 개신교 신자 수가 많기 때문에 범죄 통계에서도 많은 수가 집계된 것일 수 있다. 교회 목사가 무슬림과 난민을 '적'으로 규정해서 얻는 효과는 무엇일까? 한국에서 범죄 가능성이 확인되지 않은 잠재적 가해자를 내세우면서 스스로를 잠재적 피해자로 교묘하게 전환하는 효과를 볼 수 있다. 성범죄 가해 목사들에 대한 혐오를 가상의 적에게로 돌리는 것이다.

그러나 일부 가짜 뉴스를 양산한 극우 보수교회 때문에 전체 기독교계 교회를 난민 문제와 관련해 가해자로 규정하는 우를 범해서도 안 된다. 일부 보수 교회가 난민을 혐오하고 배척했던 반면에 난민을 적극적으로 끌어안았던 교회도 무수히 많았다. 이들은 한국 사회에서 익숙하지 않은 난민 문제가 불거졌을 때 헌신적으로 뛰어들었다. 난민에 대한 정부의 부족한 지원을 자신들의 선의와 따뜻함으로 채워 넣었다.

'난민은 잠재적 범죄자가 아니다'라는 주장을 통해 '난민은 무조건 착하고 선한 사람들이다'라고 이야기하려는 것이 아니다. 난민 역시 '보통의 사람'임을 강조하고 싶다. 한국 사회에 체류 중인 난민의 수가 늘어나면서 앞으로 한국에서도 난민 범죄가 얼마든지 발생할 수 있다. 그런 일은 없기를 간절히 바라지만, 난민에 의한 강력 범죄가 발생해 '난민 혐오'의 목소리가 커질 때도 있을 수 있다. 하지만 그때에도 하나의 사건으로 전체 난민에게 '잠재적 범죄자'라는 혐오의 굴레를 씌워서는 안 된다.

김소연 시집 《수학자의 아침》의 한 줄 글을 인용하고 싶다.

"하나의 문장으로도 세계는 금이 간다. 이곳은 차가우므로 더

유리하겠지."

불평등하고 불안한 우리는 혐오의 말에 잘 휘둘린다. 혐오의 말은 계속해서 세상을 가른다. 우리와 그들, 정상과 비정상으로. 난민과 국민을 갈랐던 문장은 거기서 그치지 않는다. 특정 종교를 믿는 사람들을 가르고, 다음에는 성 소수자, 그다음에는 이주 노동자, 모든 외국인, 특정 지역에 사는 사람들, 장애인, 여성……. 문장으로 세계를 나누는 사람들은 저쪽이 아닌 이쪽에 자신이 있다는 것에 안도하고 계속해서 나누려 하지만, 이는 우리가 사는 세상을 좁게 만들 뿐이다. 그 어떤 문제도 해결할 수 없다.

1   〈동성애·난민 혐오 '가짜뉴스 공장'의 이름, 에스더〉, 《한겨레》, 2018년 9월 27일.
2   〈'친족 성폭력' 닮은 '목사 성폭력'〉, 《한겨레21》, 2018년 11월 30일.

3장

갑자기 찾아든
예멘 난민,
제주에서의 기록

01

라마단의 끝, 취재의 시작

2018년 6월 15일 금요일 오후 9시, 제주도 제주시 탑동공원.

흥겨운 아랍어 노래가 스피커에서 흘러나왔다. 예멘인과 한국인, 그리고 다양한 국적의 사람들이 한데 어울려 춤추고 있었다. 예멘인들의 표정은 더없이 밝았다. 젊은 남성이 대부분이었지만, 여성과 아이들도 눈에 띄었다. '전쟁을 피해 떠나온 난민들에게 어떤 위로의 말을 건네야 할까?' 제주도로 오면서 고심했던 질문들이 바닷바람에 흩어졌다. 6월의 제주는 생각보다 추웠다.

처음 제주도에 예멘인이 들어와 난민 신청을 했다는 사실을 알게 된 것은 5월 말이었다.[1] 당시 제주도 현지 언론의 보도는 주로 "갑작스럽게 쏟아진 예멘인들의 난민 신청에 업무가 마비되었다"는 제주 출입국청의 입장을 대변하는 내용이 많았다. 내전 피해가 심각한 예멘을 떠난 이들이 말레이시아를 거쳐 한국에 오게 되었다는 짤막한 설명도 있었지만 전체 그림을 이해하기에는 부족했다.

기사를 읽고도 풀리지 않은 의문이 많았다. '언어도 통하지 않는 한국에는 왜 왔을까?'

6월 14일 목요일 밤, 편집장이 말했다. "제주도에 있는 예멘 난민들을 취재해서 표지 기사로 한번 써보자." 표지 기사는 말 그대로 주간지의 얼굴이다. 신문의 '1면'과 같은 개념이다. 주간지 시장에서는 "결국 주간지는 표지 기사 싸움이다"라고 할 정도로 표지를 중요하게 생각한다.

금요일에 예멘인들 모임을 취재하기 위해 제주행 비행기표를 찾았지만, 벌써 피서객이 몰리는지 쉽지 않았다. 늦은 오후에야 겨우 표를 구해 비행기에 몸을 실었으나 머릿속이 복잡했다. 아랍어를 쓰는 예멘인과 어떻게 의사소통을 해야 할지 도무지 감이 잡히지 않았다. 우선, 영어로 통역해줄 예멘인을 찾아야 했다.

'어떤 모습일까?' 탑동공원으로 가는 길에 상상했다. 앞선 언론 보도에서는 모두 얼굴이 모자이크 처리되어 있어서 표정을 볼 수 없었다.

"예멘인들이 상당히 기분이 좋은 상황이에요. 한국 정부가 이들의 난민 신청을 받아주었고, 어제 라마단이 끝났기 때문이죠."

한참 동안 넋 놓고 바라보는 내게 제주도 천주교구 이주사목센터[2] 관계자가 말했다. 라마단은 이슬람 달력의 아홉 번째 달이다. 라마단이 되면 무슬림들은 해가 떠 있는 동안 식사와 흡연 등을 금한다. 예멘인들은 "이 기간에 신께 기도를 올리고, 금식을 통해 제때 식사를 하지 못하는 우리보다 가난한 사람들에 대해 생각하는 기회를 갖는다"고 했다.

그때 예멘인이 다가와 음식이 가득 든 접시를 건넸다. "저녁은 먹었어? 이거 좀 먹어볼래?" 음식은 기막히게 맛있었다. 이동하느라 점심을 거르고, 밤 10시가 되도록 저녁을 먹지 못한 나는 한 접시를 뚝딱 비웠다. 11시쯤 숙소로 돌아간다는 예멘인들을 붙잡고 손짓, 발짓을 하며 수소문한 끝에 영어로 소통할 수 있는 살라를 소개받았다. 내일 제주 시내에 있는 호텔로 오면 취재를 도와주겠다고 했다.

예멘인이 떠난 광장에서 파도 소리를 들으며 잠깐 생각에 잠겼다가 숙소로 돌아왔다. 그렇게 라마단이 끝났고, 예멘 난민 취재가 시작되었다.

---

1 〈중동 출신 예멘인 78명 제주도에 왜 왔나?〉, 《제주신보》, 2018년 5월 2일; 〈제주서 내전 겪는 중동 예멘인 4개월 만에 227명 난민신청〉, 《연합뉴스》, 2018년 5월 9일; 〈난민 폭증에 말못하는 제주출입국·외국인청, 어떤 사연?〉, 《제주의 소리》, 2018년 5월 14일.

2 제주도 천주교구는 예멘 난민들이 제주도에 몰려온 뒤 난민인권센터와 함께 이들의 한국살이를 물심양면으로 돕고 있다.

02

배꼽 없는 에브라힘

2018년 6월 16일 오후, 약속한 시각에 맞춰 예멘인들이 있다는 올레 호텔을 찾았다. 호텔 앞 편의점에서는 예멘인들이 앉아 늦은 봄 햇볕을 쬐고 있었다.

지나는 사람들은 낯선 이방인들이 모여 있는 풍경을 힐끔 쳐다보긴 했지만 크게 관심을 기울이지는 않는 듯 보였다. 아직 관광객이 많이 몰리지 않는 '비성수기'여서 호텔에 묵는 사람이 많지 않았다. 거의 예멘인뿐이었다. 마음씨 넉넉한 호텔 주인은 이들이 지하 식당에서 직접 요리를 해 먹을 수 있도록 공간을 내주었다.

예멘인들은 제주 출입국청이 6월 18일 주최하는 일자리 주선 행사에서 일을 구하고 돈을 벌 수 있을 것으로 기대했다. 어떤 일을 하게 될지 모르는 이들은 다소 긴장한 표정으로 휴식을 취하고 있었다. 나는 현장 분위기를 스케치한 뒤, 탑동공원에서 만난 살라의 도움을 받아 예멘 내전의 참상을 직접 목격한 사람을 찾아 인터뷰했다.

에브라힘은 배꼽이 없었다. 가슴팍부터 배꼽 아래까지 크게 찢어진 상처가 가로질렀다. 배 곳곳에 수술 자국이 있었다. 에브라힘은 예멘 남서쪽 도시 이브에서 부모와 함께 살고 있었다. 토양이 비옥한 산등성이에 있는 이브는 과거 오토만 왕조가 점령했던 당시에 시장이 발달하면서 예멘 내에서 전략적 요충지로 성장했다.

예멘은 석유와 천연가스 등 지하자원이 풍부한 나라이지만 잦은 분쟁으로 치안이 불안했고, 좀처럼 빈곤을 벗어나지 못했다. 한국과는 1985년 공식 수교를 맺었다. 한국은 1990년대부터 예멘으로부터 액화천연가스LNG 수입을 추진했다. 예멘은 1839년 남예멘이 영국 식민지가 된 뒤 남북으로 나뉘어 분단을 경험했지만, 1990년 5월 통일을 맞이했다.

예멘은 통일된 뒤에도 경제적 번영은 이루지 못했는데, 이는 국제정치의 영향이 큰 것으로 분석된다.[1] 1991년부터 이라크와 쿠웨이트에서 전개된 '걸프 전쟁'에서 예멘은 사우디아라비아의 연합 요청을 거부하고 이라크의 편에 섰다가 곧바로 유엔의 경제

제재 조치를 받았다. 사우디아라비아는 100만 명에 가까운 예멘인을 추방했다. 해외 노동자의 송금에 크게 의존하고 있었던 예멘의 취약한 경제구조는 이러한 압박에 속절없이 무너졌다. 실업률이 높아지고 심각한 경제난에 직면했다. 한국은 1998년 IMF 외환 위기 이후 예멘의 한국 대사관을 철수했다. 2001년에는 주한 예멘 대사관도 폐쇄되었다. 국가 간의 공식 교류는 단절되었지만 민간 단위의 교류가 남아 있는 상황이다.

예멘은 통일 이후에도 안팎으로 치안이 불안했다.[2] 북예멘과 남예멘은 권력 배분과 통치 방식을 놓고 갈등했다. 1994년 5월, 통일 후 4년 만에 남예멘이 분리·독립을 선언하자, 북예멘이 압도적인 군사력을 앞세워 무력으로 통일했다.

2000년대에 들어서도 남예멘의 분리 운동은 이어져 분쟁의 불씨가 되었다. 예멘 남부 주민들은 중앙정부로부터 차별받고 있다고 생각했다. 예멘 북부에서는 2004년부터 후티 반군과 정부군의 교전이 지속되었다.

2010년 12월, 북아프리카 튀니지에서 발생한 민주화 혁명, 이른바 '재스민 혁명'의 영향을 크게 받으면서 예멘은 거대한 혼돈의 소용돌이로 휘말려 들어갔다. 예멘 국민은 대규모 시위로 33년 동안 장기 집권한 알리 압둘라 살레Ali Abdullah Saleh 대통령을 축출했다. 압드라부 만수르 하디Abdrabuh Mansur Hadi 부통령이 과도정부의 수반 역할을 맡았다.

축출된 살레 대통령은 후티 반군과 연합해 재기를 꾀했다. 2014년 9월, 시아파 국가인 이란의 지원을 받는 살레-후티 반군이 압드라보 만수르 하디 대통령에게 반기를 들고 수도 사나 점령에 성공했다(살레 전 대통령은 2017년 12월 4일, 이해관계가 엇갈린 후티 반군에 피살당했다[3]). 이로써 본격적으로 내전이 시작되었고, 상황은 더욱 나빠졌다. 후티 반군은 이듬해 정부가 제안한 헌법 초안을 거부하고, 하디 대통령을 항구도시 아덴으로 내몰았다. 2015년 3월에는 수니파 국가인 사우디아라비아가 주도하는 정부 연합군이 이란 세력의 확대를 막는다는 명분으로 군사 개입을 시작하면서 확전 양상을 보였다.

이렇게 본격화된 예멘 내전은 3년 넘게 지속되면서 1만 명 이상이 목숨을 잃었다. 유엔은 840만 명이 예멘 내전과 기근으로 아사 위기에 놓였다고 발표했으며, 예멘을 '세계 최대 인도주의 위기 국가'로 규정했다. 전쟁을 피해 예멘을 떠나 전 세계를 떠도는 피란민은 수백만 명에 이른다.

2017년 여름에는 설상가상으로 역사상 최악의 콜레라가 발병했다. 세계보건기구World Health Organization, WHO는 예멘에서 100만 명 이상이 콜레라에 걸렸고, 2000명 넘게 콜레라로 숨졌다고 보고했다. 이브 지역에서는 호흡기를 통해 감염되는 디프테리아까지 유행하면서 수십 명의 어린이가 목숨을 잃기도 했다.

후티 반군의 지배를 받았던 이브 지역의 에브라힘 집 바로 옆에 후티 반군의 군사기지가 들어섰다. 에브라힘은 중등교육을 채 마치지는 못했지만 주유소에서 일하면서 평화로운 일상을 살고 있었다. 그러나 사우디아라비아가 예멘 내전에 개입한 지 두 달 뒤인 2015년 5월 어느 날 오후, 갑자기 집 안으로 폭탄이 떨어졌다. 이브라힘의 집을 후티 반군 기지로 오인한 연합군의 폭격이었다. 폭탄 파편이 집 안 곳곳에 퍼지면서 에브라힘의 배에도 박혔다. 부모는 그 자리에서 숨을 거뒀다.

에브라힘은 나흘 동안 혼수상태에서 대수술을 받은 뒤 몇 달의 치료 끝에 겨우 살아났다. 집과 부모, 모든 것을 잃은 그는 고향인 이브를 떠나 자신을 도와줄 친구가 있는 하드라무트로 향했다.

사우디아라비아에 있는 에브라힘의 형제들이 아픈 그에게 생활비를 보내주긴 했지만 계속 신세를 지고 있을 수만은 없었다. 그는 친구 하산이 있는 서울에 가기로 마음먹고 2018년 1월 고향을 떠났다. 에브라힘은 오만과 말레이시아를 거쳐 무사증 입국이 가능한 제주도로 들어왔다.

2017년 12월 말레이시아 항공사인 에어아시아나가 제주도−쿠알라룸푸르 직항 노선을 취항한 뒤 에브라힘과 같은 예멘인 561명이 제주도에 들어왔고, 549명이 난민신청서를 냈다. 갑자기 늘어난 예멘 난민에 놀란 한국 정부는 이들이 제주도를 떠나 본토로 들어오지 못하게 차단했다. 법무부가 4월 30일 무사증 입국으로 제주도에 들어온 예멘 난민들이 제주도를 떠나지 못하도록 활동 범위를 제한한 것이다.

그렇게 출도 제한 조치 대상이 된 예멘 난민은 총 486명이었다. 법무부는 질병이나 임신, 영·유아 동반 등 인도적 사유가 있을 때만 출도 제한 해제를 검토했다.

폭격 때 다친 오른쪽 눈이 거의 보이지 않는 에브라힘은 서울에 가서 친구 하산의 도움을 얻어 치료를 받고 싶었다. 제주의 작은 안과병원에서도 큰 병원으로 가 정밀 검사를 받으라고 했다. 그러나 제주 출입국청에서는 에브라힘에게 서울에 갈 수 없다고 잘라 말했다.

질병이 있는 예멘 난민들이 필요한 의료 서비스를 제대로 받지 못하는 것도 문제다. 올레 호텔에서 만난 압둘라는 당뇨 환자였다. 그는 하나 남은 인슐린 병을 보여주며 이렇게 말했다. "이거 하나로 버틸 수 있는 게 최대 일주일인데 출입국청에 갔더니 돈을 주고 사야 한다고 했다. 돈도 없고, 어디에서 인슐린을 구할 수 있는지도 모른다." 출입국청에서 설치한 간이 진료소에서 예멘 난민들을 진료한 대한적십자사 이기훈 재난구호팀장은 이렇게 말했다. "전쟁을 겪고 온 난민들이라 다친 이가 많았고, 젊은 남성이 대부분인데도 만성질환 환자가 많았다. 지속적인 관리가 필요하다."

예멘 난민 출도 제한 조치 과정에서 정부가 충분히 설명하지

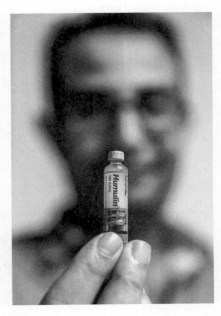

압둘라가 하나 남은 인슐린을 들어 보이고 있다. 난민 중에는 지속적인 관리가 필요한 만성질 환자가 많았다.

않고 일방적으로 밀어붙여 공익법 단체가 소송을 제기하기도 했다. 예멘 난민은 출도 제한 조치에 앞서 '활동 범위를 제한한다'는 내용의 통지서를 받았지만, 한국어로 적혀 무슨 내용인지 알 수 없었다. 아랍어나 영어로 된 설명도 없었다. 이들은 외국인등록증을 발급받기 위해 출입국청을 방문해 신분 확인차 공무원들에게 여권을 건넸는데, 돌려받은 여권에 출도 제한 도장이 찍혀 있었다고 주장했다.

공익법 단체 '공익 변호사와 함께하는 동행'은 이런 내용을 이유로 제주지방법원에 '체류 허가 지역 제한 처분 취소' 소송을 제기했다. 소송을 맡은 권소영 변호사는 다음과 같이 설명했다. "제주 출입국청은 예멘 난민의 활동 범위를 제한하는 이유는커 녕 여권에 도장을 찍겠다는 설명도 없이 이들의 출도를 제한해 합법적인 절차를 거치지 않았다. 출입국청은 '공공의 안녕질서나 대한민국의 이익을 위해 필요하다면 체류하는 외국인의 활동 범 위를 제한할 수 있다'는 출입국관리법에 따라 예멘 난민의 출도 를 제한했는데, 기준이 모호하고 법률 자체가 위헌성이 있다. 한 국이 맺은 난민의 지위에 관한 협약 제26조에는 난민이 협약 체 결 국가 내에서 자유롭게 이동할 권리가 명시되어 있다."

정부가 일방적으로 짧은 시간 안에 빠르게 몰려든 예멘 난민 500여 명을 제주도에 수용하기로 결정하면서, 주민들 사이에서 는 걱정 섞인 목소리가 나왔다. 6월 초에는 돈이 떨어져 노숙하 는 예멘 난민이 속출하고 주민들의 우려가 쏟아지자, 법무부는 11일에 이들이 일자리를 얻고 돈을 벌 수 있도록 허락했다. 원칙 적으로 난민 신청자는 체류 기간이 6개월이 지나야 합법적으로 일하고 돈을 벌 수 있다.

1   《행운의 아라비아 예멘》, 홍성민, 북갤러리, 2006년 8월 28일.
2   〈예멘 내전〉, 세계 분쟁 데이터베이스, 한국국방연구원. https://terms.naver. com/entry.nhn?docId=1053822&cid=42147&categoryId=42147.
3   〈"살레 전 예멘 대통령, 후티 반군에 피살"〉, 《연합뉴스》, 2017년 12월 4일.

03
국민청원과 가짜 뉴스

"제주도 난민 수용 거부해주세요. 현재 예멘인 난민들이 삼도 1동의 한 호텔에서 거주 중이라고 하는데, 이 난민들 받아주면 도민의 안전은 누가 책임지나요? 이슬람 사람들은 여자를 사람으로 보지 않고, 애 낳는 도구로만 생각하는 사람들입니다. 성범죄는 불 보듯 뻔한 일입니다. 적은 인원도 아니고, 테러 위험 국가 되는 건 순식간입니다.

사건 사고 뉴스를 접하다 보면 종종 일어나는 범죄 중에 중국인 때문에 벌어지는 사건도 많고, 지금 중국인들이 설치는 꼴 좀 보세요. 피해 보지 않아도 되는 멀쩡한 사람들이 왜 피해 입고, 고통받아야 하나요? 제발 소 잃고 외양간 고치지 말고, 남의 일이라고 두 손 놓고 지켜보지 말고, 무사증부터 폐지하고, 난민 수용도 거부하고, 도민의 안전을 나아가 국민의 안전을 우선으로 생각해 지켜주기 바랍니다." (청와대 국민청원 게시판, 2018년 6월 12일 게시글)

2018년 6월 16일, 제주시 올레호텔에서 에브라힘과 압둘라를 포함한 예멘인들의 인터뷰를 마친 뒤 숙소에 들어가 노트북을 켰다. 취재 메모를 정리하려는데, 온라인상에서 예멘 난민 이슈가 뜨거운 감자로 떠오른 것이 보였다. 시작은 6월 12일 작성된 청와대 국민청원 게시글이었다. 명백한 허위 사실이었다. 하지만 10여 개의 언론사가 해당 청원 글을 그대로 인용해 기사를 작성했다. 속이 쓰렸다.

'세계 최대 인도주의 위기 국가' 예멘에서 내전을 피해 온 사람들과 단 한 마디도 나누지 않고, 어떤 모습인지 보지도 않고, 예멘의 상황이 어떤지도 모르면서 '쫓아내라'는 기사를 먼저 쓴 것이었다.

이렇게 조금도 취재하지 않고 손쉽게 청원 글을 받아쓴 기사들은 '가짜 난민 추방'이라는 프레임을 만들어 이슈를 선점했다. 한번 형성된 프레임은 견고했다. 뒤집기가 쉽지 않았다. 16일 늦은 밤까지 취재한 내용을 정리해 17일 오전 기사를 출고했지만, 여론의 반응은 부정적이었다. 온통 욕 섞인 악성 댓글 일색이었다. 예멘인의 목소리를 담은 보도 자체를 비난하는 메일도 여러 통 받았다.

청와대 국민청원 게시판 관리자는 16일 오후 해당 글을 삭제했다. "허위 사실이나 타인의 명예를 훼손하는 내용이 포함된 청원 등을 삭제할 수 있다는 운영 규정에 따라 청원을 삭제했다." 이 관리자는 삭제된 글에서 구체적으로 문제가 된 표현을 언급하지는 않았지만, 난민을 잠재적 범죄자로 기술한 내용 등을 허위 사실이나 명예훼손으로 판단했을 가능성이 컸다.

청와대의 조치는 적절했지만, 거센 여론의 비판에 부딪혔다. 6월 13일에 작성된 게시글 '제주도 불법 난민 신청 문제에 따른 난민법, 무사증 입국, 난민 신청 허가 폐지/개헌 청원합니다'가 삭제된 글을 대신해 20만 명이 훌쩍 넘는 동의를 받았다. 청와대는 20만 명 이상 동의한 글에 대해서는 공식적인 답변을 내놓도록 정해 놓았다. 청원에 동의한 사람이 20만 명을 넘어서자 이를 받아쓰는 언론사가 급격하게 늘어났다. 6월 18일부터는 수십 개의 언론사가 일제히 '예멘 난민을 추방하라는 청와대 청원 글이 20만 명을 돌파했다'를 주제로 기다렸다는 듯이 기사를 쏟아냈다.

혹시 예멘인들이 이런 기사를 읽으면 어떤 기분일까 생각하니 낯이 뜨거웠다. '한 사회의 인권 수준을 보려면 가장 배제되고 소외된 사람들을 봐야 한다'는 말이 떠올랐다. 2018년 한국의 인권 수준은 아마 예멘인들과 이들을 대하는 한국 사회의 태도에 달려 있겠다는 직감이 들었다. 이들의 난민 심사가 끝날 때까지 취재하고, 기사를 내보내야겠다는 생각이 들기 시작했다.

04

돼지고기구이 식당에 취직한 무슬림

"포크, 포크 레스토랑."

식당 주인이 서툰 영어로 "우리는 돼지고기를 파는 식당"이라고 하자, 라지 알하라지의 눈이 번뜩이다가 빠르게 흔들렸다. 식당은 제주도 서귀포시에 있다. 중문관광단지와 바다가 한눈에 내려다보여 피서철이면 손님이 줄지어 찾는 곳이다.

2018년 6월 18일 오전, 공항과 가까운 제주 출입국청에는 예멘인 230여 명이 일자리를 구하려고 모여들었다. 알하라지도 그중한 명이었다.

돼지고기 식당이라는 주인 이야기에 '뭐든 할 수 있다'던 그는 잠시 말을 잇지 못했다. 돼지고기는 알하라지에게 '허용되지 않는' 음식이었다. 옆에 있는 고종사촌 동생 후세인에게 모국어로 상황을 설명했다. 후세인도 눈이 휘둥그레졌다. 둘은 주인 부부가 이해할 수 없는 대화를 나눴다. 후세인은 고개를 좌우로 저으며 난감한 표정을 지었지만, 알하라지는 동생의 팔을 꼭 잡고 단호한 어조로 타일렀다.

알하라지가 식당 주인에게 말했다. "우리는 이슬람교도라 돼지고기를 먹지 않는다. 하지만 괜찮다. 먹지만 않으면 된다. 그릇을 씻거나 주방 일을 거드는 건 할 수 있다."

식당 안주인은 난처해했다. "돼지고기 안 먹으면 우리 집에서 먹을 게 없는데 어떻게 하지." 알하라지와 후세인은 더 난처한 표정을 지으며 다시 이야기를 나눴다.

안주인은 내키지 않았다. 마뜩잖은 표정으로 남편에게 물었다. "이 친구들 하루에 몇 번씩 절해야 한다고 하던데 영업시간이랑 겹치면 어떻게 해요?" 이슬람교도들은 하루에 다섯 번씩 메카를 향해 기도를 올린다. 기도 시간이 되면 동시다발적으로 예멘인들의 휴대전화에 알람이 울렸다.

식당 주인은 내게 부탁했다. "우리는 아침 6시부터 9시까지 재료 준비하고 식당 청소한 뒤에 오후 5시부터 밤 11시까지 일하는데, 혹시 그 시간이 기도 시간과 겹치는지 물어봐 주세요." 내가 난민 취업 알선 브로커가 되는 순간이었다. 알하라지는 휴대전화를 꺼내 기도 시간을 보여주었다. 저녁 7시 45분과 9시 43분.

두 번의 기도가 영업시간과 겹쳤다.

안주인이 손을 가로저었다. "어휴, 그 시간에 손님이 몰려서 가장 바쁜데 어떻게 해. 안 돼!" 알하라지는 포기하지 않고 말했다. "괜찮다. 일이 있으면 일 없는 시간에 몰아서 기도를 올려도 된다. 우리를 데려가라."

영어를 하지 못하는 후세인은 알하라지의 팔목을 잡아끌며 무슨 이야기를 하는지 물었다. 설명을 들은 그는 낯빛이 어두워졌다. 목소리가 커졌다. 둘은 열띤 토론을 벌였다. 알하라지는 기도가 중요한 게 아니라고 했다. 동생은 물러서지 않았다. 꼭 정해진 시간에 기도하겠다는 거였다.

영어를 하지 못하는 십수 명의 예멘 난민은 식당 주인과 알하라지 형제를 에워쌌다. 자신들을 식당에 데려가 주길 바랐지만 한마디도 하지 못했다. 그저 멀뚱멀뚱 식당 주인 부부를 쳐다볼 뿐이었다. 알하라지는 절박했다. 식당 주인이 언제 마음이 바뀌어서 다른 친구를 데려가겠다고 할지 몰랐다. 타이름은 다그침으로 바뀌었다. 알하라지는 이렇게 말했다. "지금 주인 부부를 따라가지 않으면 당장 잘 곳도, 먹을 것도 없다." 후세인은 형의 꾸짖음에도 포기하지 않았다.

티격태격하는 형제를 보던 사장이 물었다. "기도하는 데 시간이 얼마나 걸리나?" 알하라지가 답했다. "5분이면 된다." 사장은 결심한 듯 말했다. "그럼 괜찮다. 우리랑 같이 가자." 안주인은 여전히 못마땅한 얼굴이다. "설마 손님들 보는 데서 기도하는 건 아니겠지?" 아내의 걱정 섞인 질문에 지그시 눈을 내리감은 남편은 나지막이 말했다. "식당 옆에 작은 방이 있으니 거기 잠깐 들어가서 기도하면 된다."

아내는 남편에게 더 따져 묻기를 포기하고 내게 물었다. "숙소에 다른 예멘 친구들을 데려올 건지 물어봐 주세요. 절대 그러면 안 된다고도 말해주시고요." 알하라지는 친구를 데려오지 않겠다고 약속했다. 주인 부부는 알하라지와 후세인을 데리고 출입국청 청사를 나섰다.

남겨진 예멘인들은 떠나는 알하라지와 후세인의 뒷모습을 물끄러미 보다가 곧 다른 고용주를 찾아 흩어졌다. 고용주들은 영어를 할 수 있고, 근육이 있어서 힘을 꽤 쓸 것 같은 예멘인들을 선호했다. 예멘인들은 고용주인지 공무원인지 기자인지도 모르고 한국인이 나타나기만 하면 파도처럼 모여들었다가 흩어지기를 반복했다.

알하라지의 고향은 예멘 수도 사나에 있는 누쿰산 기슭이다. 누쿰산은 후티 반군이 2014년 9월 사나를 점령한 뒤로 사우디아라비아가 주도하는 연합군의 폭격 대상이 되었다. 그는 자신의 집 바로 앞에 폭탄이 떨어졌던 2015년 5월 11일 오후를 잊지 못한다.

전투기가 굉음을 내고 머리 위를 날아갔다. 눈앞에 뜨거운 불빛이 번쩍였다. 잠시 후 고막을 찢을 듯한 소음이 온 도시를 뒤흔

들었다. 먼지가 가득 피어올라 시야가 흐려진 가운데 무수한 화염이 뿜어져 나왔다. 반군이 허공에 총을 쏘아대는 것이었다. 총알은 전투기를 맞히지 못했다. 알하라지는 건물 지하로 뛰어 내려갔다.

총성이 잦아든 뒤 거리로 나왔을 때 아이들의 울음소리와 사람들의 비명이 가득했다. 이웃에 살던 레미 아저씨는 자신의 왼쪽 다리와 왼손을 잡고 있던 어린 아들을 잃었다. 경찰이나 소방관은 달려오지 않았다. 주민들은 직접 다친 이들을 차에 태워 병원으로 갔다. 마을에는 주검과 부상자가 넘쳐났다. 연합군이 수시로 떨어뜨리는 폭탄은 반군 기지뿐만 아니라 평범한 시민들의 일상까지 초토화했다. 대학교에서 프랑스어를 공부한 알하라지는 부모님, 세 동생과 함께 살았다. "괜찮아질 거야. 내일은 괜찮을 거야." 가족들은 서로를 위로하며 기도했지만 상황은 점점 더 나빠졌다.

후티 반군은 예멘 청년들을 강제로 끌고 가 총을 주고 전쟁으로 내몰았다. 집총을 거부하면 연합군으로 간주해 죽이거나 감옥에 가뒀다. 전쟁에 끌려간 알하라지의 친구들은 모두 죽었다. 사나 시민들은 내전에서 죽은 청년들의 초상을 크게 인화해 건물 벽에 내걸었다. 영정 사진은 늘어만 갔다.

알하라지도 후티 반군에 납치되었다. 그는 눈물을 흘리며 애원했다. "나는 그저 평범한 학생일 뿐이다. 연합군이 아니다. 돌봐야 할 가족이 있으니 제발 집으로 보내달라." 마을 사람들이 찾아와 알하라지를 풀어달라고 호소했다. 반군은 마지못해 그를 풀어주었다. 공부하며 돈을 벌기 위해 다녔던 은행이 문을 닫았다. 알하라지의 부모는 말했다. "이곳에는 미래가 없다. 떠나서 새로운 삶을 살아라." 그가 갈 수 있는 곳은 많지 않았다.

알하라지 같은 예멘인들에게 허락된 몇 안 되는 선택지가 말레이시아였다. 말레이시아 정부는 예멘 사람을 난민으로 인정해주지는 않았지만 내치지도 않았다. 예멘인 수만 명이 전쟁을 피해 말레이시아행을 택했다. 알하라지가 예멘을 떠나는 비행기표를 구하는 데 꼬박 두 달이 걸렸다. 사나 공항은 거의 폐쇄된 것이나 다름없었다.

2018년 1월, 알하라지는 가족과 작별 인사를 하고 아덴행 버스에 몸을 맡겼다. 그는 아덴을 통해 수단으로 갈 수 있었다. 수단에서 이틀을 머문 뒤 말레이시아 쿠알라룸푸르로 가는 비행기를 탔다.

말레이시아에서 머무는 삶은 비참했다. 아무것도 하지 않고 가만히 있어도 적대감 가득한 욕설을 들었다. 말레이시아 정부는 2018년을 기준으로 이전에 입국한 예멘인에게는 최대 2년까지 인도적 체류를 허락했다. 하지만 세계 어느 곳에서도 받아주지 않는 예멘인들이 앞다투어 말레이시아로 향하자 사회문제로 대두했다. 2만 명에 가까운 예멘인이 들어오자 말레이시아 정부는 정책을 바꿨다. 2018년 이후 입국한 예멘인은 3개월 이상 체류할 수 없게 한 것이다.

말레이시아에서 예멘인이 비자 없이 갈 수 있는 곳은 제주도뿐이었다. 선택의 여지가 없었다. 말레이시아에서 체류 가능 기간을 15일 남겨두고 그는 쿠알라룸푸르에서 만난 사촌 동생 후세인과 함께 제주행 비행기에 탔다. 예멘에서 가져온 짐 대부분을 버려야 했다. 수하물을 부칠 돈이 없었다.

알하라지가 탄 비행기에는 그와 같은 처지의 예멘인 31명이 더 있었다. 4월 30일, 제주공항에 도착한 알하라지에게는 100달러가 가진 돈의 전부였다. 말레이시아에서 '물담배'를 만들어 번 돈이다. 하지만 관광지인 제주도의 물가는 감당하기에 벅찼다. 일주일 만에 빈털터리가 되었다. 한국 정부는 4월 30일에 예멘인들이 제주도를 나가지 못하도록 '출도 제한 조치'를 내렸다.

5월 4일, 난민신청서를 제출한 알하라지는 11월 4일까지 6개월의 시간을 벌고 한숨을 돌렸다. 그러나 제주도에서 그가 할 수 있는 것은 아무것도 없었다. 프랑스어, 독일어, 아랍어, 영어 4개 국어를 할 수 있지만 한국어를 못해 아무 소용이 없었다. 먹고, 자고, 이따금 유튜브로 한국어 강의 동영상을 보았다. 정부는 아무것도 지원하지 않았지만, 시민단체와 제주 주민들이 십시일반 도움을 주었다. 숙소비를 내주고, 음식을 만들어서 찾아오는 도움의 손길 덕분에 길에 나앉지 않을 수 있었다. 알하라지는 이렇게 말했다. "(묵고 있는) 숙소 주인은 우리가 돈이 부족한데도 개의치 않고 받아주고 쫓아내지 않았다. 우리를 받아준 것만으로도 정말 감사한데, 제주 주민들이 음식 재료도 가져다주었다. 누구 하나 우리에게 손가락질하지 않았다. 우리를 받아줘서 너무 감사하다." 알하라지는 운이 좋았다. 한국 정부는 제주도로 들어오는 예멘인의 난민 신청이 급증하자 6월 1일에 무사증 입국 금지 국가 목록에 예멘을 추가했다. 한 달만 늦었어도 알하라지는 한국에 들어올 수 없었을 것이다.

하지만 알하라지는 여전히 불안했다. 더는 버틸 수 없었다. 낯선 나라의 화폐 7000원이 전 재산이었다. 제주 출입국청이 예멘인을 위해 여는 이날 일자리 소개 행사에서 꼭 일자리를 구해야겠다고 벼르고 왔다. 한국의 난민 인정률이 너무 낮다는 사실도 그에게는 불안 요인이다. 2018년 5월까지 난민으로 인정된 예멘인은 450여 명의 신청자 가운데 단 23명뿐이다. 한국이 그를 난민으로 인정하지 않으면 다시 이 나라 저 나라를 위태롭게 떠돌거나 예멘으로 돌아가야 한다. "한국에서 쫓겨나면 갈 곳이 없다. 예멘으로 돌아가면 전쟁에 내몰려 죽을 텐데, 나는 죽고 싶지 않다. 최근에는 내전 상황이 악화하여 예멘 국경이 폐쇄됐다. 돌아갈 방법도 없다." 눈시울이 붉어진 알하라지가 체념하듯 말했다.

제주 출입국청은 6월 14일에는 어업, 18일에는 식당·서비스업에 종사하는 주민들과 연결해줄 계획을 세웠다. 470명이 모인 첫 날에는 271명이 숙식을 제공하는 일자리를 구해 제주도 곳곳으로 흩어졌다. 둘째 날에는 동이 트기도 전인 새벽 4시에 출입국청으로 일자리를 구하려는 예멘 난민이 모여들었지만 계획대로 행사가 진행되지 않았다. 요구 사항이 많은 주민과 난민 신청자 사이를 중재하기는 쉽지 않았다. 일찍 온 순서대로 업주들과 연결해줄 계획이던 채용박람회는 잠시 중단되었고, 주민과 난민이 자율적으로 접촉하게 할 수밖에 없었다. 일단 계약서를 쓰고 일터로 이동한 뒤 6월 22일까지 출입국청에 신고하도록 했다.

식당·서비스업 사업장주는 60명밖에 되지 않았다. 어업보다는 쉬워 보이는 식당 일자리가 적어 예멘 난민들은 실망했다. 출입국청은 어쩔 수 없었다. 어업에 종사하는 주민들을 다시 불러모았다. "(6월) 14일과 18일에 각각 271명과 131명을 취업시켰다. 이들 중 적응하지 못해 돌아온 사람이 50명 정도 된다."

6월 14일에 일자리를 구해 어촌으로 간 친구들에게 일이 고되다는 이야기를 들은 예멘 난민들은 고기잡이배에 탈 엄두를 내지 못했다. 토미 알수가는 이렇게 말했다. "목요일에 일자리를 찾아 고기잡이배를 타러 간 친구가 며칠째 연락이 안 된다. 일이 너무 힘들다고 해서 도저히 엄두가 안 난다. 식당 일자리를 구하려고 새벽 5시에 열네 번째로 와서 줄을 섰는데, 너무 슬프다." 이날은 예멘 난민들이 정부를 통해 공식적으로 일자리를 구할 수 있는 마지막 기회였다.

제주에서 일자리를 찾기 위해 길게 줄 서 있는 예멘인들.

일자리를 찾아 제주도 곳곳으로 떠났으나 적응하지 못하고 제주 시내로 돌아오는 예멘 난민의 수는 점점 늘었다. 6월 18일 출입국청에서 예멘 난민을 데려간 한 선주는 난민이 일을 잘하고 있는지 묻자 곤란해하며 답했다. "처음에는 행정 절차상 문제가 있어 통제소에서 배에 태울 수 없다고 했다. 출입국관리소에 별도 허가를 요청하고 선원 공제까지 가입시켜서 6월 20일 배에 태웠는데, 배에 타자마자 멀미를 해서 아무것도 못하고 계속 누워 있다가 이튿날 항구로 돌아왔다. 괜히 데리고 나갔다가 일만 망쳤다." 선주는 또한 토로했다. "이웃 배까지 다섯 곳이 예멘 난민을 데려왔는데, 세 곳은 일을 못해서 되돌려 보냈다."

제주이주민센터 한용길 사무처장은 이렇게 말했다. "당국이 예멘 난민 신청자를 무작정 일자리로 보낼 것이 아니라 한국어 교육과 노동 관련 법 교육을 하고 내보냈으면 어땠을까 하는 아쉬움이 있다. 지금 예멘인들은 통역 서비스도 받기 힘들어서 제주도민과 소통이 거의 안 되는 상황이다. 일을 포기하고 돌아오는 사람이 너무 많다."

제주도가 500여 명의 예멘 난민을 수용하기에는 인적·물적 토대가 부족하다는 평가도 나왔다. 김성인 제주예멘대책위원회 위원장은 "제주도에는 예멘 난민을 포용할 만한 커뮤니티가 없다. 서울이나 경기도 지역에는 아랍권 이주민 커뮤니티가 있어서 자체적으로 정보를 공유하고 흡수될 수 있는데, 제주도에서는 불가능하다"라고 말했다. 2017년 말 기준 법무부 자료를 보면, 제주도에 거주 중인 예멘인은 21명이었다. 김 위원장은 덧붙였다. "제주도에서는 농축수산업 아니면 요식업이 산업의 전부인데, 예멘 난민들은 의사소통이 되지 않아 요식업에서 일하기 어렵고 농축수산업도 경험이 없어 적응하는 데 많은 시간이 걸릴 것으로 보인다."

일하고 싶어도 부모의 동의를 받을 수 없어 근로계약을 체결할 수 없는 미성년자도 있었다. 열일곱 살 요셉은 6월 14일 고용주와 근로계약서를 쓰기 직전까지 갔지만, 고용주는 외국인등록증 나이를 확인한 뒤 출입국청 공무원과 대화하더니 '일을 시킬 수 없다'고 했다. 요셉은 6월 18일에도 한 선주와 이야기가 잘되나 싶다가 미성년자라는 이유로 퇴짜를 맞았다. 이번에 제주도에 들어온 예멘 난민 가운데 26명이 요셉처럼 열여덟 살이 되지 않은 미성년자다.

요셉은 사우디아라비아에서 태어났지만, 부모가 모두 예멘인이어서 예멘 국적을 가졌다. 전쟁을 피해 사우디아라비아로 향하는 예멘인이 늘자 사우디아라비아 정부는 체류 중인 예멘인에게 점점 더 많은 세금을 물렸다. 사우디아라비아에서 나고 자라 사우디아라비아 억양의 아랍어를 구사하는 요셉은 예멘으로 돌아가면 연합군으로 오해받아 반군에게 가차 없이 죽임을 당할 가능성이 컸다. 요셉은 한숨을 쉬었다. "미성년자여서 일할 수도 없고, 그렇다고 먹고살 것도 없는데 학교에 갈 수도 없다. 어떻게 해야 할지 모르겠다."

출도 제한 조치로 이산가족이 된 형제도 있다. 인천에 사는 예멘 난민 압둘라는 깊은 한숨을 연거푸 내쉬었다. "동생 헤탄이 제주도에 혼자 있어 데려오려 했는데 출입국청에서 안 된다고 했다. 어떻게 해야 할지 모르겠다."

압둘라와 이삼, 헤탄은 친형제다. 압둘라와 이삼은 한국에서 중고차를 매입해 예멘에 가져다 파는 일을 했다. 2014년 후티 반군이 수도 사나를 점령한 뒤 내전 상황이 악화하여 사업을 중단할 수밖에 없었다. 일자리를 잃고, 전쟁 때문에 고향으로 돌아갈 수도 없어진 압둘라와 이삼은 난민 신청을 했지만 몇 년이 지나도 난민으로 인정받지 못했다. 인도적 체류 기간이 연장되었을 뿐이다.

제주도에서 만난 헤탄은 내게 오른쪽 바지를 걷어 올려 종아리 흉터를 보여주었다. "폭탄 파편에 맞아 다쳤는데, 아직 쇳조각이 종아리에 들어 있다." 치료가 필요한 상황이지만 헤탄은 치료를 받지 못한 채 제주도의 돼지고기 식당에서 일한다. 압둘라는 울분을 터뜨렸다. "동생은 먹지도 못하는 돼지고기 식당에서 매일 12시간씩 일한다. 너무 안타까운데, 할 수 있는 일이 없다. 한국 정부가 우리를 난민으로 인정하지 않는다. 출입국관리소에서는 '이렇게 지내다가 전쟁이 끝나면 고향으로 되돌아가야 한다'고 말했다. 하지만 주변 나라들을 보면 전쟁이 끝난다고 바로 안정되는 것도 아니어서 걱정이 이만저만이 아니다."

원희룡 제주 도지사는 6월 22일 언론 인터뷰에서 다음과 같이 밝혔다. "이미 들어와 있는 사람(난민 신청자)들을 대놓고 배척할 수는 없지만, 기본적으로 제주도가 이 부담을 떠안아서는 안된다고 생각한다." 제주도는 예멘 난민들에 대한 출도 제한 조치 해제와 조속한 난민 심사 마무리를 중앙정부에 건의할 예정이다. 제주도청 관계자는 "6월 26일부터 사흘간 열리는 제주포럼에 참석하는 이낙연 국무총리에게 건의할 계획이다"라고 했다.

난민협약 가입국인 한국 정부가 적극적으로 나서서 난민을 보호하지 않고, 이들의 활동 범위를 제한하면서 생계를 위태롭게 하는 것은 난민 보호 의무를 다하지 않는 것과 같다. 공익법센터 어필의 김종철 변호사는 이렇게 말했다. "난민 신청자가 생계를 유지하지 못한 채 불안정하게 살게 하는 것은 사실상 전쟁이 진행 중인 조국으로 강제 송환하는 것과 다름없다. 제주도에 예멘 난민 500여 명이 있어 도드라져 보이지만, 육지에서도 난민은 열악한 환경에 있다. 사실상 자기 나라에 돌아갈 수 없어 오랫동안 한국에 머물러야 하는 예멘 난민들이 한국 사회에 빨리 적응할 수 있도록 도와야 한다."

05

지갑을 주워 찾아준 누르

2018년 6월 5일 오전, 예멘인 누르는 제주 출입국청을 나와 숙소로 가는 버스에 탔다가 옆자리에 덩그러니 놓인 밤색 가죽지갑을 발견했다. 살짝 벌어진 지갑 사이로 빼곡하게 꽂힌 지폐가 보였다.

그는 재빨리 휴대전화로 버스 번호를 찍은 뒤 차에서 내렸다. 말이 통하지 않으니 사진을 보여주고 주운 장소를 상세히 알려주면 주인을 찾는 데 도움이 될 거라고 생각했다. 택시를 잡아타고 제주 동부경찰서 오라지구대로 가 경찰에게 지갑을 건넸다.

경찰은 지갑을 열어 신분증과 현금을 확인했다. 67만 2000원과 현금카드 한 장, 운전면허증이 있었다. 경찰은 "고맙다"고 인사를 건넨 뒤 누르의 외국인등록증을 받아 신원을 확인했다. 누르는 경찰서를 나와 숙소로 돌아갔다.

지갑을 주웠을 때 누르가 갖고 있던 돈은 8만 원이었다. "잃어버린 사람이 애타게 찾을 거라는 생각이 들었고, 내 것이 아니니까 최대한 빨리 돌려줘야겠다고 생각했다."

누르는 5월 말에도 오후 5시께 성산읍 근처 숙소에 가려고 버스를 탔다가 여성의 지갑을 발견해 그대로 버스 운전기사에게 건넸다. "두 번이나 우연히 지갑을 주웠지만 가져갈 생각은 단 한 순간도 하지 않았다. 비록 내 수중에 한 푼도 없더라도 남의 돈은 가져가지 않는다."

누르는 이브에서 나고 자랐다. 누르의 가족은 예멘에서는 부유한 편이었지만 불안했다. 매번 약탈의 대상이 되었다. 동네에서는 늘 총격이 오갔다. 누르가 머물던 이브의 집 다락방에는 수십 발의 총탄 흔적이 아직 남아 있다. 2016년에는 어린 조카가 집에 있다가 배에 총을 맞아 큰 부상을 입었다.

누르는 사우디아라비아와 중국을 왕래하면서 교육 관련 사업으로 돈을 벌었다. 2017년 5월에는 중국에서 도하로 가는 비행기에서 우연히 만나 사랑에 빠진 바레인 여성과 결혼했다. 하지만 누르는 아내의 나라 바레인에서도 2주 이상 머물 수 없었다. 이유는 하나, 그가 예멘인이기 때문이다. 예멘인은 이집트, 에티오피아 등 예멘 주변국 어디에서도 체류가 '허락'되지 않았다.

제주에서 만난 누르. 예멘 난민인 그는 두 번이나 지갑을 찾아 주인에게 돌려주
었다.

결국 누르는 한국행을, 아내는 미국행을 선택했다. 둘이 함께 하고 싶었지만 불가능했다. 미국은 도널드 트럼프 대통령이 집권 하면서 이민자와 난민 정책에 '무관용 원칙'을 내세워 바레인 사람인 아내만 받아주었다. 아내는 미국 앨라배마에서 공부하며 출산을 앞두고 있다. 누르가 막막한 표정으로 말했다. "아내와 2주 뒤 태어날 아기가 너무 보고 싶지만 방법이 없다. 여기에서 일자리를 구하지 못해 예멘으로 돌아갈까 생각해보기도 했지만, 전쟁 탓에 하늘길이 막혀 그마저도 어렵다."

누르가 지갑 주인을 찾아준 다음 날인 6월 6일 새벽 1시, 또 다른 예멘인 압둘라(가명)는 제주 시내 패스트푸드 가게 앞에서 길에 떨어진 지갑과 스마트폰을 발견했다. 당시는 라마단 기간 이어서 낮에 음식을 먹지 않았고, 해가 진 뒤 허기를 해결하려고 나선 참이었다.

5분쯤 물끄러미 지갑과 스마트폰을 보고 있는데, 한국 사람들은 못 본 척 지나쳤다. "아랍권에서는 임자 없는 물건을 주우면 경찰이나 분실물 센터에 바로 가져다줘야 한다. 물론 그렇게 하지 않는 사람도 있지만, 원칙은 그렇다. 한국에서는 어떻게 해야 하는지 잘 몰라 두려운 생각이 들었다."

압둘라 역시 지갑을 열어 보지 않고 휴대전화와 함께 오라지 구대로 가져다주었다. 지갑에는 주민등록증과 8만 7000원, 체크 카드가 그대로 있었다. "숙소에서 일하는 한국인 친구에게 '한국

216

에서 지갑을 주우면 어떻게 해야 하나'라고 묻자, 그냥 두고 모르는 척 지나가는 게 좋다고 했다. 괜히 경찰서에 가져갔다가 돈이 모자라거나 하면 곤란한 상황에 빠질 수 있다는 것이었다." 그는 그런 상황을 의아해했다.

압둘라는 예멘에서 영어 통번역을 전공했지만 대학을 마치고도 일을 구할 수 없었다. 후티 반군과 사우디아라비아 정부 연합군의 내전이 격화된 뒤 예멘의 경제는 마비되었다. 친형제들은 사우디아라비아, 스위스, 미국 등지로 뿔뿔이 흩어졌다. 그도 지난해 4월 예멘을 떠나 말레이시아로 갔다가 1년간 머문 뒤 제주도로 왔다.

압둘라는 이렇게 말했다. "지갑은 잃어버린 사람에게 돌려주고 싶었을 뿐이다. 우리 예멘인들은 한국의 법과 문화를 가르쳐주기만 하면 다 따르고 평화롭게 지낼 것이다." 제주에 체류 중인 예멘 난민이 분실물을 찾아준 사례는 누르와 압둘라 말고도 최소 두 건 더 있었다. 제주동부경찰서는 6월 한 달 동안 네 번이나 예멘인이 분실한 지갑을 찾아 경찰서에 갖다주었다고 밝혔다. 1일에는 한 예멘 난민이 제주시청 근처에서 주운 지갑을 가져다주었고, 21일에도 55만 원이 든 지갑을 열어보지 않고 경찰서로 가져다준 예멘인이 있었다.

예멘 난민들과 관련된 범죄 신고는 없었다. 김상훈 오라지구대장은 "순찰하면서 이야기해보면 (예멘 난민들이) '한국에서 법질서를 어기면 큰 불이익을 받는다는 사실을 잘 알고 있다. 범법 행위는 안 하겠다'라고 입을 모은다. 하지만 주민들은 낯선 중동권 외국인이 한꺼번에 많이 들어와 불안한 눈치다"라고 말했다. 경찰은 예멘인들과 연락망을 짜고 소통하며 법질서를 지켜달라고 당부하는 등 노력을 기울이는 것으로 알려졌다.

예멘 난민에게 숙소를 제공한 제주도민도 현장의 분위기를 전했다. "우리가 뉴스로 본 무슬림에 관한 소식 가운데 전쟁과 테러 이야기가 많아서 선입견을 갖기 쉽지만, 같이 살면서 지켜본 예멘인들은 친화력이 높아 금방 한국 사회에 적응할 것 같다. 일부 보수 기독교 단체 등이 여전히 정부의 조처에 불만을 갖고 있지만 도내 여론도 많이 차분해졌다."

제주도에서는 예멘인과 주민, 경찰이 평화롭게 살 방안을 모색하고 있지만 예멘 난민을 바라보는 시선은 따갑기만 하다. '제주도 불법 난민 신청 문제에 따른 난민법, 무사증 입국, 난민 신청 허가 폐지/개헌 청원합니다'라는 제목의 청와대 청원 글에는 6월 29일 오후 기준 53만 명 이상이 찬성했다. 청원인은 "자국민의 치안과 안전, 불법 체류 외 다른 사회문제를 먼저 챙겨주시기 부탁드린다"며 난민 신청자들이 앞으로 일으킬 수도 있는 사회문제에 우려를 나타냈는데, 청원 답변 기준인 20만 명의 두 배를 훌쩍 넘는 국민이 청원에 동의했다.

이러한 분위기와 더불어 제주에 온 예멘 난민들을 혐오하는 목소리가 커지고 있다. 밑바닥에는 국내 치안에 대한 불안감이 깔려 있다. 예멘인들을 잠재적 범죄자로 보는 것이다. 예멘인들은 전쟁을 피해 온 자신들을 받아준 한국에 감사의 뜻을 표하며 법질서를 준수하겠다는 의지를 나타냈지만, 일부 시민은 여전히 불안해했다.

하지만 난민이 잠재적 범죄자이고, 이들의 범죄율이 높다는 믿음은 근거가 없다. 한국형사정책연구원이 2017년 발표한 연구자료 '공식 통계에 나타난 외국인 범죄의 발생 동향 및 특성'을 보면, 2011년부터 2015년까지 5년 동안 내·외국인 인구 10만 명당 검거 인원을 비교한 결과, 내국인 검거 인원이 훨씬 많은 것으로 나타났다. 외국인의 검거 인원 지수가 가장 높았던 2011년을 기준으로 봐도 10만 명당 검거 인원은 내국인이 3524명이고 외국인은 1591명으로, 내국인이 2.2배 가까이 많았다.

내국인이 외국인보다 범죄율이 훨씬 높지만 외국인 범죄를 바라보는 우리의 시선은 왜곡되어 있다. 2016년 한국형사정책연구원의 최영신 연구원 등이 발표한 '외국인 폭력 범죄에 관한 연구'를 보면 한국인은 대체로 '외국인이 내국인보다 위험하고, 이주 노동자의 범죄율이 높으며, 외국인 범죄는 대부분 불법체류자에 의해 발생한다'고 생각하는 것으로 나타났다.

'우리나라 사람보다 외국인(이주 노동자)들이 더 위험하다'는 질문에 긍정적으로 응답한 내국인은 전체 응답자의 58%(500명 중

290명)이고, '이주 노동자의 증가로 범죄율이 높아질 것'이라고 응답한 내국인은 75%(375명)에 이르렀다.

난민에 대한 오해가 적극적인 행동으로 이어질 조짐도 있다. 제주도에 입국한 예멘 난민이 언론에 보도되기 시작한 직후인 6월 21일에는 국내 예멘 난민을 포함한 난민 수용을 반대하는 카페 '난민대책 정의행동'이 개설되었다. 카페 회원 수는 개설된 지 열흘도 되지 않아 2500명으로 늘어났다. 카페 게시 글은 중동에서 온 이슬람교 난민들이 돈을 벌기 위해 불법 브로커를 통해 입국한 '가짜 난민'이며, 이들이 잠재적으로 한국 사회에서 범죄자가 되고 IS 같은 테러리스트가 될 것이라는 두려움이 담긴 내용이 대부분이다. 이들은 6월 30일 오후, 서울 광화문 일대에서 '가짜 난민 추방' 집회를 열 계획도 세웠다.

난민을 혐오하는 쪽에서 계속 난민을 잠재적 범죄자로 인식하는 경향이 있어, 난민 관련 통계를 내자는 주장도 제기된다. 그러나 난민만을 대상으로 연구할 가능성은 작다. 국내 거주 난민 수가 너무 적어 의미 있는 결과를 끌어내기 어렵고, 조사 자체가 '차별'이라는 인식이 있다. 유엔난민기구 관계자는 이렇게 설명했다. "난민에 따로 범주를 설정하는 행위 자체가 반인권적이기 때문에 스웨덴 같은 선진국에서는 아예 난민 범죄 통계를 집계하지 않겠다고 공표했다."

지갑과 스마트폰을 주워 경찰서에 가져다준 압둘라는 다음과 같이 토로했다. "최근 예멘 난민을 둘러싼 루머가 퍼지면서 우리를 바라보는 시선이 예전과 달라졌음을 느낀다. 사람들이 나를 피하는 게 보여 불편하다." 그리고 다음과 같이 강조했다. "우리가 잠재적 성범죄자라거나 테러리스트라는 것은 사실이 아니다. 한국인 눈에는 모든 무슬림이 같아 보이겠지만 살인과 성범죄를 일삼는 IS는 무슬림의 율법을 따르지 않는다. 무슬림이라고 할 수도 없다."

'예멘 난민 포비아(혐오증)'의 기저에 깔린 여성 차별 문제도 예멘인들은 '근거가 없다'며 일축했다. 드물게 여성 혼자서 제주도로 온 나즐라는 예멘 남성이 여성을 하대하고 폭행을 일삼는다는 일부 주장에 다음과 같이 반문했다. "무슬림 남성이 여성을 억압한다는 것은 명백히 거짓이다. 이슬람 문화권도 계속해서 바뀌고 있다. 과거 남성이 여성의 사회 활동을 좋아하지 않던 때가 있었지만 지금은 그런 모습을 보기 힘들다. 일부 남성이 여성을 억압하기도 하지만, 그건 다른 문화권도 마찬가지 아닌가?"

근거 없이 퍼지는 이슬람 루머에 법무부는 우려를 나타냈다. 법무부는 6월 29일 급증한 예멘 난민 심사를 위해 제주 출입국청 난민 심사 담당자를 증원하겠다는 방침을 밝혔다. "지나친 온정주의나 과도한 혐오감 모두 바람직하지 않다. 인터넷 등에 사실이 아닌 내용이 유포되는데, 현혹되지 않아야 한다."

06

혐오의 광장

"국민이 먼저다. 안전을 원한다. 무사증 폐지하라. 난민법 폐지하라."

2018년 6월 30일. 서울 종로구 동화면세점 앞 광장, 열아홉 살 학생이라고 밝힌 '불법 난민·외국인 대책 국민연대(이하 난대연)'의 진행자가 외치자 1000여 명(주최 측 추산, 경찰 추산 700명)이 LED 촛불을 높이 들고 큰소리로 따라 외쳤다.

집회를 조직한 것으로 알려진 블로거 '일반국민'은 마스크로 얼굴을 가리고 무대에 올라 성명을 읽었다. "정치적·종교적·인종적 박해를 받는 난민을 거부하지 않는다. 하지만 단순히 전쟁이 벌어졌다는 이유로, 자국 경제가 어렵다는 이유로 징집을 피해 떠도는 이들은 난민으로 인정할 수 없다. 인도적 지원을 위해 제정된 난민법이 자국민의 안보와 안전에 위협이 되고, 국가가 이를 사전에 차단하지 못한다면 난민법 자체의 폐기를 요구한다." 난대연은 난민법 폐지, 무사증 폐지, 자국민 안전과 보호 최우선, 불법 가짜 난민 추방 등을 촉구했다.

제주도에 들어와 난민신청서를 낸 예멘인 549명의 수용 반대 여론을 형성했던 인터넷 카페 '난민대책 정의행동' 회원들도 촛불을 들고 광장으로 나왔다. 예멘 난민 관련 언론 보도가 이어졌던 6월 21일 개설된 카페는 보름 만에 회원이 4000명까지 늘어났다. 2019년 2월 현재 회원 수는 8만 명에 이른다.

이 집회에는 10~20대 젊은 층부터 50대 이상까지 다양한 연령대가 참여했지만, 젊은 여성 참가자가 주를 이뤘다. '난민대책 정의행동' 카페가 공개한 방문자 통계를 보면, 개설일부터 6월 29일 오후까지 게시 글 조회자 10만 6761명 가운데 9만 2557명(86.7%)이 여성이었다. 여성 방문자를 살펴보면 30대가 가장 많았고, 40대와 20대가 뒤를 이었다.

집회 참가자들은 난민과 무슬림의 증가가 국내 외국인 범죄로 이어지고, 법 제도를 흔들 수 있다며 걱정했다. 무대에 오른 한 남성은 다음과 같이 목소리를 높였다. "인도주의의 이름으로 난민을 받은 대가는 유럽에서 이미 잘 나타나고 있다. 이들은 '샤리아'라는 이슬람 율법에 따라 자치경찰을 만들고, 샤리아를 어기는 사람에게 폭력을 일삼는다. 자신을 받아준 나라의 문화와 제도를 수용하지 않는 이슬람 난민을 보내는 게 옳지 않은가!" 한국에서 교직에 종사하다 중동으로 갔다는 한 여성은 이렇게 말했다. "(중동에서) 내 의사와 상관없이 강요로 내 몸을 검은 망토로 가리고 다녔다. 외국인 이교도의 다른 시각은 무조건 배척했다. 그들은 한국 법을 따르지 않고 샤리아를 따를 것이다. 자신들의 이익을 위해 무턱대고 들어와 체류 중인 500명 성인 남성의 본국 송환을 청원한다."

난대연은 "특정 정당과 관련 없고, 기독교 단체와도 관련 없다"고 밝히면서 순수하게 난민 문제를 우려하는 시민들의 집회임을 강조했지만, 일부 극우 성향 참가자가 가세하면서 곤욕을 치렀다. 극우 단체 '엄마부대'의 주옥순 대표가 집회에 참석해 인터넷 방송을 진행하고, 인터넷 커뮤니티 '일베(일간베스트저장소)' 회원이 무대에 올라 연설한 사실이 뒤늦게 드러났다. 난민을 반대하면서도 나름대로 진지한 논의를 해보겠다는 주최 쪽 의도가 왜곡된 것이다.

'난민대책 정의행동' 카페와 100여 명이 참여하는 '제주 예멘난민 결사반대' 카카오톡 대화방에는 혐오 발언이 넘쳐나고 있다. 카카오톡 대화방은 "욕설, 정치 편향 등 논란이 될 수 있는 발언은 삼가라"고 공지했다. 하지만 일부 극단적 성향의 참석자들이 '문재인 대통령 난민 탄핵'을 언급하고, 근거가 부족한 무슬림 비하 발언을 하면서 예멘 난민에 대한 나쁜 소문을 퍼뜨렸다.

대표적 사례가 '제주도에 있는 예멘 난민이 여중생을 성추행했다'는 이야기다. 난민에 반대하는 사람들은 예멘 난민이 잠재적 범죄자가 될 수 있다는 주장을 뒷받침하는 근거로 이를 인용하고 퍼뜨렸다. 하지만 이는 예멘 난민 문제를 다룬 한 인터넷 기사의 댓글에 제주도에서 여중생이 성추행을 당했다는 이야기가 올라온 뒤 일파만파 퍼진 내용으로, 사실이 아닌 것으로 드러났다. 제주 경찰청 관계자도 다음과 같이 확인해주었다. "아직 예멘 난민이 제주도민에게 성희롱을 하거나 범죄를 저질렀다는 신고는 들어오지 않았다."

한국인을 상대로 한 범죄는 없었지만, 예멘인들끼리 싸워 경찰에 체포된 사건이 있었다. 제주 서부경찰서는 7월 1일 오후 4시께 제주시 한림읍의 한 선원 숙소에서 식사가 끝난 뒤 설거지 문제로 다투다 주먹다짐을 하고 흉기를 들어 위협한 예멘인 난민 신청자 두 명을 폭행 등의 혐의로 불구속 입건했다. 아무도 다치지 않았지만 한 명이 흉기를 들고 위협한 점 때문에 특수폭행 혐의가 적용되었다.

예멘인이 한국인을 해코지한 일이 없지만 외국에서 벌어진 일부 극단적인 사건·사고가 인터넷 카페와 메신저 등으로 빠르게 퍼졌고, 예멘 난민을 잠재적 범죄자로 보는 시선이 늘었다. 선입견을 갖고 예멘인을 대하는 제주도민도 생겨나고 있다. 제주 시내의 한 호텔에 묵고 있는 예멘인은 두려움이 섞인 목소리로 말했다. "언론 보도가 나온 뒤로 우리를 보는 제주도민들의 시선이 부정적으로 바뀐 것이 느껴진다. 최근에는 한 남성이 우리에게 다가와 소리를 지르며 욕을 하기도 했다."

이슬람을 믿는 사람에 대한 두려움도 빠르게 퍼지고 있다. 이들은 '한국에 들어오는 무슬림이 빠르게 늘어나면 한국이 이슬람화할 것'이라고 주장한다. 한국 사회에 이슬람교가 퍼지면 법과 제도도 이슬람 율법을 따라갈 수밖에 없다고 하지만, 그것은 현실이 될 가능성이 낮다. 충북 제천의 예사랑감리교회 변영권 목사는 다음과 같이 지적했다. "무슬림 500명이 들어와서 대한민국 이슬람화가 가속화한다고 걱정하는 것은 지나치다. 한국은 기독교인이 1000만 명이나 있지만 기독교 국가가 되지 않았다." 변 목사는 또한 이렇게 말했다. "여성들이 외국인과 낯선 종교를 믿는 남성에게 느끼는 공포감은 이해하지만 그런 공포가 타인의 기본권을 제한하는 근거가 될 수는 없다. 정부와 언론이 음모론이나 괴담이 퍼지지 않도록 정확한 정보를 알려주고, 여성 안전 대책도 보완해 나가야 한다."

근거 없이 퍼지는 소문과 인터넷에 넘쳐나는 혐오 발언은 확증 편향이 되어 다시 무슬림 난민에 대한 편견과 혐오를 강화하고 확산하는 기제로 작동하고 있다.

한국이슬람교중앙회의 최고지도자인 이주화 이맘은 이러한

분위기에 대해 우려를 나타냈다. "모름지기 종교라면 종교로서의 가치가 수반되어야 한다. 만일 이슬람이 정말 여성을 비하하거나 가짜 뉴스에 나오는 그런 교리를 가르친다면 이슬람이 지구상에 존재할 수 있었을까? 지구촌 이슬람 인구가 17억~18억 명이라고 하는데, 테러리즘이 사회문제가 되는 유럽에서도 꾸준히 이슬람 신자가 느는 것을 보면 이슬람에 대한 억측 이면에 다른 종교적 가치가 있지 않을까?"

이주화 이맘은 다음과 같이 강조했다. "우리는 쿠란을 가장 성실하고 충실하게 따른 선지자 무함마드의 길을 따르는 것을 이슬람이라 하고, 이슬람을 믿는 사람을 무슬림이라고 한다. 일부 과격한 사람(이슬람 극단주의자)들을 무슬림이 아니라고 할 수는 없지만, 어떤 학자도 그 사람들의 행위가 이슬람적이라고는 말하지는 않는다." 이슬람은 신 앞에 누구나 평등하며, 오직 신앙심으로만 우열을 나눌 수 있다고 가르치기 때문에 여성 억압이나 폭력이 이슬람 교리일 수 없다는 것이다.

또 이슬람에 대한 거부감을 유발하는 여성 할례나 조혼 역시 이슬람 문화라기보다 일부 지역에 남아 있는 오래된 관행일 뿐 교리와는 무관하다고 설명했다. 한국이슬람교중앙회에서는 현재 한국에 거주하는 무슬림 인구를 약 15만 명으로 보고 있다. 이 가운데 한국인은 3만~4만 명으로 추산한다. 그는 이렇게 말했다. "이슬람은 교세로 보나 수로 보나 한국 사회에서 큰 역할을 하기 힘들다. 30만 명이 되지 않아 '기타 종교'로 잡힌 이슬람을 너무 두려워할 이유는 없다. 한국이 이전에 다른 외래 종교들을 받아들였던 것처럼 이해해주고, 함께 공존할 길을 모색했으면 좋겠다."

홍성수 숙명여대 교수(법학부)는 다음과 같이 꼬집었다. "난민을 반대하는 쪽에서 우려하는 부분이 있고, 이것이 다 거짓이라고 말하기는 어렵다. 난민 문제는 역사적으로 전 세계에 걸쳐 있는 복잡한 문제로 다양한 분석과 대책이 필요하다. 지금처럼 난민이나 무슬림 전체를 하나의 특성을 가진 집단으로 단순화해 혐오하면 문제를 해결할 수도 없고, 그 자체로 바람직한 방향도 아니다." 제도적·정책적 책임과 해결의 열쇠를 쥔 정부는 '뜨거운 감자' 앞에서 뒷짐을 지고 있을 뿐이다. 홍 교수는 또한 다음과 같이 조언했다. "정부의 역할이 중요한데, 난민 문제가 곤혹스럽다고 답을 회피하면 안 된다. 난민을 받지 않는 것이 현실적으로 어렵고, 난민을 혐오하는 것이 문제 해결 방법이 아니라는 사실을 알린 뒤 난민에 대해 우려하는 목소리를 듣고 해결 방안을 찾아야 한다."

07

킥복서 아흐마드

"원투! 원투!"

2018년 7월 12일 오후, 제주시 고마로에 있는 킥복싱 체육관. 코치의 기합 소리와 미트(장갑처럼 손에 끼는 훈련용 패드)를 때리는 소리가 쩌렁쩌렁 울려 퍼졌다. 지루한 장맛비에 이은 폭염으로 주변이 흐물흐물 녹아내릴 듯한 날씨였지만, 예멘 킥복싱 국가대표 출신 아흐마드 아스카르의 눈빛만은 또렷했다.

"얼굴 진짜 작다. 때릴 곳도 없겠어."

"같은 체중의 다른 선수라면 (키가) 아흐마드 가슴까지밖에 안 될 거야."

연습을 멈추고 아흐마드를 유심히 관찰하던 사람들은 찬사를 쏟아냈다. 키 175센티미터, 몸무게 53킬로그램의 아흐마드는 길고 가볍다. 그의 부드러운 발차기가 허공을 갈랐다. 주먹은 경쾌한 리듬으로 시간을 쪼갰다. 1초에 네댓 번은 내지르는 듯 보였다.

"한국 사람은 가드를 올려도 팔이 짧아서 옆구리가 비게 마련이다. 하지만 아흐마드는 워낙 팔이 길어서 얼굴부터 옆구리까지 다 가려진다." 체육관 관계자가 귀띔했다. 아흐마드는 빈틈없고 단단해 보였다. 수비할 때는 마치 수축한 것처럼 작아졌다가 공격할 때는 커졌다.

제주도 킥복싱협회는 8월께 아흐마드를 위한 시합 개최를 고민 중이다. 아흐마드는 잡힐지 말지 모를 경기를 위해 몸을 만들고 있다. 날마다 오전에는 인근 축구장을 50바퀴 달리고, 오후 5~10시까지는 체육관에서 훈련한다. 일주일에 하루도 쉬지 않는다. 운동을 하면서 그는 예멘에 남은 가족과 연인을 생각한다. 세계 챔피언을 꿈꾸는 아흐마드는 운동하지 않을 때도 숙소에서 격투기 프로그램을 보며 이미지 훈련을 한다. 그는 간절하다. 아흐마드가 한국 사회에 '킥복싱 선수 아흐마드'의 존재를 알리기 위해 언론 인터뷰를 결정한 배경이다. 아흐마드는 예멘에 남은 가족이 여동생과 어머니, 그리고 몸져누운 아버지뿐이어서 자신의 이야기가 보도되더라도 가족이 후티 반군에 해코지를 당할 가능성은 크지 않다고 설명했다.

무슬림인 아흐마드는 신께 하루 다섯 번 기도하고, 모든 식사

킥복서 예멘 난민 아흐마드가 훈련에 매진하고 있다.

가 끝나면 감사의 기도를 올린다. 신은 그에게 쭉 뻗은 팔과 다리, 강한 체력 등 킥복싱 선수가 될 수 있는 조건을 모두 선물했다. 하지만 딱 한 가지, 국가는 허락하지 않았다. 아무리 재능을 타고나고 열심히 노력해도 평화로운 국가가 없으면 행복할 수 없다. 그런 까닭에 아흐마드는 눈물을 머금고 사랑하는 연인과 가족이 있는 예멘을 떠나야 했다.

아흐마드는 한국과 인연이 깊다. 사우디아라비아에서 태어나 예멘 하자주에서 자란 그는 다섯 살 때 한국의 대표 스포츠인 태권도를 배우며 처음 격투기에 입문했다. 외국에 나갔다 오는 이웃들이 태권도를 배워 와서 아흐마드에게 가르쳐주었다. 그는 발차기에 소질이 있었지만, 하자주에는 체계적으로 태권도를 배울 수 있는 곳이 없었다. 태권도를 시작한 지 5년 만에 포기해야 했다.

"운동에 소질이 있구나. 킥복싱을 한번 배워보지 않을래?"

열다섯 살 되던 해에 만난 에브라힘 코치는 아흐마드의 인생을 완전히 바꿔 놓았다. 킥복싱 특유의 역동성과 강렬함에 매료된 그는 에브라힘 코치의 체육관에서 살다시피 하며 훈련했다. 타고난 소질에 노력이 더해지자 아흐마드의 킥복싱 실력은 무서운 속도로 늘었다.

시작한 지 8년 만인 2013년에는 예멘 국가대표 자격으로 '인천 실내 무도 아시안게임'에 출전했다. 아흐마드는 이 대회에서 몽골 선수에게 판정패했지만 특유의 민첩함과 파괴력이 관계자들의 눈길을 끌었다. 요르단 킥복싱협회 관계자들은 그에게 요르단에서 훈련하자고 제안했다. 모든 체류비와 훈련비를 지원받았다. 그는 이듬해인 2014년 5월 모로코에서 열린 아랍 킥복싱 선수권 대회에서 3위를 차지했다. 그가 선전하는 모습이 예멘 언론에 보도되면서 유명 인사가 되었다. 그는 기뻐했지만 영광의 순간 뒤에 가장 큰 위기가 찾아왔다. 2014년 가을, 조국 예멘은 내전의 소용돌이에 휘말렸다.

2014년 말, 아흐마드가 다른 지역에서 온 친구와 집 옥상에서 사진을 찍고 있는데, 후티 반군이 들이닥쳐 이들을 체포했다. 아흐마드 집 주변에 있는 후티 군대의 위치 정보를 유출했다는 것이 이유였다. 후티 반군은 아흐마드를 구금한 뒤 휴대전화를 압수해 조사했다. 크게 놀란 아버지가 이틀 동안 주변 사람들에게 울며 요청한 끝에 아흐마드는 풀려날 수 있었다. 하지만 더 이상 하자에 머물 수 없어 혼자 수도인 사나로 떠났다.

운동 능력이 출중했던 아흐마드는 사나에서도 어렵지 않게 일자리를 구할 수 있었다. 지역 스포츠센터에서 어린이와 청소년을 가르쳤고, 킥복싱 코치로도 일했다. 그 후 사립학교 체육 교사로 취직했다. 하지만 아흐마드의 성취는 전쟁이라는 거대한 비극 앞에 매번 빛을 잃었다. 2015년에는 사우디아라비아와 예멘 접경 지역을 지나던 형이 전투기가 떨어트린 폭탄에 맞아 목숨을 잃었다. 아버지는 뇌출혈로 쓰러졌다.

전쟁이 길어지자 후티 반군이 지배하는 정부는 2016년부터 아흐마드에게 월급을 주지 않겠다고 했다. 전쟁터에 나가지 않으면 더 이상 돈을 줄 수 없다는 것이었다. 그는 형의 죽음으로 집에서 하나뿐인 아들이 되었다. 예멘에서는 아들이 한 명뿐이면 군대에 가지 않아도 되지만 후티 반군은 막무가내였다. 아흐마드가 독자인 줄 알면서도 무작정 군대로 내몰았다.

사각 링 위에서의 싸움은 두렵지 않았지만 죽음은 두려웠다. 전쟁에 나간 친구들은 모두 관에 담겨 돌아왔다. 지역 축구팀 선수이자 절친한 친구인 아누아르도 후티 반군에 끌려 전쟁터에 갔다가 2018년 6월 말 숨을 거뒀다. 아흐마드는 페이스북을 보고 친구의 죽음을 알게 되었다.

2017년에는 태국의 체육협회가 태국에서 훈련하자고 제안했지만, 후티 반군과 예멘 정부는 그를 보내주지 않았다. 직업도 가질 수 없고, 운동도 할 수 없었던 아흐마드는 탈출을 결심했다. 평화로운 곳에서 안전하게 살고 싶었고, 킥복싱을 하고 싶었다.

아흐마드는 2018년 3월 예멘을 떠나 무에타이 선수 친구가 있는 말레이시아로 향했다. 그는 킥복싱 시합에 나섰고, 두 번의 시합에서 모두 이겼다. 대전료로 각각 200달러와 1000달러를 받았지만, 두 번째 경기에서 발목을 다쳐 세 번째 경기에는 나갈 수 없게 되었다. 그사이에 말레이시아 정부는 2018년 이후 들어온 예멘인은 3개월 이상 머물 수 없다고 선언했다. 예멘인 입국자가 빠른 속도로 늘어난 탓이다.

궁지에 몰린 아흐마드는 페이스북에서 도움을 줄 수 있는 킥복싱 선수들을 찾아 연락했다. 서울에서 킥복싱 선수로 활동하는 미국인 선수 브레넌과 연락이 닿았다. 그의 선수 경력을 확인한 브레넌은 서울로 오기만 하면 묵을 곳을 제공하고 훈련도 돕겠다고 했다. 마침 6월 20일 경기도 오산에서 코리아 킥복싱 챔피언십이 열린다는 소식도 들었다. 그는 말레이시아에서 제주도를 거쳐 서울로 간 뒤 대회에 참가할 계획을 세웠다.

2018년 5월 2일, 제주공항에는 무사증 입국 제도로 들어와 난민 신청을 할 수 있다는 소식을 들은 예멘인 수십 명이 몰렸다. 그런데 출입국관리소 분위기가 심상치 않았다. 아흐마드 앞에 줄 섰던 몇 명은 심사대를 통과하지 못해 발을 동동 굴렀다. 아흐마드는 밀려드는 두려움을 억누르고, 지난 인천 아시안게임 방문 때 받았던 비자를 보여주었다. 출입국관리소 직원은 그를 통과시켰다. 그제야 아흐마드는 편히 숨을 내쉬었다. 그는 "예멘을 떠난 뒤 가장 긴장된 순간"이었다고 회상했다.

이맘때면 제주도는 많은 사람이 휴가를 즐기는 피서지다. 그러나 전쟁을 피해 운동을 하고 싶다는 간절한 바람으로 온 아흐마드에게는 지구상에 마지막 남은 피란지일 뿐이었다. 급한 불은 껐지만 아흐마드의 고난은 끝나지 않았다. 무사증 입국 제도로 제주도에 들어와 난민 신청을 하는 예멘인이 늘자 한국 정부는

4월 30일 이후 입국한 예멘인 486명이 제주도를 벗어나지 못하도록 '출도 제한 조치'를 내렸다.

아흐마드는 막막했다. 제주도에는 아는 사람이 없었다. 킥복싱 대회에도 나갈 수 없게 되었다. 설상가상 독감 증상까지 보였다. 말레이시아에서 함께 넘어온 친구들은 이유를 모른 채 아흐마드처럼 시름시름 앓았다. 초여름이었지만 한기에 떨었고, 기침을 달고 살았다. 시간은 흘렀고, 말레이시아에서 번 돈은 떨어져 갔다. 아흐마드는 6월 18일 제주 출입국청에서 주최하는 요식업 일자리 주선 행사에 참석했다. 6월 14일에는 어업 관련 업주들과 연결해준다고 했지만, 물을 무서워하는 그는 엄두가 나지 않았다.

아흐마드는 그래도 운이 좋은 편이었다. 한 돼지고기 식당 주인아주머니 눈에 들어 취직이 되었다. 불판을 나르고, 서빙하는 일이었다. 그런데 익숙지 않아 실수가 잇따랐다. 의사소통이 되지 않는다는 문제도 심각했다. 매일 오전 10시부터 밤 11시까지 13시간씩 쉬지 않고 일했지만 주인아주머니는 아흐마드가 적응할 때까지 기다려주지 않았다. 일주일 만에 내쳤다. 일주일 노동으로 얻은 것은 37만 원과 불판에 데어 팔 곳곳에 생긴 화상 자국뿐이었다.

일자리에서 쫓겨난 뒤 제주 시내의 숙소에 예멘 친구들과 묵고 있었지만, 7월 2일이 되자 돈이 바닥났다. 비가 오는 날이었다. 먹을 것도, 묵을 곳도 없었다. 숙소 주인은 당장 나가지 않으면 경찰을 부르겠다고 했다. 한국 경찰은 예멘인들에게 무서운 존재다. 작은 실수로라도 경찰서에 가게 되면 난민 심사 과정에서 어떤 불이익을 받을지 모른다.

짐을 들고 나왔는데, 갈 곳이 없었다. 지푸라기라도 잡는 심정으로 다시 브레넌에게 문자메시지를 보냈다. 상황이 심각하다고 판단한 브레넌은 대한킥복싱협회 공선택 사무총장에게 연락했다. 공 총장은 제주도킥복싱협회에 전화했다. 허창희 관장이 아흐마드를 체육관으로 불렀다. 허 관장은 사비를 털어 체육관 가까운 곳에 숙소를 잡아주었다. 킥복싱에 대한 아흐마드의 열정을 누구보다 잘 이해하기에 매일 체육관에 나와 훈련하게 했다. 아흐마드를 위해서 자체 대회를 여는 것을 생각해봤지만, 예멘 난민을 바라보는 제주도민의 여론이 곱지만은 않아 고심 중이다. 일단 언어를 배우는 것이 급선무라고 생각해 다른 선수들과 같이 아흐마드의 한글 공부를 돕고 있다.

함께 운동한 지 2주 만에 스파링 파트너이자 둘도 없는 친구가 된 김세현 씨는 예멘 난민에 대한 선입견이 있었다고 털어놓았다. 그는 이렇게 말했다. "주변 친구들이 예멘 사람들이 싫다고 이야기하는 걸 많이 들었는데, 직접 만나 보니 다른 운동하는 친구들과 같았다. 오히려 더 착하고 인간적이어서 금방 친해졌다. 사람들이 예멘 친구들을 나쁘게만 보지 않았으면 좋겠다."

공 총장은 올림픽 헌장을 언급했다. "인종, 종교, 정치, 성별

등을 이유로 국가나 사람에 대해 행해지는 어떠한 형태의 차별도 허용하지 않는다. 현재 아시아킥복싱연맹 나세르 나시리 회장도 이란 출신 난민이다. 이라크전쟁 때 프랑스로 망명했다. 이번에 아흐마드 일로 통화를 했는데, '우리가 꼭 챙겨야 한다'고 당부했다. 운동선수가 운동하고 싶어 하면 돕는 것이 스포츠 정신이다."

아흐마드는 숙식비를 벌기 위해 일해야 한다고 생각했다. 계속 도움을 받을 수만은 없기 때문이다. 그가 원하는 것은 일과 운동이다. 킥복싱협회 관계자는 안타까워했다. 최근 킥복싱의 인기가 높아져 전국에 1500개 넘는 체육관이 생긴 데다 아흐마드 정도 실력이면 서로 모셔 가려 한다는 것이었다. "아흐마드 이야기가 협회에 퍼지면서 몇몇 도장에서 데려가고 싶다고 연락이 왔다. 아흐마드가 제주도에서 나가지 못한다고 했더니 아쉬워했다. 서울에서 코치로 일하겠다고 하면 월 300만 원을 주겠다는 체육관이 줄을 설 것이다."

아흐마드가 예멘을 떠난 지도 어느덧 넉 달이 흘렀다. 전쟁이 없는 곳으로 왔고 운동도 할 수 있게 되었지만, 가족과 조국을 떠나 혼자 견디는 삶은 외롭다. 아흐마드는 운동을 하면서도 계속 가족과 예멘의 전쟁에 대해 생각한다. 며칠 전에는 어머니에게 전화를 걸어 "다 포기하고 예멘으로 돌아가고 싶다"고 털어놓았다. 하지만 어머니는 그를 다독였다. "너는 아무것도 할 수 없던 예멘을 떠나 한국까지 가서 하고 싶었던 운동을 하고 있다. 이미 충분히 대단한 일을 했다. 절대 돌아오지 말고 꿈을 좇아가야한다." 사실 예멘의 내전 상황이 악화되어 되돌아갈 방법도 없다. 돌아간다면 예멘에 들어가기 전에 죽임을 당할 가능성이 크다.

아흐마드가 말했다. "전쟁은 타인을 공격하지만 킥복싱은 나를 보호하기 위한 수단이다. 그래서 킥복싱은 나의 생명이다. 꼭 한국에서 유명한 킥복싱 선수가 되고, 전쟁이 끝난 뒤 예멘으로 돌아갈 것이다."

08

엉터리 난민 심사

"돈을 벌기 위해 난민 신청을 했다."

2015년 10월 한국에 들어와 난민 신청을 한 수단인 카림(가명)은 자신의 난민 면접 조서에 적힌 내용을 확인하고 깜짝 놀랐다. 하지도 않은 말이 기록되어 있었기 때문이다.

카림은 2011년 수단의 한 대학교수가 집권 여당에 가입한 대학생들에게 기말고사 문제를 유출한 비리를 대학신문사에 폭로했다가 반정부 인물로 낙인찍혔다고 주장한다. 2014년 1월, 반정부 시위에 가담한 그는 적법한 절차를 거치지 않고 체포되어 한 달 동안 고문을 당했다. 카림은 보석으로 풀려난 뒤 난민 신청을 위해 한국으로 왔다.

하지만 면접 조서에는 박해의 위협 대신 경제적 이유로 왔다는 내용이 적혀 있었다. "난민 신청 사유를 말하시오"라는 항목에 "한국에서 합법적으로 장기간 체류하면서 일하고 돈을 벌기 위해 난민 신청을 했다"고 기록되었다. "언제 귀국할 수 있나"라는 항목에는 "한국에서 일을 해 돈을 많이 벌면 수단으로 돌아갈 수 있다"고 대답한 것으로 적혀 있다.

서울출입국관리사무소는 2016년 5월 19일, 난민 면접 내용을 토대로 카림을 (법적) 난민으로 인정하지 않았다. 면접 조서에 문제가 있음을 깨달은 그는 서울행정법원에 난민 불인정 처분을 취소해달라고 소송을 제기했지만, 법원은 2017년 4월 출입국관리사무소의 손을 들어주었다.

카림은 서울고등법원 항소심에서 조서에 기록된 내용을 말한적이 없다고 강조했다. "난민 신청 이유를 묻는 말에 '수단에서 문제가 있어 고문당하고, 한 달 이상 감금당했다'고 했다. 한국에서 일하는 이유를 물었을 때는 '돈을 모으는 것이 목적이 아니라 한국에서 생활하기 위해 일하고 있다'고 대답했다. 돈을 모아서 수단으로 돌아갈 것이라는 말은 하지 않았다."

카림은 자신의 면접에 들어온 통역사 장 아무개 씨의 자질에 의문을 제기했다. "장 씨의 아랍어를 이해할 수 없었고, 장 씨도 내 말을 이해하지 못했다. 면접이 끝나고 나서 설명하겠다며 넘어갔다. (조서 내용을 확인할 때) 서명할 것을 요구했지만 '아직 설명을 하지 않았기 때문에 서명하기 싫다'고 하자 장 씨가 서명하면 설명해주겠다고 했다. 그러나 내가 서명을 하니까 시간이 다 되어 설명을 못 한다고 하고는 면접을 끝냈다." 면접 조서는 한글로 작성되기 때문에 통역사가 조서를 읽어주지 않으면 난민 신청자는 조서 내용을 알 방법이 없다.

카림의 변호인은 통역사 장 씨가 참여해 작성된 아랍어권 난민 신청자 여러 명의 면접 조서에서 "돈을 벌기 위해 난민 신청을 했다. 돈을 많이 벌면 자국에 돌아갈 수 있다"와 같은 문장이 발견되었고, 이에 문제를 제기하는 소송이 여러 건 진행되고 있다고 지적했다. 재판부는 2018년 6월 27일 카림의 난민 불인정 처분 취소 판결을 내리면서 다음과 같이 설명했다. "장 씨가 통역한 난민 면접에서 이러한 기록이 많은 것은 통역 방식에 심각한 문제가 있다는 것을 의미한다. 카림이 하지 않은 진술이 왜곡되는 등 면접 절차가 부실했다고 볼 수 있다." 카림은 난민 인정 재심사를 준비할 수 있게 되었다.

제주도에서 예멘인 486명의 난민 면접이 진행 중인 가운데 카림과 같은 아랍어권 난민 신청자들의 면접이 엉터리로 진행된 사실이 무더기로 드러났다. 난민에 부정적인 여론은 '난민 신청자가 한국에 오래 체류하기 위해 난민 인정 재심사를 남용하고 있다'고 주장하지만, 당초 허술한 난민 심사 때문에 난민의 재심사 요청이 이루어지는 것이라는 비판에 부딪혔다.

난민인권센터가
'엉터리 난민 심사' 개선을
촉구하고 있다.

난민인권센터는 7월 18일 국가인권위원회에 '피해자에 대한 보상책을 마련하고, 법무부에 문제를 개선하도록 권고해달라'는 진정서를 냈다. 난민인권센터와 재단법인 동천은 진정서 제출 전 인권위 앞에서 기자회견을 열어 카림처럼 난민 면접 조서가 잘못 작성된 사례 19건을 확인했다고 밝혔다. 모두 카림의 면접을 맡았던 통역관 장 씨와 서울 출입국청 조 아무개 조사관이 담당한 난민 면접이었다.

피해 사례의 면접 조서에는 "일을 하고 돈을 벌 목적으로 난민 신청을 했다"는 문장이 똑같이 적혀 있었다. "난민신청서에 적은 난민 신청 이유는 거짓인가?"라는 질문에 "모두 사실이 아니다.

난민 신청을 위해 거짓으로 적었다"는 내용도 동일하게 기록되었다. 어렵게 먼 나라까지 와서 난민 신청을 하면서 신청서에 쓴 내용이 거짓이라고 면접에서 말했다는 것은 납득하기 어렵다.

장 씨는 난민 전문 통역사도 아니고 서울 시내 한 사립대학교 학생인 것으로 알려졌다. 아랍어를 이중 전공하는 장 씨가 지난 2년간 맡은 난민 심사는 100건에 이른다. 법무부는 장 씨가 관여해 결정된 난민 불인정 결정 중 55건을 직권 취소했다. 이 중 두 건은 이미 재심사를 통해 난민으로 인정되었다. 장 씨는 이제 더 이상 난민 심사 통역을 하지 않는다.

난민인권센터 구소연 활동가는 강하게 비판했다. "난민 면접 조서가 허위로 작성되었다는 것은 난민으로 인정받을 기회를 빼앗겼다는 뜻이다. 그런데도 법무부는 공식적인 사과는커녕 해당 공무원을 징계하지도 않았다. 난민 심사를 어떻게 내실 있게 할지 대책은 이야기하지 않고, '남용적 난민 재심사' 프레임을 꺼내들고 난민법을 후퇴시키려 한다."

이렇게 난민 심사가 제대로 이루어지지 않으면 난민 신청자는 이의 제기와 취소 소송, 재심사까지 거치면서 경제적 부담을 떠안는다. '가짜 난민'이라는 낙인이 찍혀 정신적 고통도 받는다. 난민인권센터는 다음과 같이 요구했다. "먼저 난민 심사 피해자들에게 보상 대책을 마련해야 한다. 난민 전문 통역사의 선발 심사 기준을 명확히 하고, 난민 면접 과정의 녹음·녹화를 의무화하는 등 구체적인 대책을 마련해야 한다."

엉터리 난민 심사가 개선되지 않으면 고국의 박해를 피해 떠나온 난민 신청자의 안타까운 피해가 계속될 수밖에 없다. 난민 신청자가 몰려든 제주에서도 비슷한 일이 일어났다.

무사증 입국 제도로 2018년 제주도에 들어와 난민 인정 신청을 한 무함마드(가명)는 7월 초에 난민 면접을 보았다. 그는 한국에 온 이유를 묻자 이렇게 대답했다. "전쟁을 피해 예멘을 떠나서 갈 수 있는 나라가 말레이시아밖에 없었다. 하지만 말레이시아에서도 일을 할 수 없었고, 일정 기간이 지나면 떠나야 했다. 그래서 한국에 왔다." 하지만 통역사 A씨는 무함마드의 대답을 아랍어로 확인하는 과정에서 "돈을 벌기 위해 한국에 온 것"이라는, 언급하지 않은 문장을 끼워 넣었다. 당황한 무함마드는 돈을 벌기 위해 한국에 온 것이 아니라고 설명했지만, A씨는 계속 한국에 와 난민 신청을 한 이유에 '금전적 이유'를 포함시켰다. 무함마드는 이렇게 말했다. "통역사가 내가 하지 않은 돈 이야기를 계속해서 한쪽으로 몰고 가려는 듯한 인상을 받았다. 나를 무시하는 것 같아서 기분이 나빴다."

무함마드는 A씨와 의사소통도 잘되지 않았다고 토로했다. "통역사가 표준 아랍어를 썼는데, 나는 예멘식 아랍어밖에 할 줄 몰라서 소통이 잘되지 않았다. 길게 설명하려고 하면 통역사가 '알아들을 수 있는 말로 짧게 말하라'고 다그쳐서 위축됐다." 그 통역사가 면접 통역을 한 다른 예멘인들도 비슷한 경험을 했다고 전해졌다. 제주예멘난민대책위원회(대책위)는 상황을 파악한 뒤 문제가 있다고 판단되면 제주 출입국청에 진상 규명과 문제 해결을 요구할 계획을 세웠다.

통역사들이 예멘인들의 이야기를 제대로 이해하지 못하는 것 같다는 지적도 나왔다. 7월 둘째 주에 면접을 본 살라(가명)는 "통역사 B씨가 아랍어를 완벽하게 구사하지 못했고, 아랍식 예멘어를 이해하지 못해 문제가 있었다. 내가 길게 말해도 통역사가 심사관에게 짧게 몇 마디만 해서 내 말을 다 전달하지 않는 것 같아 불안했다"라며, "한 주제에 대해 많은 이야기를 하고 싶었는데, 심사관이 주제를 바꾸기도 했다. 인터뷰에서 더 많은 말을 하고 싶었는데, 설명이 불충분했던 것 같다. 아마 난민으로 받아들여지지 않을 것 같다"라고 불안해했다.

전문가들은 국가마다 사용하는 아랍어가 달라 통역에 어려움이 있다고 지적했다. 한 아랍어 통역사는 이렇게 말했다. "아랍어를 수십 개국에서 쓰는데, 지역마다 단어와 억양의 차이가 커서 서로 알아듣지 못할 정도다. 한국에서 아랍어를 공부한 사람들은 표준 아랍어를 배운다. 예멘 같은 지역의 방언을 공부하는 경우는 거의 없다."

박상기 법무부 장관은 2018년 7월 19일, 예멘 난민 문제와 관련해 다음과 같이 밝혔다. "통역사가 많이 부족하다. 아랍어 전문 통역사 네 명을 채용해서 대응하고 있다."

그러나 새로 채용된 이들도 난민 심사 현장에서 의사소통 문제로 어려움을 겪었다. 공익인권법재단 공감의 황필규 변호사는 이렇게 말했다. "난민 신청자의 진술을 얼마나 정확하게 전달하는지가 난민 심사의 핵심인데, 이 부분이 잘되지 않는다는 것은 한국 난민 심사 제도의 부실성을 여실히 드러낸다."

난민 면접 통역이 제대로 이루어지지 않고, 난민 신청자가 하지 않은 이야기가 조서에 포함되어도 난민들은 적극적으로 자기 이야기를 못 하는 경우가 많다. 난민 신청자 중에는 과거 국가 폭력과 박해를 겪은 사람이 많아 국가기관에 대한 두려움을 갖고 있다. 이 때문에 난민법에는 난민 신청자가 변호사의 도움을 받을 권리(제12조)와 변호사가 아니더라도 신뢰 관계에 있는 사람이 함께 면접에 임할 수 있는 권리(제13조)가 명시되어 있다. 하지만 이런 권리가 있음을 알리는 경우는 거의 없다. 난민인권센터가 2016년부터 조사한 피해 사례 19건 중에서 변호사나 다른 사람이 도와준 경우는 한 건도 없었다.

제주도의 예멘 난민들도 상황은 비슷했다. 난민 면접을 이미 치른 예멘 난민 10명에게 물었지만 변호인 등의 도움을 받았거나, 도움받을 수 있는 권리를 고지받은 사람은 단 한 명도 없었다. 난민 면접을 마친 한 예멘인은 다음과 같이 아쉬워했다. "아무도 그런 것을 설명해주지 않았다. 도움을 받았더라면 난민 면접을 훨씬 잘 볼 수 있었을 것 같다."

난민인권센터 김연주 변호사도 아쉬움을 덧붙였다. "예멘 난민들이 제주도에 들어왔을 때 도움을 줄 수 있는 사람이 면접에 동행하는 방안이 논의되었다. 하지만 제주도에 난민 관련 단체와 인권변호사가 없어서 현실적으로 어려웠다. 대책위라도 함께 들어가면 좋은데, 난민이 워낙 많아 어쩔 수 없었다."

난민 심사에 대한 불만 제기는 이들의 심사 결과 및 향후 한국살이에 부정적인 영향을 줄 수도 있어 부득이 가명으로 인용했다.

09

컬러풀 워크숍

2018년 8월 7일 저녁, 제주 시내의 작은 카페에서는 예멘인을 위한 아주 특별한 행사가 열렸다. 제주도민과 예멘 난민 50명이 서로의 얼굴을 그리고 대화를 나누는 '제주 컬러풀 워크숍'이었다. 발 디딜 틈 없이 북적이는 카페에는 웃음소리가 가득했다.

웃음의 종류는 다양했다. 어떤 사람들은 처음 마주한 낯선 얼굴을 그리는 일이 어색해 멋쩍게 웃었다. 상대방이 그린 자신의 얼굴을 보고 폭소하는 이도 있었고, 아이들은 뭐가 즐거운지 예멘 난민들과 눈이 마주칠 때마다 손뼉을 치며 "까르르" 소리 내어 웃었다. 제주도민들은 가족 단위 참가자가 많았다. "봄꽃 축제에서 예멘 사람들을 지나가며 본 적이 있지만 이렇게 이야기한

제주도민과 예멘 난민이 함께한 제주 컬러풀 워크숍 행사. 그림을 통해 소통하며 서로를 이해했다.

건 처음인데 너무 재미있었다. 내가 모르는 언어를 써서 많은 이야기를 나누기는 어렵지만, 그림을 그리니까 좀 더 통하는 거 같다. 학교에서 선생님이 '우리는 여기서 행복하게 살고 있는데 예멘 사람들은 전쟁 때문에 불행하다'고 했다. 사람들이 싸우지 않고 행복하게 지냈으면 좋겠다." 강지우 어린이의 말이다.

서로의 말을 이해할 수 없었지만 그림은 만국 공통의 언어였다. 눈·코·입을 찬찬히 뜯어보고 머리카락을 한올 한올 그려 나가며 관찰하다 보면 금세 서로를 친근하게 느꼈다. 1시간에 걸쳐 서로의 얼굴을 목탄으로 그린 참가자들은 조금씩 타국의 언어에 관심을 가지고 흉내 내기 시작했다.

행사에 참가한 예멘인 모하마드는 "이렇게 뜻깊고 즐거운 행사에 초대해주어서 정말 고맙다. 서로 말이 통하지 않아 이해하기 힘들었는데, 그림을 통해 한국 사람들이 내가 하고 싶은 말을 조금 더 이해할 수 있다고 생각한다"라며 소감을 밝혔다.

그렇게 굳게 닫혔던 마음의 문이 조금씩 열렸다. 태초에 말씀이 있었다면, 그 말씀은 한글도 아랍어도 아닌 그림이 아니었을까.

행사를 기획한 미술가 최소연 씨는 행사 공지 글에 이렇게 썼다. "우리는 예멘과 한국에서 동시에 길을 잃었다. 함부로 서로를 판단하지 않고, 서로를 바라보고 기록하기 위한 작업장을 시작한다. 같은 시간과 공간을 공유하며 그림 그리고 글을 쓰는 워크숍에 초대한다." 마음의 여유를 갖고 서로를 오랫동안 바라보는 것만으로도 우리가 처한 현실을 그대로 볼 수 있게 했다.

행사에 참가한 한국 사람들은 얼굴을 본 적이 없어 낯설고 두려웠던 마음이 누그러졌다고 입을 모았다. 자녀들과 함께 참가한 채희정 씨는 밝게 웃으며 말했다. "언론 보도를 보고 두려운 마음이 들어 조심했던 게 사실이다. 길에서 (예멘 난민을) 최대한 마주치지 않으려고 피해 다니기도 했다. 예멘에서 여성의 지위가 남성보다 낮다는 말을 많이 들어서 나를 어떻게 대할지 궁금했는데, 직접 만나 보니 (우리와) 크게 다르지 않았다. 언어가 잘 통하지 않아서 힘들었지만 편하고 즐거운 시간이었다. 뉴스에서는 항상 모자이크 처리가 되어 있어서 몰랐는데 생각보다 많이 잘생겼다."

서로의 얼굴을 그린 다음에는 글 쓰는 시간을 가졌다. 주제는 세 가지였다. '나는 어떤 사람인가? 나의 가장 자랑스러운 모습은 무엇인가?' '처음 예멘/한국에 대해 생각했던 것과 지금은 어떻게 달라졌나?' '어떻게 하면 지금 상황을 바꿀 수 있을지에 대해 파트너에게 편지를 쓴다.' 각자의 모국어로 글을 쓰는 표정은 사뭇 진지했다.

'그림을 그리면서 멀게만 느꼈던 예멘과 한국이 더욱더 가깝게 느껴졌다'는 내용과 '서로를 이해하기 위해 노력하고 한 걸음 다가가는 것에서 변화가 일어날 수 있다'는 내용이 많았다. 예멘인 아루는 다음과 같이 짧은 시를 썼다. "내가 한국을 몰랐더라면 아무것도 모르고 죽었을 것이다. 한국을 모르고 죽는 사람은 아무것도 모르는 사람이다." 예멘인들은 노트나 SNS에 시 쓰는 것을 즐긴다.

그림과 글은 각자에게 주어진 종이 상자에 담았다. 참가자들은 종이 상자에도 다양한 색깔의 그림을 그렸다. 8월 6일과 7일 이틀에 걸친 행사에서 상자 100여 개가 모였다. 최소연 씨는 그림과 글을 전시하거나 스캔해서 책으로 펴낼 계획이다.

자녀와 함께 참석한 김종훈 씨는 "기사를 보며 사람들이 걱정했듯이 나도 치안 문제를 포함해서 많은 고민을 했다. 낯설고 두려운 것은 당연하다. 하지만 자녀들에게 그런 고민을 떠나 있는 그대로를 한번 보여주고 싶어서 데려왔다. 직접 만나서 이야기하

한국의 아이들과 즐거운 한때를 보내고 있는 제주의 예멘인.

고 그림을 그리니까 감정적으로 가까워진 느낌이다. 나중에 뉴스에서 예멘인이 난민으로 받아들여지지 않았다고 하면 걱정이 될 것 같다"라고 소감을 밝혔다.

서울에서 제주도로 여행 왔다가 워크숍에 참가한 사람도 있었다. 한여원 씨는 이렇게 말했다. "서울에 올라가기 전에 꼭 한번 만나보고 싶어서 왔다. 예멘 난민에 대한 가짜 뉴스 때문에 무작정 쫓아내라는 여론이 있다는 얘기를 듣고 마음이 아프고 속상했다. 같이 그림 그리고 이야기도 나눴는데, 문화가 조금 다르지만 그들은 예의 바르고 착했다. 페이스북 친구를 맺었는데 앞으로 계속 연락하고 지내려고 한다."

행사를 기획한 최소연 씨는 그 자신이 '젠트리피케이션(둥지 내몰림)'으로 공간을 잃은 경험이 있어서, 전쟁을 피해 조국을 등지고 낯선 곳으로 온 예멘 난민들의 아픔을 더욱 깊이 이해했다. 최 씨는 2010년부터 서울 용산구 한남동에서 지역사회와의 소통을 추구하는 카페 '테이크아웃드로잉'을 운영했다. 하지만 이태원 인근 상권이 확대되고 주변 건물 임대료가 급격하게 올랐다. 2012년 가수 싸이(박재상)가 최 씨가 세입자로 있던 한남동 건물을 인수한 뒤, 재건축을 해야 하니 공간을 비우라고 요구하면서 갈등이 시작되었다. 지난한 소송과 다툼 끝에 최 씨는 2016년 8월 거기서 나왔다.

최 씨는 이날 행사에서 다음과 같이 모두 발언했다. "서울에서 살고 있지만 나도 계속 쫓겨났다. 난민 같은 마음이다. 한국에는 청년들을 위한 일자리가 없고, 예술가를 위한 공간이 없다. 예멘 사람들의 상황이 훨씬 나쁘지만 함께 길을 찾았으면 좋겠다. 방법을 잘 모르겠으나 국가가 해주기를 기다리기보다 지금 당장 우리가 할 수 있는 한 가지를 했으면 좋겠다. 우리가 쓴 글과 그림으로 컬러풀한 도서관을 만들어보자."

6년 전부터 국내 난민 문제에 관심을 두고 활동해온 최 씨는 2014년 난민 10명과의 인터뷰를 엮어 《난센여권》을 펴내기도 했다. 책 제목은 노르웨이 출신 탐험가이자 인권운동가인 프리드쇼프 난센Fridtjof Nansen이 난민의 권리와 자유를 보호하기 위해 만든 '난센여권'에서 땄다.

"자유의지가 아닌 강제에 의한 이주에 관심이 많다. 건물주에게 밀려 떠나고 사람들의 오해를 받아 보니까 사회적 약자가 발언하는 일이 어렵다는 것을 깨달았고, 답답했다. 일종의 박해인데 그럴 때 약자 처지에서는 누군가 한 명이 옆에 서주는 게 큰 힘이 된다."

10

기록하는 자들

'제주 컬러풀 워크숍'에서 아주 특별한 사람을 우연히 만났다. 작은 카페 한쪽에서 자신이 녹음한 예멘인의 노래를 틀고 있던 아티스트 권병준이었다.

과거 밴드 '삐삐롱스타킹' '원더버드' '모조소년'의 뮤지션으로서 한국 대중음악계에 신선한 충격을 주었던 권 작가는 예멘인의 노래에 깊은 감동을 받았다고 털어놓았다. "처음 예멘인의 노래를 듣고 깜짝 놀랐다. 다들 음악성이 엄청났다. 한국 전통음악을 공부하는 바레인 친구에게 들어서 나중에 알게 되었는데, 예멘은 아랍권에서도 음악성이 뛰어난 나라로 손꼽힌다."

그는 당시 녹음한 예멘인의 노래로 만든 작품 〈오묘한 진리의 숲2〉를 '좋은 삶'을 주제로 기획된 2018 서울미디어시티비엔날레에 전시했다.

관객은 헤드폰을 쓰고 작품이 전시된 서울 중구 서울시립미술관 광장과 정원을 거닐었다. "잘 자라 아가야, 잘 자라, 잘 자라." 헤드폰에서는 예멘 난민 칼리가 부른 자장가가 나지막하게 흘러나온다. 칼리가 낯선 땅에서 모국어로 부른 자장가는 생경하지만 따뜻하다. 관객은 처음 듣는 '이방인의 소리'에 귀를 맡긴다. 걸음을 멈추고 자리에 앉는다. 눈이 스르르 감긴다.

권 작가는 다음과 같이 작품을 설명했다. "예멘인이 기억하는 어머니의 자장가와 고향의 노래를 저장하고 싶었다. 다른 기억과 삶의 이야기를 담은 소리가 헤드폰을 통해 미술관 광장에 울리면 빈 공간은 더 많은 사람의 이야기로 채워진다."

그는 예멘인의 노래가 우리 전통음악 '판소리'와 닮은 부분이 많다고 했다. "멜로디를 미세하게 변화시키는 창법과 굉장히 거칠고 격한 면모가 대조를 이루는 창법이 인상적이었다. 라디오에서 세계 음악을 다루는 방송을 진행한 적이 있어 중동 음악은 익숙하지만, 예멘 사람들 노래는 더욱 특별했다."

그가 예멘인들 노래에서 판소리를 들었던 것은 우연이 아니다. 아랍어는 고대부터 현대까지 언어 체계가 크게 변하지 않은 것으로 알려졌다. 제주에 있는 예멘인들도 일상에서 오래된 시구를 인용하고, 시 짓기를 즐긴다. 아주 오래된 신화가 노래 가사에 담긴 것도 많다. 세속적인 가사와 서구화된 대중음악이 주류인 우리와 다른 부분이다.

"제주도 할머니들이 예멘 난민들을 아들 삼겠다고 한 이야기를 들었다. 전쟁을 피해서 온 사람들은 일본 순사라도 숨겨주는 거라고, 내쫓고 그러면 안 된다고 했다." 권 작가는 따뜻했던 할머니들 이야기를 떠올리며 난민을 반대하는 목소리에 아쉬움을 나타냈다. "한국 사회가 이렇게까지 각박해진 이유를 많이 생각해본다. 돈 때문은 아닌 거 같은데. 따뜻했던 전통은 회복해야 하는 가치라고 생각한다."

권 작가는 예멘이라는 낯선 땅에서 온 이방인들에게서 우리가 잃어버린 전통을 떠올렸다. "주변을 둘러보면 모든 게 썩었다. 종교도 썩었고 전통은 없어졌다. 사람들이 그것을 회복할 계기가 없었다. 그런데 이들(예멘인)이 일깨워줄 수 있는 사람 같았다. 우리는 이들에게서 배울 게 많다."

권 작가는 2018년 6월, 제주에 당도한 예멘인들의 이야기가 언론에 나오고 이들이 한국에 정착하는 것을 반대하는 목소리가 흘러나오는 것을 보고 제주행을 결심했다. "예멘 난민 문제가 한국 사회의 중요한 단면을 보여주는 이슈라고 생각했다. 그래서 이 주제를 빨리 다뤄야겠다고 판단했다."

왜 난민과 이방인의 목소리에 관심을 갖느냐는 질문에, 그는 "우리 모두가 이방인이기 때문"이라고 했다. "현대인은 다 이방인이다. 지금 도시에 사는 사람 중 고향이 남은 사람이 누가 있나. 태어난 집이 남아 있는 사람은 거의 없다. 모두의 고향은 사라졌고, 마음 둘 곳도 없다. 현대사회에서는 어디에 있든 이방인일 수밖에 없다. 이 사실을 깨닫고 나면 예멘인과 이방인을 혐오할 수 없다." 권 작가의 말은 명쾌했다.

권 작가는 한국 사회에서 받은 이방인 대접과 네덜란드에서 지냈던 7년의 시간도 자신에게 큰 영향을 주었다고 했다. 그는 2004년까지 활발한 음악 활동을 했지만 한국 사회는 그의 실험적인 음악과 자유분방함에 곱지 않은 시선을 보냈다. 그는 2005년 갑자기 활동을 중단하고 네덜란드행을 택했다. 네덜란드 왕립음악원에서 소리학과 예술공학을 전공했고, 암스테르담의 전자악기 연구 기관인 스타임에서 하드웨어 엔지니어로 일하다 2011년 한국으로 돌아와 미디어아티스트로 활동하고 있다.

권 작가는 2019년 1월 말까지 〈클럽 골든 플라워〉라는 작품을 서울 마포구 홍대 인근의 전시관에서 전시했다. 작품을 위해 만든 로봇 12개는 춤을 추고 자기들끼리 놀이를 하다가 관객에게 손을 내밀기도 했다. "이 낯선 로봇이 내미는 손을 우리가 어떻게 해석할지 지켜볼 것이다. 역시 난민 문제에서 영감을 받은 작품이라 볼 수 있다."

권 작가는 이방인의 목소리를 녹음하고 들으며 자신이 누구인지 찾아가는 여정을 계속할 계획이다. 이번에는 이주 노동자 2세다. "충남 홍성을 비롯한 농촌 마을에서 자란 다문화 가정 아이들의 노래를 담을 계획이다. 이주 노동자 어머니와 아들의 자장가를 위주로 녹음하려 한다. 이주 노동자 2세들과 이야기해보면 상처가 아주 많다. 이 부분을 계속 들여다보고 이야기하고 싶다. 그들과 관계를 맺고 알아볼 거다."

한때 뮤지션이었던 그에게 음반 작업 계획은 없는지 물었다. "음악을 하는 마음으로 (작업)하고 있다. 하고 싶은 이야기를 음악적으로 드러내는 또 다른 형식일 뿐이다. 나는 이런 이야기를 드러내는 게 더 음악에 가까운 일로 느껴진다." 우문현답이었다.

11

나는 직업을 찾고 있다

"나는 직업을 찾고 있다."

예멘 난민 히샴이 2018년 8월 8일 오후 제주도 서귀포시의 건설 현장에 들어가 한창 작업 중인 사람들에게 자신의 휴대전화에 적힌 한글 문장을 보여주었다.

문 공사를 하던 원 아무개 씨는 불쑥 공사 현장에 들어온 낯선 청년을 보고 눈이 휘둥그레졌다. 히샴이 손짓, 발짓을 섞어가며 "돈은 적게 줘도 좋으니 꼭 일을 하고 싶다"고 했지만, 원 씨는 일하는 중이니 나가달라고 했다. 맥이 풀린 표정으로 히샴이 돌아 나가려 하자 원 씨는 히샴을 다시 불러 세웠다.

히샴은 "일당 5만~6만 원만 줘도 일할 수 있으니 시켜만 달

"나는 직업을 찾고 있다."
제주 예멘 난민 히샴이 번역기의
도움을 받아 절박하게 일자리를
구하고 있다.

라"고 했다. 원 씨의 놀란 얼굴은 안타까운 표정으로 바뀌었다. 그는 끝내 난색을 표했다. "우리는 창호 공사 업체인데 문과 창문의 종류가 다양해서 일할 때 의사소통이 중요하다. '드라이버, 망치, 전선을 갖다 달라'고 해도 말을 알아듣지 못하면 건설 현장에서 어떻게 같이 일할 수 있겠나."

이날, 제주도의 낮 최고기온이 30도를 훌쩍 넘었다. 히샴은 휴대전화 번역 앱을 이용해 만든 한 줄 문장을 잡고 온종일 중문 일대를 헤집고 다녔다. 그의 옷은 금세 땀으로 흠뻑 젖었다.

번역기로 거칠게 옮긴 언어는 발화자의 의도를 제대로 담아내지 못할 때가 있는데, 히샴의 문장이 그랬다. 히샴의 한글 문장은 '반말'이었으나 마음가짐만큼은 절박했다. 읍소에 가까웠다.

공사 중인 현장, 문 열린 식당 등이 보이면 일단 들어가 휴대전화 문장을 보여주었다. 제주도민들은 처음에는 놀란 표정을 짓다가 히샴이 온몸으로 일하고 싶다고 표현하면 난처한 얼굴로 히샴을 돌려세웠다.

트럭에 짐을 싣던 중년 남성이 안타까운 듯 히샴에게 말했다. "상황이 딱한 건 알겠지만 어쩔 수 없다. 지금 제주도에는 정기적으로 할 수 있는 일이 없다. 10월 말 귤 수확기에 접어들 때 연락하면 일거리를 주겠다."

히샴이 일자리를 찾아 헤맨 지 꼭 2주째 되는 날이었다. 히샴은 기록적인 폭염을 뚫고 날마다 아침 8시부터 해 질 녘까지 서귀포 시내를 샅샅이 뒤졌지만, 끝내 일자리를 구하지 못했다. "예멘에 노부모와 아내를 남겨두고 이곳까지 왔는데, 일자리를 찾지 못하고 있다. 말도 통하지 않고 너무 힘들다." 히샴은 울먹였다.

히샴은 예멘 남서쪽 도시 이브에서 후티 반군의 징병을 피해 한국에 왔다. 2018년 6월 14일, 제주 출입국청의 주선으로 한림읍 인근 어촌에 취업했다. 2주 정도 그물을 고치고, 배를 청소하고, 생선 상자를 날랐다. 6월 말에는 배를 타고 바다로 나갈 예정이었는데, 하루 전날 사고가 터졌다. 이웃집 배가 부산항에 하루 정박했는데, 예멘 난민이 선원들 몰래 도망친 것이었다. 선원들은 수소문 끝에 도망친 난민을 찾아 제주도로 돌아왔지만, 히샴을 고용한 선주는 "일을 같이 못 하겠다"며 일방적으로 그를 내쳤다.

어쩔 수 없이 제주 시내로 돌아온 히샴은 예멘 난민을 위해 마련된 공동 숙소에 머무르며 일자리를 찾았다. 건설 일용직, 식당 청소 등 닥치는 대로 문을 두드렸지만, 일자리를 구하지 못했다. 그는 서귀포로 왔지만 사정은 조금도 나아지지 않았다. "예멘에서 일자리를 구하지 못했고, 후티 반군이 나를 전쟁으로 내몰려고 해 한국까지 왔지만 여전히 아무것도 못 하고 있다. 아무도 받아주지 않는 나를 받아준 한국에 감사하지만 꼭 일은 하고 싶다."

예멘 난민들의 제주살이가 점점 어려워지고 있다. 정부에서 이들이 섬을 벗어나지 못하게 제한하는 대신 난민 심사 기간에도 일할 수 있도록 허락하고 일자리를 주선했지만, 그들의 절반 정도가 일을 그만둔 것으로 파악되었다. 대부분 쫓겨나거나 열악한 노동환경을 견디지 못해 일을 그만두었다. 설상가상으로 예멘 난민을 바라보는 국내 여론이 나빠지자 크게 상심해 한국을 떠나는 난민도 속출했다.

"일로 와." "××놈아." "빨리 해."

한국말이 익숙지 않은 예멘 난민 카말이지만 이 세 문장만큼은 익숙하게 말했다. 그가 어촌에서 일하는 동안 한국인 노동자들에게서 수도 없이 들은 말이다. 카말 역시 히샴처럼 2018년 6월에 법무부의 소개로 한림읍 어촌에 취업했다. 주로 고기잡이 그물을 수선하고, 배를 수리하고, 페인트칠을 했다. 선주에게 각종

장비 사용법을 배우며 적응하기 위해 노력했다.

하지만 동료 노동자들의 괴롭힘은 견디기 힘들었다. 카말과 함께 간 예멘 난민 한 명, 한국인 노동자 세 명 총 다섯 명이 숙소를 함께 썼는데, 한국인 노동자들이 밤마다 술에 취해 예멘 난민을 괴롭혔다. 자다가 조금만 뒤척여도 욕하며 화를 냈고, 어떤 날에는 잠이 든 예멘 난민을 발로 차기도 했다. 예멘 난민들은 폭행을 당하고도 선주와 말이 통하지 않아 괴롭힘을 당한다는 사실을 말할 수 없었다. 괴로웠다.

8월 6일 오전 4시, 또 한국인 노동자들이 술에 취해 발로 차고 괴롭히자 카말은 그곳을 떠나기로 마음먹었다. "한번 바다에 나가면 며칠씩 배에서 생활하는 게 힘들지만 생계를 유지하고 적응하려면 어쩔 수 없다고 생각했다. 멀미를 하지 않아서 운이 좋다고도 생각했다. 하지만 한국 선원들의 괴롭힘은 끝내 참지 못했다. 너무 억울해서 가방도 챙기지 않고 나왔는데 앞으로 뭘 해야 할지 막막하다."

배를 탔다가 총상이 도져 통증을 호소한다고 바다에 던져진 예멘 난민 아흐마드도 있다.

아흐마드는 6월 초에 돈이 떨어져 제주 시내의 공원에서 노숙했던 예멘 난민 무리 중 한 명이다. 그는 2015년 예멘 이브에서 후티 반군에 끌려갔다가 명령을 거부했다는 이유로 사형당한 사촌의 복수를 하기 위해 총을 들었다. 후티 반군 두 명에게 총상

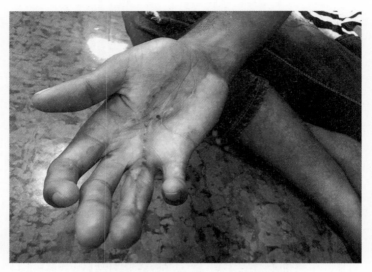

제주 예멘 난민 아흐마드가 일하다 다친 손을 펴 보이고 있다.

을 입혔지만 자신도 왼쪽 옆구리와 오른손을 다쳤다.

수술 자국이 아물지 않았고, 총알 파편을 다 제거하지 못한 오른손은 주먹이 제대로 쥐어지지 않는다. 어선을 타고 바다로 일하러 나갔던 아흐마드가 손이 붓고 통증이 극심해 돌아가고 싶다고 하자, 선원들이 생선 상자를 던지고 수차례 머리를 때린 뒤 구명조끼를 입혀 망망대해에 던져버렸다. 그는 100미터를 헤엄쳐 다른 배를 타고 섬으로 돌아왔다. 아흐마드는 이렇게 말했다. "폭행을 당하고 바다에 던져지는 순간 한국이 싫어졌다. 어촌으로 간 예멘 난민 대부분이 열악한 환경에 놓였는데 정부에서 관심

266

을 가졌으면 좋겠다. 돈을 원해서 한국에 온 건 아니지만 일해야 먹고살 수 있지 않나. 요리를 곧잘 했으니 식당 쪽에 취업할 수 있으면 좋겠다."

이처럼 예멘 난민들이 제주살이에 애를 먹고 있지만, 제주도 민들도 난색을 보인다. 어업에 종사하는 제주도민이 말했다. "정부에서 일단 일자리를 주라고 해서 예멘 난민을 데려갔는데, 말도 통하지 않고 일도 제대로 못하는 사람이 대부분이라 난감하다. 일을 못하는데 같은 임금을 주니까 다른 노동자들이 반발하는 것도 문제다."

제주 출입국청이 파악한 내용을 보면 일하면서 스스로 생계를 해결하고 있는 예멘 난민은 190명 남짓이다. 처음에 출입국청은 예멘 난민 380여 명을 고용주들과 연결해주었지만, 260명만이 계약서를 쓰고 정식으로 일을 시작했다. 그 후 적응에 실패한 70여 명이 일을 그만두고 제주 시내로 돌아왔다. 처음 정부가 주선한 수에서 절반이 일을 그만두었다. 현재 제주도에 있는 예멘 난민이 460명인 것을 고려하면 40%만이 스스로 생계를 해결하고 있는 셈이다.

제주도에 들어온 예멘 난민 전원이 난민 신청자가 받을 수 있는 생계비(한 달에 43만 2900원) 지원을 신청했지만, 가족 단위로 온 경우를 제외하고는 거의 지원받지 못했다. 그래서 일하지 않는 예멘 난민들의 생계는 막막하다.

이들의 삶을 유지하는 일은 오롯이 시민사회 단체와 종교 단체 등 지역사회의 몫으로 떠넘겨졌다. 지역사회는 모금액과 지원금 등을 총동원해 예멘 난민의 삶을 지탱하고 있다. 7월 29일 프란치스코 교황이 주한 교황대사 앨프리드 슈에레브 대주교를 통해 기부한 1만 유로(약 1280만 원)도 여기에 포함된다. 현재 알려진 제주 시내의 예멘 난민 숙소는 크게 네 곳인데, 이곳에 있는 예멘 난민은 100명을 훌쩍 넘는다.

하지만 이들의 삶은 여전히 불안정하다. 무더운 날씨에 일자리를 구하지 못한 예멘 난민들은 숙소에서 '없는 사람'처럼 지냈다. 정오가 되어도 활동하지 않고 잠자는 이가 대부분이었다. 한국에서 예멘 난민에 대한 여론이 악화되었다는 것을 깨닫고 위축된 이들은 낮에 숙소 밖으로 나가기를 꺼렸다.

일자리를 구하지 못하고 공동 숙소에서 지내는 예멘인이 상황을 전했다. "최근 숙소에서 술을 마시는 이가 늘었다. 20% 정도는 술을 마시는 것 같다. 난민 면접 결과 발표일이 다가오고 있어 많이들 예민하다." 예민해진 예멘인들은 하루에도 몇 번씩 시비가 붙었다. 술을 마시고 감정이 격해지면 서로 멱살을 잡기도 한다.

이들이 제주도에 와서 난민 신청을 했던 초기에는 이런 모습을 상상하기 어려웠다. 예멘인은 서로 '형제'라는 유대 의식이 강했다. 한 명이 수중에 돈이 떨어져도, 여유가 있는 다른 사람들이 십시일반으로 도왔다. 예멘인들은 "곤경에 처한 형제를 외면

하지 않고 함께 살아야 한다"고 했었다.

이렇게 절망적인 상황을 견디지 못하고 한국을 떠나는 예멘 난민도 속출했다. 전쟁을 피해 한국까지 어렵게 와 난민 신청을 하고도 한국을 떠날 결심을 한 이들의 목소리에는 체념이 섞였다.

예멘 난민 노하 아메드는 2018년 5월 초에 남동생과 함께 제주도에 들어와 난민신청서를 냈으나, 아무런 지원도 받지 못한 채 5월 말에 말레이시아로 되돌아갔다. 그는 메신저 인터뷰에서 한국 정부에 대한 실망감을 토로했다. "제주도를 벗어나면 도와줄 친구가 있었지만, 한국 정부가 일방적으로 제주도를 나갈 수 없게 해 너무 실망스러웠다. 제주도는 관광지라 숙식비가 너무 비싸 도저히 난민 심사까지 기다릴 수 없었다. 말레이시아는 예멘 난민에 대한 인식이 나쁘고 위험하지만 아무것도 할 수 없는 한국보다는 나았다. 남아 있는 예멘 난민들이라도 한국 정부가 살아갈 수 있도록 도와주었으면 좋겠다."

예멘 난민에게 숙소를 제공하는 한 제주도민도 안타까운 말을 전했다. "우리 숙소에 예멘 난민이 묵은 뒤로 집 문에 누군가 돌을 던지는 일이 있었다. 국내 여론이 나빠지고 오해에 상처받은 한 친구는 마음의 상처를 안고 말레이시아로 돌아갔다."

고향 집이 폭격당해 황망해하며 돌아간 난민도 있다. 모하마드는 2018년 5월 2일 한국에 들어와 난민 신청을 했지만, 예멘이브의 고향 집에 사우디아라비아 연합군의 미사일이 떨어져 부모가 다쳤다는 소식을 들었다. 외아들인 모하마드는 돌볼 사람이 없는 부모를 보살피기 위해 목숨의 위협을 무릅쓰고 말레이시아와 수단, 그리고 아덴을 거쳐 예멘으로 돌아갔다. 그와 함께 한국에 들어온 친구들은 "모하마드가 예멘에 간 뒤로 연락이 닿지 않는다"고 입을 모았다.

제주 출입국청에 확인한 결과 난민 신청을 한 예멘 난민 가운데 세 명이 난민 신청을 철회하고 한국을 떠났다. 난민 신청을 한 상태로 떠난 19명은 난민 심사 기간에 한국으로 돌아올 수 있지만, 이들 중 일부는 돌아오지 못할 수도 있다.

국내 거주 난민들을 돕는 공익법센터 어필의 이일 변호사는 이렇게 말했다. "정부가 예멘 난민에게 취업 허가를 일찍 내줘서 마치 도와준 것처럼 보일 수 있다. 하지만 본질은 반대 여론이 두려워 난민 신청자에게 생계 지원을 하지 않는 대신, 우리가 정한 곳 안에서 알아서 먹고살라고 강제한 것에 불과하다. 이 상황에 절망한 난민 신청자가 한국을 떠났다면, 한국이 난민 협약국으로서 의무를 다하지 못한 것이다. 이는 한국의 국제적 위상을 낮추는 일이다."

12

비인도적인 '인도적' 체류

"정말 감사하다. 평화로운 나라에서 인간으로 머물 수 있는 권리를 인정받았다. 나와 아내, 그리고 아기가 적어도 1년은 안전한 곳에서 살 수 있게 되었다는 사실이 정말 기쁘다. 한국과 제주도민 모두에게 감사드린다."

인도적 체류를 허락받은 모하메드는 거듭 고맙다고 했다.

제주 출입국청은 2018년 9월 14일 다음과 같이 발표했다. "난민 심사 대상자인 481명 중 영·유아를 동반한 가족, 임신부, 미성년자, 부상자 등 23명에 대해 보호의 필요성이 높다고 보고 일차적으로 '인도적 체류 지위'를 부여한다." 이들 23명은 앞으로 1년 동안 한국에 머물 수 있고, 합법적으로 일할 수 있다. 출도 제한 조치도 해제되어 체류 기간에 제주도를 떠나 국내 어디든 자유롭게 다닐 수 있다.

예멘 내전을 피해 두 형이 있는 한국으로 왔지만 형제와 함께할 수 없었던 헤탄은 드디어 형과 함께 살 수 있게 되었다. 그는 경북의 한 도시에서 작은형 압둘라와 함께 살면서 자동차 부품 공장에 일자리를 구했다. 이 사실을 전하는 형 압둘라의 목소리에는 기쁨이 녹아 있었다.

모하메드와 헤탄 형제는 이처럼 출입국청의 인도적 체류 지위 인정에 감사하고 기뻐했지만, 난민인권센터와 유엔난민기구 한국 지부, 인권법 단체 등으로 구성된 난민인권네트워크는 '전혀 인도적이지 않은 인도적 체류 허가'라며 반발했다. 이들은 난민을 보호할 의무가 있는 한국 정부가 최소한의 조처만 했다고 지적했다.

출입국청은 다음과 같이 난민 불인정 이유를 밝혔다. "이들은 본국의 내전이나 후티 반군의 강제 징집을 피해 한국에 입국한 뒤 난민 신청을 한 사람들로, 난민협약과 난민법의 5대 박해 사유(인종, 종교, 국적, 특정 사회집단 구성원 신분, 정치적 견해)에 해당하지 않아 난민 지위를 부여하지 않기로 결정했다." 한편 인도적 체류를 허락한 이유는 다음과 같이 설명했다. "예멘의 심각한 내전 상황과 경유한 3국에서의 불안정한 체류, 체포 가능성 등을 고려할 때 추방할 경우 생명과 신체의 자유를 침해당할 수 있다고 판단된다."

이에 대해 난민인권네트워크는 다음과 같이 비판했다. "'내전이나 강제 징집 피신'은 가장 전통적인 난민 보호 사유로 난민 지위 인정을 피할 근거가 될 수 없다. 출입국청의 심사 결과가 국제 기준에 부합하지 않는다. 인도적 체류 허가는 이름처럼 인도적인 결정이 아니다. 취업 허가만 줄 뿐 교육권, 건강권 등 모든 사회적 권리가 배제되어 있다." 난민으로 보호받아야 할 이유가 충분한 사람들을 난민으로 인정하지 않고, 혜택이 없는 인도적 체류 지위를 부여했다는 것이다.

난민인권네트워크가 지적하듯이, 23명은 인도적 체류 지위를 얻었지만 그들의 삶이 전과 달라진 것은 거의 없다. 1년간 한국에서 숨 쉴 수 있는 권리를 공식적으로 허락받았다는 것, 제주도를 나갈 수 있다는 것 두 가지만 달라졌다.

난민으로 인정받은 사람은 난민법에 따라 대한민국 국민과 같은 수준의 사회보장을 받을 수 있고(제31조), 국민 기초생활 보장법에 따른 기초생활을 보장받으며(제32조), 초등교육과 중등교육을 보장받는다(제33조). 하지만 인도적 체류 지위는 일할 권리만 보장받는다.

부모의 동의 없이 일할 수 없는 미성년 예멘인은 인도적 체류를 허락받아도 아무것도 할 수 없다. 인도적 체류 지위를 받은 23명 중 만 19세 미만의 미성년자는 총 10명이다. 그중 세 명은 보호자 없이 입국했다.

요셉도 그중 하나다. 그는 출입국청이 지난 6월 두 차례 열었던 취업박람회에 갔지만 미성년자라서 일자리를 구할 수 없었다. 출도 제한 조치가 풀린 뒤 그는 서울의 예멘인 친구 집으로 무작정 왔지만, 여전히 어떻게 적응해야 할지 모른다. "한국어와 영어를 공부해서 나중에는 취업하고 싶다. 돈을 벌어서 예멘에 있는 가족도 돕고 싶지만 나는 여전히 무얼 해야 할지 모르겠다. 여기가 어디인지도 모르겠다. 난민으로 인정받지 못한 이유를 모르겠다. 하지만 한국 정부가 나를 난민으로 인정하지 않았다는 사실을 받아들이려 한다. 예멘의 상황이 좋아지면 돌아가겠다." 요셉은 난민 심사 탈락에 이의를 제기하지 않겠다고 했다.

이 23명은 1년의 인도적 체류 허가를 받았지만 예멘의 내전 상황이 개선되지 않으면 1년이 지나도 고국으로 돌아가기 힘들다.

국제사회는 예멘인들의 보호 기간을 늘려가고 있다. 미국은 2018년 7월 미국에 입국해 임시 보호 지위에 있는 예멘인 1250명의 체류 허가를 2020년 3월까지 연장하기로 했다. 예멘의 내전 상황을 고려한 조처다.

보건의료 서비스와 주거 지원 등 어떠한 사회보장도 받지 못하는 한국의 인도적 체류 지위로는 언제 고국으로 돌아갈 수 있을지 가늠할 수 없이, 하루하루 불안할 수밖에 없다.

모하메드도 걱정이 많다. "인도적 체류 허락을 받아 기쁘면서

요셉은 난민으로 인정받지도 못했고, 미성년자라는 이유로 일자리를 구할 수도 없었다.

도 이 부분 때문에 걱정이 되어 잠을 이룰 수 없었다. 태어난 지 얼마 안 된 아기와 아내는 일할 수 없는데, 내가 혼자 일해서 집세, 식비, 의료비, 교육비를 다 감당할 수 있을지 모르겠다. 의료비는 정말 무섭다. 아프면 병원에 가야 하는데, 인도적 체류 지위로도 건강 보장을 받을 수 있으면 좋겠다." 제주에 있는 예멘인들 이야기를 종합해보면 예멘에서 총상을 입어 지속적인 치료가 필요한 환자는 30명에 이른다.

난민으로 인정받으면 외국에 있는 배우자와 미성년 자녀를 데려올 수 있지만, 인도적 체류자는 불가능하다. 인도적 체류자는 결혼을 해도 혼인신고를 할 수 없다. 법적 가족을 이룰 수 없게 차단되어 있다. 정부가 '인도적' 체류 허가라고 발표했지만, 실제로는 인도적이지 않다는 비판을 받는 것도 이런 이유에서다.

김세진 공익인권법재단 공감 변호사는 이렇게 말했다. "현재 한국에는 난민보다 못한 처우를 받는 1400명의 인도적 체류자가 있다. 한국은 인도적 체류자의 지위와 사회보장 수준을 난민 수준으로 끌어올려야 한다. 국제적으로 예멘 출신 난민은 난민으로 인정하지 않더라도 보충적 보호 지위를 부여해 100%에 가까운 보호율을 보인다. 아직 발표가 나지 않은 예멘인들이 난민 인정을 받지는 못하더라도 인도적 체류 지위라도 받아 한국에 머물 수 있기를 바란다."

13

이삼과 살라

"출국 기한 유예." 2018년 10월 12일에 만난 예멘인 이삼의 여권에는 출국 기한 유예 딱지가 빼곡하게 붙었다.

이삼이 출국 기한 유예 딱지를 처음 받은 것은 2018년 2월이었다. 외국인등록증을 갱신하기 위해 인천 출입국청을 찾았을 때다. 출입국청 직원이 내민 서류에는 한글과 영어만 있어 무슨 내용인지 알 수 없었다. 출입국청 직원은 그에게 아무런 설명도 없이 서명하라고만 했다. "무슨 내용인지 모르는데, 왜 서명을 해야 하나?"라고 물었지만 소용없었다. 직원은 "서명하지 않으면 체류 기간을 연장해주지 않겠다"는 말만 반복했다. 이삼은 어쩔 수 없이 무슨 서류인지도 모르면서 서명했다. 서류를 받은 출입국청은 그의 외국인등록증을 가져가고 대신 여권에 딱지를 붙여 주었다.

"미칠 것 같았다. 나는 출입국청 담당자와 이야기하고 싶다고 했지만 아무도 도와주지 않았다. 그리고 모든 게 끝났다. 일할 수도 없고, 병원에 갈 수도 없고, 시한부 같은 삶을 살고 있다. '그래 떠나자'라고 몇 번이나 생각했지만 한국을 나가면 갈 곳이 없다. 어디든 갈 수 있다면 당장 가겠다. 너무 힘들다." 지친 표정의 이삼이 힘없이 말했다.

이삼과 한국의 인연을 처음 맺어준 것은 유자차였다. 2009년, 아시아 곳곳을 떠돌며 무역업을 하다가 싱가포르에서 우연히 유자차를 마시는 순간 속으로 '이거다!'라고 소리를 질렀다. 많은 사람이 유자청에 뜨거운 물을 부어서 차로 마시기도 하고, 빵을 찍어 먹기도 하는 것을 보고 그는 사우디아라비아로 수입해서 팔겠다고 결심했다. 한국의 식료품 회사 누리집에서 값을 확인하고 주문했다. 사우디아라비아에서 유자차는 인기가 좋았다. 금세 다 팔렸고, 이삼은 꽤 짭짤한 수익을 올렸다.

이삼은 유자차의 나라, 한국에 가보고 싶었다. 당시 한국과 예멘은 사이가 좋았다. 내전이 격화되기 전인 2011년에는 별도 비자 없이 한국행 비행기를 탈 수 있었다. 그는 인천항만 근처의 중고 자동차 수출단지를 보고 유자차가 아닌 중고차를 수입해서 팔겠다고 마음먹었다. 2012년부터 동생 압둘라와 함께 한국과 예멘, 사우디아라비아를 오가며 열심히 일했다.

그런데 고국 예멘의 상황이 점점 불안정해졌다. 내전이 확산되고 혼란이 가중되면서 이삼의 사업도 위협을 받았다. 2014년 9월 수도 사나를 점령한 후티 반군은 10월에는 예멘 동남부의 주요 항구도시 호데이다를 점령했다. 이삼은 사업을 접어야 했다. 예멘에 보내는 자동차의 안전을 보장할 수 없었다. 항구를 점령한 후티 반군에 뺏길 가능성이 컸다. 언제든 전쟁터로 끌려갈 수 있는 예멘으로 돌아가지 않겠다고 결심한 이삼, 압둘라 형제는 2014년 말 한국에서 난민 신청을 했다. 하지만 2015년 그들에게 돌아온 건 '난민 불인정' 결정이었다.

난민 불인정 결정은 이삼에게 난민 신청 절차의 '끝'이 아니라 '시작'이었다. 이의를 제기하고, 행정소송을 하는 동안 2년이 훌쩍 흘렀다. 이삼은 난민 소송을 하는 동안 일도 할 수 없었다. 한국에 오기 전에 앓았던 척추 질환이 재발하면서 건강까지 나빠졌다.

"2016년에 (난민) 재신청을 했다. 이때부터는 정말 아무것도 할 수 없었다. 난민 심사와 관련한 생각이 나를 짓눌렀다. 무슨 일이 일어날지 예상할 수 없어 불안했고, 모아 놓은 돈이 바닥을 보이기 시작했다." 한국에서 불안한 삶에 지친 이삼은 다른 나라로 갈 방법을 찾지만 여전히 지구상에서 예멘 사람이 갈 수 있는 곳은 없다.

"한국으로 오지 마! 다른 나라로 갈 방법을 찾아봐." 이삼은 예멘을 떠나 말레이시아에 있던 막내 남동생 헤탄이 올해 초 한국으로 오겠다고 했을 때 필사적으로 막았다. 하지만 헤탄은 형의 조언을 듣지 않고, 제주행 비행기를 탔다. 다른 선택지가 없었다.

"제주도에 있는 예멘인 458명은 앞서 한국에서 난민 신청한 예멘인이 어떻게 되었는지 잘 알고 있다. 인도적 체류 지위도 받지 못하면 나처럼 된다는 사실도 다 안다. 그런데도 한국으로 온 것은 그들이 갈 수 있는 마지막 장소였기 때문이다." 이삼이 말했다.

다행히 막냇동생 헤탄은 인도적 체류 지위를 받았다. 난민 인정을 받지는 못했지만, 막내는 자기와 달리 예멘 상황이 안정될 때까지 한국에서 안정적으로 일할 수 있을 것이다. 현재까지 인도적 체류 지위를 받은 예멘인에게 출국 명령을 내린 경우는 없었다. 하지만 이삼에게는 풀리지 않는 의문이 하나 생겼다. "헤탄과 나는 형제이고 난민 지원 사유도 같은데, 왜 나는 불인정이고 동생은 인도적 체류 지위를 주는가? 둘을 나누는 기준은 무엇인가?" 궁금하지만 누구에게 어떻게 물어봐야 할지 몰랐다.

"아무것도 필요 없다. 외국인등록증을 돌려주고, 제발 예멘 상황이 좋아질 때까지 머물 수 있게만 해달라. 예멘 내전이 끝나면 나는 한국을 떠나는 첫 번째 사람이 되겠다." 조금 상기된 표정의 이삼이 목소리를 높여 말했다.

또 다른 예멘인 살라는 2016년 11월 2일 처음 출국명령서를 받았다. 난민 심사 재신청을 위해 출입국청을 찾았는데, 재신청을

출국명령서.
'취업 불가'라고 선명하게
도장이 찍혀 있다.

받아들이기는커녕 살라의 외국인등록증을 가져가고 한 달 뒤까지 한국을 떠나라는 출국명령서를 내주었다. "처음에는 한 달, 그다음에는 출국 기한을 석 달 단위로 정해주더니 최근에는 두 달 단위로 기간을 줄였다. 두세 달에 한 번씩 출입국청에 가서 출국 기한을 연장하는 것이 내가 할 수 있는 전부다. 그렇게 2년을 살았다."

살라는 2018년 8월 29일 서울 출입국청에서 새 출국명령서를 받았다. 그가 받아든 출국명령서에는 2018년 11월 2일까지 한국을 떠나야 한다고 적혀 있었다. '취업 불가'라고 선명하게 찍힌 푸른색 도장은 그의 목을 죄는 굴레다. "아직 (예멘에) 안 갔어?"라고 출입국청 직원이 물으면 살라는 "예멘 공항으로 가는 비행기도 없고, 달리 갈 방법도 없다. 어떻게 가라는 거냐?"라고 되물었지만, 출입국청 직원은 "그럼 다른 나라로 가라"라고 했다. 살라는 "사는 곳이 경북 구미여서 서울까지 오기가 힘들다. 유예 기간을 3개월로 해주면 안 되겠나"라고 부탁했지만 출입국청 직원은 단호했다.

"'제발 취업 불가 도장만이라도 지워달라'고 애원했지만 소용없었다. 출입국청 직원은 '집에 가, 다른 나라로 가'라는 말만 반복한다." 비통한 표정으로 말하는 살라는 한국어를 잘하지는 못하지만 "몰라!", "가!"라는 단어만큼은 완벽하게 흉내 냈다.

난민 불인정자 지위로는 일할 수 없기 때문에 살라는 한곳에 오래 머물지 못했다. 부산, 평택, 발안 등 수시로 거처를 옮겼다. 자동차 부품 공장, 화장품 공장 등 여러 공장을 전전했지만 출입국청의 단속을 우려한 공장주들은 그를 석 달 이상 고용하지 않았다. 계속 떠돌아다녔다.

2016년은 살라에게 최악의 해였다. 난민 심사 결과 불인정을 통보받았고, 외국인등록증을 빼앗겼으며, 취업 불가가 찍힌 출국명령서까지 받았다.

"모든 문이 닫혔다. 캄캄한 어둠 속에 갇힌 느낌이었고, 아무것도 보이지 않았다." 살라는 한숨 쉬며 말했다. 출국명령서를 받아든 살라는 구미로 갔다. 취업 불가 도장을 보고도 일자리를 주는 사람은 없었다. "사우디아라비아에서 살다가 걸프 전쟁이 터지고 예멘으로 돌아갔던 1990년 이후로 힘들지 않은 적은 없었지만, 최근 2년은 정말 힘들었다. 하루하루 사연 없는 날이 없었다." 살라는 날마다 오전에 집을 나서서 일자리 소개 사무실을 찾거나 집 근처 공장, 건설 현장을 돌며 할 일을 찾았다. 대부분은 공사일이었고, 사과·마늘 등 농사일도 많았다. 2주에 한 번 정도 일해서 번 돈으로 일하지 않는 날들을 지탱했다.

한민족 최대의 명절을 앞두었던 9월 21일 살라는 인생 최대의 고비에 맞닥뜨렸다. 계단에서 넘어졌는데 왼쪽 발목뼈가 부러졌다. "너무 아파서 잠도 잘 수 없었다. 평소에 마시지 않던 소주를 사서 마셔야 고통을 잊고 잘 수 있었다. 술이 깨면 너무 아파서 다시 술을 마셨다."

병원 쪽은 의료보험이 없어 치료비가 700만 원쯤 들 거라고 했다. 방세도 8개월째 밀린 살라에게 돈이 있을 리 없다. "최근 석 달은 정말 힘들었다. 거의 매끼 라면만 먹었다. 이렇게 비참한 삶을 살 거라고 상상조차 못했다. 한국 정부는 나를 새장에 가두고 먹이도 주지 않으며 언제 죽는지 지켜보려는 것 같다."

살라의 사연을 들은 인도주의실천의사협의회가 그를 서울 녹색병원으로 데려와 수술하기로 했다. 10월 3일에 수술을 받은 그는 치료를 마치고 퇴원했다. 살라는 "나와 비슷한 시기에 한국에 들어와 난민 불인정 판정을 받은 사람들 가운데 출국 명령을 받는 사람이 점점 늘고 있다. 제주도에서 난민 신청한 사람 가운데

34명이 난민 불인정 판정을 받았는데, 그들은 나와 똑같은 길을 가게 될 것이다."

제주 출입국청은 10월 17일 난민 신청을 한 예멘인 373명의 심사 결과에서 34명에 대해 난민 불인정을 결정했다고 발표했다. 이삼과 살라와 같은 처지에 놓일 예멘인 34명이 추가된 셈이다. 나머지 339명은 인도적 체류 지위를 인정받았다. (난민) 불인정자가 90일 이내에 이의 신청을 하지 않으면 어떻게 되느냐는 기자의 질문에 김도균 제주 출입국청장은 이렇게 답했다. "출국해야 하고, 출국하지 않으면 출국 명령을 할 수 있다." 하지만 출국 명령을 받고도 한국을 떠나지 못하고 유령처럼 살아가는 예멘인에 대해서는 언급하지 않았다.

예멘 난민을 한국에서 쫓아내 내전 상황이 개선될 조짐이 보이지 않는 예멘으로 보내는 것은 명백한 난민협약 위반이다. 난민인권센터 김연주 변호사는 다음과 같이 지적했다. "법무부는 출국 명령을 내렸을 뿐 실제로 내보낸 것이 아니기 때문에 난민협약 위반이 아니라고 해석한다. 하지만 출국 명령 자체가 난민의 체류 지위를 뺏는 것이기에 강제 송환으로 볼 수도 있다." 출국 명령을 강제 송환으로 해석하면 이삼과 살라에 대한 출국 명령은 난민협약 위반 사유가 된다.

출국 명령을 받는 예멘인은 늘어나는데 법무부는 정확한 규모가 어떻게 되는지 파악조차 하지 않는다. 법무부 관계자는 이렇게 말했다. "현재로서는 예멘 난민 신청자 중 출국 명령이 떨어진 사람 수를 파악하는 것이 불가능하다. 파악하려면 난민 개인 자료를 조회해야 한다." 법무부는 외국인등록증을 **빼앗고** 출국 명령을 내린 사람들에 대해서도 여전히 G-1(기타 사유) 비자를 갖고 있는 것으로 판단한다. 출입국외국인정책본부가 매달 발표하는 통계월보에는 이삼과 살라처럼 출국 명령을 받은 사람들이 G-1으로 분류된다. 당국이 출국 명령을 내렸지만 실제로는 나가지 않을 것으로 보고 있음을 내비치는 대목이다. 이렇게 방치된 예멘인들은 머물 수도, 떠날 수도 없는 비참한 일상을 기약 없이 버티고 있다.

14

메이드 인 코리아

'세열수류탄 K413 COM(P) 로트 한화보 14아625'.

4년째 내전 중인 예멘에서 2018년 6월 18일 후티 반군이 유튜브에 올린 영상에서 한국어를 발견하고 깜짝 놀랐다. 예멘 전쟁터에 웬 한글이? 눈을 씻고 다시 봐도 한글이다. 탄체는 작고 가볍지만 살상반경이 10~15미터에 이르는 한국산 '살상 무기'다. 군복을 차려입은 후티 반군은 무기를 바닥에 잔뜩 펼쳐 놓은 채 자랑하는 듯한 투로 일일이 설명하고 있었다. 전투에서 이겨 노획한 전리품으로 보였다. 굳이 설명을 듣지 않아도 눈으로 식별할 수 있는 군용 망원경과 무전기, 총탄들……. 그 틈에 30여 개의 한국산 수류탄이 함께 나열되어 있었다.

아랍어 통역을 부탁했다. 영상 속 반군은 "예멘 정부군을 돕는 사우디아라비아군이 도망갔고, 후티 반군이 사우디군 주둔지에서 무기를 얻었다"라고 말했다는 답이 돌아왔다. 그리고 반군이 "우리가 사우디군을 쫓고 있고 그들의 무기를 더 많이 빼앗을 것"이라는 다짐을 하고 있다고 했다.

시민단체 '전쟁 없는 세상'의 활동가 쭈야는 이렇게 설명했다. "영상이 올라온 채널은 후티 반군이 전투 활약상을 홍보하는 채널로 운영하고 있다." 해당 영상은 후티 반군이 찍은 것으로, 예멘과 사우디아라비아의 접경 지역인 나르잔에서 반군이 사우디군에게서 탈취한 무기라고 했다.

무기를 생산한 한화 쪽 관계자는 다음과 같이 밝혔다. "중동 지역 수출 내역이 있지만 국방부의 엠바고(비보도) 요청 사항이어서 말해줄 수 없다. 한 가지 분명한 건 (한화가) 예멘에 무기를 수출한 적은 없다는 점이다. 다만 사우디와 아랍에미리트연합UAE 등 중동 지역에는 무기 수출 내역이 있다. 방위 산업은 국가가 주도하기 때문에 국가의 허락 없이는 무기를 판매하지 못한다. 국가 간 필요에 따라 수출한 것이긴 하지만, 수출을 했다가 중단했다가 하기 때문에 (해당 수류탄의) 수출 시기를 특정 짓기는 어렵다."

참여연대는 한화가 UAE에 수출한 무기가 예멘으로 흘러간 경위를 좀 더 구체적으로 추정한다. 이영아 참여연대 국제간사는 다음과 같이 설명했다. "한국은 UAE에 무기 수출을 하고 있고,

아크부대를 파병해 UAE 특전사를 훈련시키고 있다. UAE는 사우디가 이끄는 연합군 편에서 예멘 내전에 개입하고 있기 때문에 이러한 경로로 한국산 무기가 흘러 들어갔을 수 있다."

트위터 등의 SNS에는 예멘 내전에서 쓰이는 또 다른 한국산 무기의 사진과 동영상도 떠돈다. 전쟁 무기 마니아들이 '관심사'로 올린 것이 많은데, 평화와 인권에 관심을 둔 한국인들에게는 '충격적인 뉴스'일 수밖에 없었다.

스스로를 '예멘 옵소버(관찰자)'로 소개한 트위터 사용자는 6월 24일 "(예멘 사다주) 바킴 지역에서 사우디군이 한국산 대전차유도미사일로 후티 반군을 겨냥하고 있다"는 설명과 함께 동영상을 올렸다. 쭈야 활동가는 사우디군이 쓰는 무기가 한국산 대전차유도미사일 '현궁'이라고 했다. 현궁은 최첨단 휴대용 중거리 대전차미사일 시스템이다. 국방과학연구소가 전체 개발을 맡았고, 유도탄 체계는 LIG넥스원이, 발사대는 한화가 개발과 생산을 맡았다.

국방부 관계자 또한 확인해주었다. "사우디군이 예멘(반)군을 향해 현궁을 쏘는 장면이 담긴 영상이 있다는 것을 알고 있는데, 현궁이 맞다. 우리가 사우디에 현궁을 수출했지만, 어떤 방식으로 쓰는지는 모른다. 중동에서 현궁은 훌륭한 무기로 평가받고 있다. 사우디가 현궁을 사용하는 영상을 본 UAE가 자신들도 현궁을 사고 싶다고 문의할 정도다."

지구촌 76억 인구가 서로 인연을 맺는 방식은 종종 우리의 상식

예멘 내전 현장에서 발견된 한국산 수류탄.

과 편견을 뛰어넘는다. 한국 수도 서울에서 예멘 수도 사나까지의 거리는 무려 8343킬로미터. 한국에서는 낯선 예멘인들이 전쟁을 피해 한국 땅을 밟은 일로 여전히 소란이 한창이다. 예멘에서는 생소한 한국 무기가 내전의 한복판에 떨어지고 있지만, 대다수 예멘인들은 아직 그 사실조차 모르고 있다. 한국 정부로부터 출국 명령을 받은 이삼은 예멘에서 한국산 무기가 발견되었다는 사실에 놀랍다는 반응을 보였다. "전에 어떤 예멘인이 집회에서 한국 무기가 예멘 전쟁에 쓰이고 있다고 말했다는 언론 보도를 보고도 믿지 않았다." 예멘 출신 유학생 알드람은 "지금 예멘은 전쟁으로 혼란스러운 상황이기 때문에 일반 시민들도 (한국산) 무기에 인명 피해를 입었을 가능성을 배제할 수 없다"며 안타까워했다.

방위 산업을 국가 산업으로 보는 한국 정부는 '국익'을 이야기한다. 국회 국방위원회 최재성 의원실(더불어민주당)은 국방부에 한화 수류탄과 현궁 등 수출 현황 자료를 요청했다. 국방부 관계자는 "대외비라 협조하기가 어려울 것 같다"며 공개를 거부했다. 이영아 간사는 '국익론'과 '난민 혐오'에 우려를 표했다. "우리가 파는 무기가 예멘으로 들어가 일반 시민들을 죽이고 있고, 그 예멘인들이 다시 한국으로 들어오고 있다. 한국과 예멘이 무슨 관계가 있는지, 한국 무기 때문에 어떤 사람들이 죽어 나가는지에 초점을 맞춰야 한다." 쭈야 활동가는 이렇게 말했다. "한국 무기 사진과 동영상이 이렇게 돌고 있는데, 정부는 이 부분을 공개하지도 않고 책임도 느끼지 않는다. 중동 지역 무기 수출을 중단하라고 요구할 계획이다."

이렇게 예멘 내전에 한국에서 생산한 무기가 흘러 들어가 사용되고 있다는 사실이 알려졌다. 우리와 예멘 내전은 무관하지 않음이 드러난 것이었지만, 예멘 난민에 대한 혐오 여론은 잦아들지 않았다. 방위 산업으로 얻는 국익이 먼저라는 목소리가 컸다. '세계 각국에서 몰려와 쏟아낸 전쟁 물자에 국토가 폐허가 된 지 반세기밖에 지나지 않은 한국에서 어떻게 이럴 수 있는가?' 생각하면 답답하기만 했다.

한국은 최근 공적 개발 원조Official Development Assistance, ODA 항목에 군사·치안 물품을 추가하면서 세계 각국에 무기와 경찰차 등을 수출하고 있다. 2016년에는 필리핀 경찰이 수도 마닐라의 미국 대사관 앞에서 열린 반미 집회에서 경찰차량으로 시위대에 돌진해 수십 명의 부상자가 발생했는데, 그 차량이 한국산이었던 것으로 확인되었다. 그런데도 한국 경찰청은 문재인 대통령과 두테르테 필리핀 대통령의 회담을 앞둔 2018년 5월에 한국형 순찰차 130대를 무상으로 필리핀 경찰청에 제공했다.

1987년 민주화 집회 중 경찰이 쏜 최루탄에 맞아 이한열 열사가 숨진 한국이 중동의 민주화 운동 현장인 '아랍의 봄'에 수백만 발의 최루탄을 수출한 일은 더욱 충격적이다.[1] 2014년 3월 한국을 찾았던 바레인워치의 알라 쉬하비 박사는 다음과 같이 요청했다. "바레인 정부가 한국으로부터 수입한 150만 발 이상의 최루탄으로 민주화를 요구하는 국민을 탄압해 최소 39명이 숨지고 수백 명이 다쳤다. 한국 정부가 더는 최루탄을 수출하지 않도록 해달라." 한국 정부는 바레인에 대한 최루탄 수출을 중지했고, 2018년 9월까지 대부분을 폐기하겠다고 밝혔다. 하지만 여전히 치안 협력이라는 이름 아래 물대포와 각종 군경 물품이 전 세계로 수출되고 있다.

---

1 〈바레인 활동가들 "韓최루탄에 시민희생…수출 멈춰야"〉, 《연합뉴스》, 2014년 3월 19일.

15

엇갈린 운명,
누르 그 두 번째 이야기

'인도적 체류'와 '단순 불인정.'

2018년 10월 24일과 25일. 수요일과 목요일 사이 예멘 난민 373명의 운명은 크게 두 갈래로 엇갈렸다.

예멘인들은 올해 초부터 무사증 입국 제도를 통해 제주도로 들어왔고, 난민 신청을 한 뒤 제주도라는 한정된 지역에서 하나의 공동체로 지내왔다. 하지만 앞으로는 서로 다른 길을 가게 되었다.

애초에 예멘인들은 난민 인정 여부에 따라 희비가 갈릴 것이라고 예상했다. 일부는 난민으로 인정되어 직계가족까지 한국에 데려와 '준시민'으로 살 수 있을 것이라는 기대를 품었다. 하지만 예상은 '난민 인정자 0명'이라는 결과로 산산이 부서졌다. 그 대신 예멘인들의 운명은 예상치 않던 '인도적 체류'로 갈렸다. 339명은 난민으로 인정받지 못했지만 전쟁이 끝날 때까지 한국에서 살 수 있게 되었다. 앞서 9월에 인도적 체류 허가를 받은 23명도 마찬가지다. 이들과 달리 인도적 체류 지위마저 받지 못한 34명은 언제 '출국 명령'을 받을지, 일할 수 있는 권리를 뺏길지 모르는 불안한 삶을 살아야 한다. 난민 불인정 이후 이의 제기나 행정소송 과정에서 결론을 뒤집기가 어렵다는 사실은 이들을 더욱 좌절케 했다.

아직 심사 결과를 통보받지 못한 85명은 안도와 절망이 교차하는 풍경을 목도하면서 극도의 불안에 떨었다. 제주도에서 만난 한 예멘인은 이렇게 말했다. "난민 심사 결과 발표 전에는 모두가 함께 고통을 이겨낸다는 연대감이 있었다. 최근에는 인도적 체류자와 단순 불인정자로 갈리면서 공동체가 분리되는 듯한 묘한 기류가 생겼다."

단순 불인정자들을 취재한 결과 '제3국에서 체류 가능성'과 '외국 국적을 가진 가족'을 이유로 불인정한 경우가 많았다. 하지만 예멘인들은 "가족이 외국 국적을 가지고 있어도 갈 수 없으며, 지구상에서 예멘인들이 갈 수 있는 국가도 없다"고 입을 모았다.

이처럼 갈 수 있는 곳이 없는데, 한국에서 난민 신청을 하고 떠난 사람이 세 명이다. 난민 신청을 하려 했지만 난민 심사 과정에서 아무런 지원을 받을 수 없다는 사실을 깨닫고 아예 신청하지 않은 채 제주도를 떠난 예멘인들도 있다. 이들이 어디서 어떻게 지내는지는 알 수 없다.

우리는 이들의 운명과 아무런 상관이 없을까? 한국산 무기가 쓰이는 전쟁터에서 온 사람을 단 한 명도 난민으로 인정하지 않고, 일부에게는 인도적 체류조차 허용하지 않는 나라에 우리는 살고 있다.

2018년 10월 25일 목요일.

"배우자와 자녀의 국적국에서 안정적 체류가 가능해 보이는 점 등을 종합해 불인정한다."

'난민 불인정 결정 통지서'를 읽은 누르의 표정이 새하얗게 질렸다. 2018년 6월 버스에서 주운 지갑을 경찰서에 가져다주었던 그도 단순 불인정 결정을 받았다. 누르는 전날 출입국청의 전화를 받고 한숨도 자지 못했다. 목요일에 출입국청으로 가는 예멘인은 '단순 불인정' 통보를 받는다는 사실을 알고 있었기 때문이다. 바레인 국적의 아내 파티마는 그런 남편을 걱정스러운 눈으로 바라보았다. 태어나 석 달이 지난 아들 술탄을 보자 더 큰 슬픔이 밀려왔다.

파티마는 미국 앨라배마 지역에서 공부하며 7월 28일에 아들 술탄을 낳았다. 그래서 술탄은 미국 여권을 가지고 있다. 파티마는 서울을 거쳐 9월 2일 제주로 왔다. 남편을 만나기 위해서였다.

예멘인 가족. 난민 불인정 결정을 받은 남편 누르, 미국에서 공부하고 있는 아내 파티마, 갓 태어난 부부의 아들 술탄.

그렇게 술탄은 처음 아빠를 만났다. 누르 가족의 목표는 '가족이 함께 있는 것' 하나였다.

파티마는 국립 제주대학교를 찾았다. 대학교에 등록해서 학생 비자를 받으면 남편과 함께 제주에 있을 수 있다고 생각했다. 그는 자신이 학업을 중단했다는 사실을 입증하는 서류를 내밀었지만, 제주대는 "아랍권 학생은 받을 수 없다"며 거절했다. 서울 지역에는 대학이 많기 때문에 누르 부부는 일단 인도적 체류라도 받으면 서울로 가서 함께할 수 있을 거라고 기대했다. 하지만 누르가 단순 불인정자가 되면서 제주도를 떠날 수 없게 되자 모든 계획이 물거품이 되었다.

누르 부부는 "현재 가족이 함께 있을 수 있는 곳은 한국뿐"이라고 수차례 강조했다. 누르는 결혼식을 올릴 때도 아내의 고국인 바레인에 2주밖에 머물지 못했다. 최근 다시 체류가 가능한지 물었지만, "불가능하다"는 답변이 돌아왔다. 아들 술탄의 국가인 미국은 도널드 트럼프 행정부가 들어선 뒤 예멘인이 갈 수 있는 가능성이 완전히 차단되었다. 예멘은 더더욱 위험했다. 파티마는 이렇게 말했다. "예멘의 후티 반군과 싸우는 사우디 편에 미국과 바레인이 있기 때문에 우리가 예멘에 간다는 건 상상조차 할 수 없다." 설상가상으로 파티마와 술탄의 체류 허가 기간인 3개월이 끝나가고 있다. 파티마 모자는 12월 2일까지 한국을 떠나야 한다.

"나는 가족과 헤어지고 싶지 않다. 가족은 내게 그 무엇보다 중요하다. 아빠가 가족과 함께 있는 것이 '인도적'인 게 아니라면 무엇이 인도적이라는 말인가." 누르가 절규하듯 말했다.

이러한 누르의 절규에도 결국 파티마와 술탄은 바레인으로 돌아갔다. 출국 시한을 하루 앞둔 12월 1일이었다. "떠나고 싶지 않았다. 누르와 어떻게든 함께 하고 싶었지만 달리 방법이 없었다." 바레인으로 돌아간 파티마는 안타까워했다.

누르는 마지막 남은 희망을 걸고, 이의신청서를 법무부에 낼 예정이다. 그는 이의 신청마저 받아들여지지 않더라도 행정소송까지 하면서 한국에 머물 수는 있을 것이다.

누르 같은 단순 불인정자들에 대해 난민인권네트워크는 "인도적 체류를 허락해줘야 한다"고 주장했다. 법무부가 최근 예멘 난민을 한 명도 인정하지 않고 34명의 단순 불인정 결정을 발표한 뒤, 난민인권네트워크 소속 변호사들은 태스크포스를 구성했다. 이 태스크포스에 속한 한 변호사는 이렇게 말했다. "단순 불인정 사례를 분석해보면 제3국에서 오래 살다 왔거나, 외국인 배우자가 있는 경우가 많다. 하지만 우리 법에는 이것이 난민 불인정 사유로 명시되어 있지 않다. 게다가 누르처럼 외국의 상황을 제대로 고려하지 않은 경우라면 다시 검토해야 한다."

16

압둘 카위, 오마르 형제

2018년 10월 26일 금요일.

"타국에서 장기간 취업하며 거주했던 자로서 급박한 위험을 피해 입국했다고 보기 어려운 점 등을 종합해 볼 때 신청인에게 는 난민 인정을 하지 않기로 결정한다."

제주 출입국청에서 '난민 불인정 결정 통지서'를 받아든 압둘 카위는 숨을 쉬기가 어려워 가슴팍을 부여잡았다.

큰 충격이었다. 난민 불인정 결정을 받을 거라고는 단 한 순간 도 생각하지 못했다. 출입국청은 난민으로 인정하지 않고 인도적 체류 지위도 주지 않은 예멘인들을 '단순 불인정자'라고 불렀다. 단순 불인정자 신분이 된 압둘 카위는 무작정 출입국청을 나와

걸었다. 아무 생각도 나지 않았다. 모든 문이 닫히고 시간도 멈춘 것 같았다. 그가 정신을 차렸을 때는 저녁 8시였다. 어둑한 밤길을 걸어 한림의 어촌으로 되돌아왔다.

압둘 카위는 다섯 살 어린 친동생 오마르와 함께 어선을 탔다. 주로 고기잡이 그물을 당기는 일을 했다. 이들은 6월 14일 일자리 알선 행사에서 고용주를 만나 한림으로 간 뒤 최근까지 계속 일한 몇 안 되는 예멘인이다. 압둘 카위는 "6월에는 한림에 예멘인 100여 명이 있었는데 지금은 10명도 남지 않았다"고 했다. 고된 바닷일을 견디지 못한 예멘인 대부분은 일을 포기했다.

압둘 카위는 한 번 바다에 나가면 길게는 10일씩 뭍으로 돌아오지 못하는 뱃일이 버거웠다. 제대로 쉬지 못하고 20시간씩 그물을 당기는 날이면 손이 움직이지도 않았다. 하지만 예멘에 있는 아내와 태어난 지 2년 6개월 된 딸 생각으로 버텼다. 그렇게 일해 500만 원 정도를 모았고, 그 돈의 반을 예멘에 있는 가족에게 보냈다. 그에게는 난민으로 인정받아 아내와 딸을 한국에 데려오는 것이 유일한 희망이었는데, 그 희망이 한 번에 무너져 내렸다.

출입국청에서 전화가 왔던 10월 23일 화요일 오후에도 압둘 카위는 바다에서 일하고 있었다. 출입국청과 통화한 선장이 "내일(수요일) 출입국청으로 가봐"라고 했다. 압둘 카위 형제는 인도적 체류 허가를 받게 된다는 생각에 안도의 한숨을 쉬었다. 월요

일부터 수요일 사이에 출입국청에 가는 예멘인들은 인도적 체류 허가를 받는다고 알고 있었다. 이들은 고된 뱃일을 그만두고 서울로 가서 공장에 취직하자고 이야기했다. 사우디아라비아에서 도배 일을 했던 압둘 카위는 한국의 벽지 공장에서 일하고 싶었다. 사우디아라비아에서도 한국의 벽지는 품질이 우수하기로 유명했다.

그런데 압둘 카위는 자신의 이름을 인도적 체류자 명단에서 찾지 못했다. 무언가 잘못되었다는 것을 깨달았다. 출입국청은 선장에게 동생 오마르를 보내라고 했는데, 당연히 형제가 같이 가는 줄 알았던 선장은 둘 모두를 보낸 것이다.

난민 인정과 불인정의 차이도 컸지만, 인도적 체류 허가와 단순 불인정의 차이도 컸다. 인도적 체류 지위를 인정받으면 비록 가족을 데려오지는 못하더라도 전쟁이 끝날 때까지 안정적으로 한국에서 살 수 있다. 일해서 번 돈을 고향으로 보낼 수도 있다. 제주도를 떠나 더 많은 일자리가 있는 서울과 같은 대도시로 갈 수도 있다. 하지만 단순 불인정 통보를 받으면 일하기도 어렵고, 제주도를 떠날 수도 없다. 언제 출국 명령이 떨어질지 모르는 불안한 삶을 살아야 한다.

"동생은 인도적 체류를 허가받았는데 왜 당신은 받지 못했어?" 예멘에 있는 아내가 압둘 카위에게 물었지만 대답할 수 없었다. 압둘 카위는 오래된 자신의 여권에 외국을 다닌 기록이 많이 남아 있어 단순 불인정을 받은 것이 아닐까 짐작만 한다. 동생은 전쟁 직전 새 여권으로 바꿔서 기록이 많이 남아 있지 않았다. 그것 말고는 다른 점을 찾기 힘들었다.

압둘 카위는 이렇게 말했다. "모든 예멘인은 위험에 처해 있다. 예멘으로 돌아가면 언제 전쟁터에 끌려갈지 모른다. 일자리도 없고, 먹을 것도 충분치 않다. 한국은 내가 죽기를 바라는 게 아니라면 인도적 체류 지위를 달라."

결국, 형제는 낯선 타국 땅에 와서 바다를 사이에 두고 이산가족이 되었다. 인도적 체류 지위를 받은 오마르가 목포의 한 조선소에 일자리를 얻으면서 제주도를 떠났다. 압둘 카위는 귤 농장에 취업해 다시 희망의 끈을 찾고 있다.

17

육지로 떠나게 된 지야드

2018년 10월 29일 월요일.

'010-××××-×××× 성환역 1번 출구.'

서울 구로구의 직업소개소를 찾은 예멘인 지야드는 먼저 일자리를 소개받은 친구의 손에 들린 손바닥만 한 흰 종이를 물끄러미 바라보았다. 일주일 전에 제주를 떠나온 예멘인 일곱 명 중 네 명이 먼저 일자리를 찾았다. 일자리를 소개받은 지야드의 친구들은 종이 한 장을 받기 위해 알선비로 한 명당 12만 원씩 총 48만 원을 소개소에 내야 했다. 이들이 대림역에 도착하자마자 현금인출기를 찾은 것도 그런 이유 때문이다. 아이러니하게도, '돈을 벌기' 위해 가장 먼저 해야 하는 일이 '돈을 쓰기'였다. 어디서

302

무슨 일을 할지도 모르고, 직업 알선비만 내고 사기를 당할지도 몰랐지만 선택의 여지가 없었다.

이들이 무작정 이곳을 찾은 것은 아니다. 앞서 9월 14일 인도적 체류를 허가받고 서울에 먼저 왔던 예멘인들이 이곳을 거쳐 갔다. 그들에게 들은 이야기와 인터넷에서 검색한 내용을 놓고 일곱 명이 머리를 맞댄 결과였다. 이곳이 아랍권 나라에서 온 사람들에게 그나마 괜찮은 일자리를 제공한다고 판단했다.

이날 동행 취재를 위해 따라갔던 나는 된서리를 맞았다. 사무실에는 20명 가까운 외국인이 있었다. 거울에 비친 내 모습을 보니 누가 봐도 '기자'였다. 직업소개소 사무실과는 도무지 어울리지 않았다. 노트북이 든 백팩을 메고 있었고, 주머니에 꽂혀 삐죽 튀어나온 수첩이 더 도드라져 보였다.

"누구세요?"라고 물어보는데, 천연덕스럽게 명함을 건넸다. 순진했다. 여러 대의 휴대전화로 능수능란하게 전화를 걸고 받던 빨간 입술 아주머니의 표정이 굳었다. "어디요? 한겨레? 한겨레가 취재 붙고 그러면 일자리 소개 못 해주지." '아차!' 싶었다. "기자라고? 빨리 나가. 나가지 않으면 다 쫓아낼 수밖에 없어." 우리 말을 알아듣지 못하는 예멘 난민들의 어리둥절한 표정을 뒤로하고 도망치듯 사무실을 빠져나왔다. 취재 때문에 예멘인들이 일자리를 구하지 못하면 안 될 일이었다.

'왜 나가라고 하지?' 하릴없이 뒤돌아 나오면서도 궁금했다.

직업소개소에서 일자리를 구하
고 있는 예멘인.

"오지 마, 나가!"라는 말을 들으면 더욱더 궁금해지는 게 사람 심
리다. 외국인들이라고 최저임금을 받지 못하는 건 아닐까? 종이
에 적힌 주소로 찾아가도 일자리는 구하지 못하고 소개 수수료
만 떼이는 건 아닐까? 고용주가 일방적으로 고액의 숙식비를 임
금에서 제하지는 않을까? 갖가지 의심이 들었다. 천안과 인천으
로 갈라져 떠나는 예멘인들의 뒷모습을 보면서 지난봄 잠깐 취재
했던 이주 노동자들이 뇌리를 스쳤다.

　'예멘 난민들이 제주도를 떠난 것이 현명한 선택이었을까?'라
는 의구심이 든 건 그때였다. 제주도에서는 출입국청 공무원들이
고용주를 불러다가 근로계약서를 써야 한다고 신신당부했다. 법

적으로 보호받을 수 있다는 뜻이다.

하지만 농·어업과 돼지고기 식당일이 맞지 않았던 예멘인들은 하루빨리 제주도를 떠나고 싶어 했다. 일자리가 너무 제한적이었다. 11월 2일 기준으로 제주도를 떠나 체류지 변경 신고를 마친 사람만 69명이다. 미신고자를 포함하면 100명 넘는 예멘인이 인도적 체류 지위를 받고 제주도를 떠났을 것이다. 이들은 더 많은 일을 할 수 있는 자유를 얻었지만, 그와 동시에 사기 피해나 부당한 대우를 받을 위험에 놓일 가능성도 커졌다.

인도적 체류 지위를 받은 예멘인들은 제주도를 떠날 수 있게 되었지만 여전히 환영받지 못했다. 경기도에서는 제주도를 떠난 난민들이 오지 못하게 막아야 한다는 주장도 나왔다. 외국인 노동자는 한국인보다 최저임금을 적게 받도록 하는 법안을 대표 발의한 국회의원(자유한국당 김학용 의원)이 환경노동위원회 위원장인 나라가 대한민국이다. 외국인 노동자의 근로조건 차별을 금지한 국제협약과 국내법에 위배되지만 막무가내다.

취재를 마치고 돌아오는 길, 전쟁의 공포를 피해 한국에 온 예멘인들이 열악한 노동환경과 인종차별에 다시 신음하지는 않을까 걱정되었다. 직업소개소 아주머니에게서 연락처가 적힌 종이를 받아들고 나온 지야드의 얼굴에 긴장한 표정이 역력했다. 서로 갈 길을 찾아 헤어져야 할 시간이었다.

6월 14일과 18일에 두 차례 제주 출입국청에서 열렸던 예멘인

직업소개 행사는 인간적인 편이었다. 고용주들과 마주해 어떤 일을 하는지 설명도 들었다. 대림역 직업소개소에서는 아무런 정보도 들을 수 없었다. 출입국청 공무원은 근로계약서를 꼭 쓰고 근로기준법을 준수하라고 고용주들에게 당부했다. 직업소개소 아주머니는 출입국청 공무원과 달랐다. 알선비에만 관심 있어 보였다.

"인천 지역 쇠공장에 가서 일하게 될 것 같다. 공장에 가면 사장님이나 관리자가 우리를 나쁘게 대하지 않을까 걱정된다. 제주도에 있을 때 부당한 대우를 받는 걸 몇 번 봐서 걱정된다." 일자리를 구했다는 안도와 긴장이 묘하게 뒤섞인 표정으로 지야드가 말했다.

지야드는 난민 신청을 한 뒤 제주 바다에서 어선을 탔지만 한달 전쯤 실업자가 되었다. 날씨가 추워지면서 일거리가 줄었기 때문이다. 고용주는 그에게 미안해했지만 어쩔 수 없었다. 일자리를 잃고 제주 시내로 돌아간 지야드는 성당에서 제공하는 숙소에 묵으며 난민 심사 결과가 발표되기만을 기다렸다.

지야드의 기다림을 한국 정부는 외면했다. 단 한 명도 난민으로 받아들이지 않았다. 예멘인들은 동요했다. 난민으로 인정받을 수 있다고 확신했던 지야드는 실망했다. 제주 출입국청은 "그 대신 인도적 측면을 고려해 체류를 허가한다"고 했다.

난민 불인정 결정에 대해 지야드는 체념하듯 말했다. "아무리

스스로 난민이라 생각해도 한국 정부가 인정하지 않으면 우리가 할 수 있는 게 없다. 그저 전쟁이 끝날 때까지만이라도 안전하게 살 수 있게 된 것에 감사해야 한다." 난민 심사 결과를 들은 예멘인들은 삼삼오오 모여 자신들의 생각을 이야기했다. 중론은 일단 한국에서 난민 불인정 결정을 받으면 이의 제기나 행정소송 과정에서 뒤집기 어렵다는 것이었다. 이 과정에 돈과 시간이 많이 든다는 점 때문에도 지야드는 이의 제기를 망설였다. "그 노력으로 차라리 일을 찾고 살 방도를 궁리하는 게 나을 거야." 무리 중 누군가가 말했다. 옳은 말이라고 생각한 지야드는 이의 제기를 하지 않기로 했다.

10월 24일 오전, 지야드는 인도적 체류 통보를 받자마자 제주도를 떠났다. 인도적 체류는 난민으로 인정하지는 않지만 난민 신청자의 국가가 예멘처럼 전쟁으로 안전하지 않을 경우 일시적으로 체류를 허락하는 조처다. 난민으로 인정받으면 가족을 데려오고 사회보장제도 혜택을 받을 수 있지만, 인도적 체류 지위는 합법적으로 일할 권리만을 보장한다. 4월 30일 이후 제주도에 들어와 난민 신청을 한 예멘인들은 심사가 끝날 때까지 제주도를 떠날 수 없었지만, 심사가 끝나면서 출도 제한이 해제되었다.

6개월 만에 비행기에 몸을 실은 지야드는 해방감과 약간의 흥분감을 느꼈다. 섬을 떠나 대도시로 가서 일자리를 구하고 자유롭게 살 수 있다는 기대에 부풀었다. 제주를 떠나는 비행기 안에

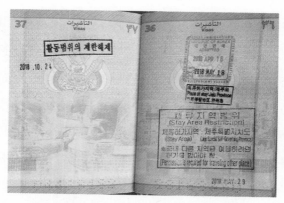

인도적 체류 지위를 받으면 출도 제한이 해제된다. 그러나 가족을 데려올 수도 없고 사회보장 혜택을 받을 수도 없다. 합법적으로 일할 수 있는 권리가 생길 뿐이다.

서 제주도를 바라보며 회상에 잠겼다. 5월 19일 말레이시아 쿠알 라룸푸르에서 제주도로 처음 올 때는 극도의 두려움에 떨었다. 공항경찰과 출입청 직원들은 그를 무서운 표정으로 노려보았다.

이번에는 달랐다. 공항 관계자들은 이들이 제주도를 떠날 것이라는 사실을 이미 알고 있었다. 정오쯤 제주도를 떠난 비행기가 인천 상공에 있을 때, 지야드는 창밖 풍경에 압도되었다. 태어나서 본 도시 중 가장 규모가 큰 서울의 풍경에 눈이 휘둥그레졌다.

지야드는 이렇게 말했다. "전쟁이 끝날 때까지 일할 수 있게 해 준 한국 정부에 감사하다. 우리에 대해 부정적 여론이 있지만 잘 못 알려진 것이 있다. 우리는 테러리스트가 아니다. 조용히 일하 며 지내다 전쟁이 멈추면 언제든 예멘으로 돌아가겠다."

제주에 머물며 감귤 농장에서 일하는 예멘인. 제주에 적응했지만, "전쟁이 끝나면 바로 예멘으로 돌아가겠다"라고 한다.

지야드처럼 인도적 체류를 허가받고 제주도를 떠난 사람은 100명이 훌쩍 넘었다. 제주에서 적절한 일자리를 찾지 못한 채 시민사회의 도움에 의지했던 이가 대부분이었다.

하지만 인도적 체류를 허가받아 출도 제한이 해제되었는데도 제주에 머물기로 결심한 예멘인들도 있었다. 이합과 바삼이 그랬다. 10월 31일 오후 제주시 조천읍의 귤 농장에서 만난 이들은 갓 딴 귤 상자를 옮기느라 여념이 없었다. 6월부터 농장에서 일한 이들은 이렇게 말했다. "이미 제주 생활에 적응했기 때문에 굳이 다른 곳으로 떠날 필요를 못 느낀다." 함께 일하는 할머니들은 이들을 "예메니야, 예메니야"라고 불렀다.

10월 말부터 시작된 귤 수확은 이듬해 1월 말까지 계속되고 그 후에는 당근밭, 무밭, 그리고 김장철 작업까지 이어진다. 한동안 일이 끊길 걱정은 없다. 농장 관계자는 이렇게 말했다. "지난주까지 예멘인 14명이 일했는데, 인도적 체류를 허가받고 12명이 제주도를 떠났다. 몇 개월 사이에 정이 깊이 들어 헤어질 때 눈물이 났다."

18

1분 만에 KO, 킥복서 아흐마드

"인도적 체류 지위로는 킥복싱 대회에 나갈 수 없습니다."

예멘 킥복싱 국가대표 출신 아흐마드 아스카르는 2018년 10월 30일 오전, 아침 운동을 마칠 무렵 제주 출입국청에서 걸려온 전화에 큰 충격을 받았다.

출입국청 직원은 그가 킥복싱 대회에 참가하려면 운동선수 비자를 따로 발급받아야 한다고 했다. 아흐마드는 앞으로 18일 정도 남은(11월 17일) '경호무술대협회 주최 전국무예대회' 킥복싱 경기를 위해 구슬땀을 흘리는 중이었다. 지난주에 출입국청에서 인도적 체류 허가를 받고, 대전 상대까지 정해진 뒤였다. 그는 이 경기에서 좋은 성적을 내고, 서울로 가 더 큰 무대에서 운동을 계속할 꿈을 꾸고 있었다. 이미 서울에서 활동 중인 선수들에게도 연락을 해놓았다. 미국인 킥복서 브레넌은 아흐마드가 제주도를 떠나 서울로 갈 수 있다는 소식을 듣고 이렇게 약속했다. "그가 서울에 오면 묵을 수 있는 곳과 운동할 수 있는 곳을 알아보겠다." 하지만 출입국청의 전화 한 통으로 모든 꿈이 한순간에 무너지는 듯한 좌절감을 느꼈다.

"10년 넘게 운동선수 생활을 했고, 세계 각국에서 운동을 했지만 운동선수 비자를 따로 받아야 한다는 이야기는 들어본 적이 없다. 격투기 비자는 어떻게 받는 거냐?" 아흐마드가 따져 물었지만 출입국청은 단호했다. 출입국청 직원이 엄포를 놓았다. "만약 운동선수 비자 없이 대회에 참가하면 법적으로 처벌받을 수 있고, 최악의 경우 한국에서 지내기 어려울 수도 있다." 아흐마드는 눈물이 났다.

"후티 반군이 운동을 못 하게 해 예멘을 떠났다. '운동을 하고 싶다'는 일념으로 한국까지 와서 난민 신청을 하고 인도적 체류 지위까지 받았는데, 또다시 경기에 나가지 못한다고 하니 너무 속상했다. 그저 마음 놓고 자유롭게 운동을 하고 싶을 뿐인데, 그게 이렇게까지 힘든 일인가."

이날의 소란은 아흐마드가 운동할 수 있도록 돕는 허창희 일도무에태국킥복싱 관장의 개입으로 오후 2시쯤 일단락됐다. 허관장은 다음과 같이 설명했다. "아흐마드가 11월에 출전하는 대

312

회는 프로 대회가 아니고, 생활체육대회라고 출입국청에 설명했더니 '참가해도 된다'고 다시 연락이 왔다. 하지만 앞으로도 프로 경기나 돈을 받는 시합은 하면 안 된다고 (출입국청 쪽에서) 신신당부했다." 아흐마드의 표정이 다시 어두워졌다. 앞으로 프로 선수로서 계속 운동하기가 쉽지 않다는 말이기 때문이다.

아흐마드는 난민으로 인정받지 못했지만 전쟁이 진행 중인 예멘의 상황을 고려해 인도적 체류 지위를 인정받았다. 인도적 체류는 난민에 비해 제한 사항이 많다. 난민으로 인정되면 본국에서의 직업을 그대로 가져올 수 있지만 인도적 체류 지위는 그렇지 않다. 언론에서는 '단순노무직'에 한해서만 취업할 수 있다고 보도하지만, 이 내용이 법에 명시되어 있지는 않다. 다만 자격증이 필요한 전문직의 경우 법무부에서 요구하는 서류를 갖춰 심사를 받아야 한다. 법무부는 국내 내국인 고용시장 상황을 고려해서 판단한다. 당국은 앞서 영어 교사를 하고 싶다는 인도적 체류자에게 불허 방침을 밝힌 바 있다. 난민들의 법률 문제를 돕는 한 변호사는 이렇게 말했다. "운동선수 비자가 따로 있어 취업 직종 제한에 걸린 것 같다. 정확히 어떤 절차를 거쳐야 활동할 수 있을지는 법무부에 문의해야 한다."

계속 운동을 하기 위해 법적으로 난민 인정을 받아야 한다면 난민 불인정 판정에 불복하고 이의를 제기하는 방법이 있다. 아흐마드는 이의 제기를 생각하지만 한국에서는 난민 심사 결과를 뒤집기가 어렵다는 점 때문에 망설이고 있다.

예멘에서 뇌출혈로 쓰러졌던 아버지의 상태가 최근 악화되었다는 소식은 그를 더욱 힘들게 했다. 심리적으로 크게 움츠러든 아흐마드는 이렇게 말했다. "일단 11월 17일 대회까지는 뛰고, 어떻게든 돈을 벌 방법을 찾으려고 한다. 내가 벌어서 병원비를 보내지 않으면 아버지는 적절한 치료를 받을 수 없다." 그는 운동을 계속할 수 없다면 지인이 있는 인천 지역으로 가서 공장 일을 하는 것도 염두에 두고 있다.

하지만 아흐마드가 계속 운동을 하길 바라는 허 관장은 11월 경기의 중요성을 수차례 강조했다. 대한킥복싱협회가 주최하는 경기는 아니지만 전국 각지의 킥복싱 관계자들이 와서 경기를 보기 때문이다. "아흐마드가 이번 경기에서 좋은 실력을 보여주면 많은 관계자가 관심을 갖고, 유명해질 수 있을 것이다. 경기 영상도 제대로 찍어두면 좋을 것 같다." 그는 아흐마드가 혹시 제주도를 떠나 다른 지역으로 가더라도 계속 운동할 수 있도록 잘 살펴보겠다고 했다. 아흐마드는 허 관장에게 깊이 고마워했다. "허 관장이 친아버지처럼 친절하게 잘해주었다. 숙소 값도 대신 내주고, 체육관에서 계속 운동할 수 있게 허락했다."

아흐마드가 11월 17일 제주시 한라체육관에서 열린 킥복싱대회에서 상대를 쓰러뜨리는 데는 1분이 채 걸리지 않았다. 시합에서 두 번의 다운을 따냈는데 제대로 뛴 시간은 1분 남짓이었다.

그가 짧고 강하게 휘두른 왼손 훅에 쓰러진 상대는 자세를 다잡고 전의를 가다듬었으나 잇따른 발차기 공격에 다시 쓰러졌다. 심판은 곧바로 KO를 선언했다. 제주도 곳곳에서 이날 경기를 보기 위해 체육관으로 온 예멘인들은 환호성을 질렀다. 3분 3라운드 경기를 취재하기 위해 이른 아침 비행기를 탄 사진 기자는 "셔터를 예닐곱 번 누르니 경기가 끝났다"며 허탈해했다.

아흐마드는 경기 전 체육관 구석에 쭈그리고 앉아 경기장 풍경을 물끄러미 바라보았다. 회상에 잠긴 듯 보였다. 그는 격투기 시합에 나가기 위해 몇 달을 훈련했지만, 제주 출입국청이 인도적 체류 지위로는 프로 시합에 나갈 수 없다고 해서 낙담한 상황이었다. 이날 경기는 돈을 받지 않는 친선전이어서 뛸 수 있었지만 앞으로 계속 운동할 수 있을지 장담할 수 없다.

법무부에서 다시 아흐마드에게 희망적인 소식을 가져다주었다. 인도적 체류 지위를 받은 뒤에 권투를 계속 하기 위해서는 추가로 '체류 자격 외 활동 허가'를 요청하면 된다고 했다. 법무부 관계자는 "킥복싱협회 추천서나 체육관 고용계약서를 가져가면 신청할 수 있을 것"이라고 설명했다.

하지만 이번에도 아흐마드에게 행운의 여신은 미소 짓지 않았다. 킥복싱협회로부터 소개받은 한 킥복싱 도장으로 갔지만 관장과 잦은 충돌을 겪어야 했다. 새 관장은 그에게 술이나 돼지고기 등 허락되지 않은 음식을 먹으라고 강요하기도 했다. 곧 목표를 향해 달려갈 수 있을 줄 알았지만, 그의 삶은 계속 궤도에서 벗어나기만 했다. 서울에 있는 아흐마드의 예멘인 친구들은 아흐마드에게 프로 경기가 잡히기만을 고대하고 있다. 아흐마드가 경기장에 입장할 때 장내에 틀 입장곡도 이미 만들어 녹음을 해뒀다. 우리는 언제 그 음악을 들을 수 있을까?

19

예멘, 아멘!

"저희 언론사 소속 기자들과 직원들은 안전에 심각한 위협을 느끼고 있습니다. 위협이 점점 커져 더 이상 기사를 쓸 수 없게 됐음을 알립니다. 독자들에게 고마움과 미안함을 전합니다."

2015년 8월 6일, 예멘의 올라신문사가 페이스북에 발행인 이름으로 올린 마지막 글이다. 예멘의 수도 사나에 있는 올라신문사는 2018년 현재까지 3년이 넘도록 기사를 내지 못했다. 2014년 후티 반군이 예멘 행정부를 무력화하고, 사우디아라비아의 개입으로 내전이 격화된 뒤로 이 신문사는 운영에 큰 어려움을 겪었다. 2015년 5월 5일 게시된 글을 보면 신문 발행 비용이 두 배로 치솟으면서 신문사가 감당할 수 없는 지경에 이르렀다고 토로했다.

전쟁으로 신문사가 문을 닫으면서 소속 기자였던 이스마일의 삶도 닫혔다. 그는 이렇게 말했다. "주변에 20개 가까운 언론사가 문을 닫았고, 80명 넘는 기자가 후티 반군에게 납치당했다. 이들 중 일부는 감옥에 끌려갔고, 또 일부는 죽임을 당했다." 예멘 내전이라는 악몽은 훌륭한 저널리스트가 되고 싶었던 이스마일의 꿈을 빠르게 몰아냈다.

이스마일은 신문사가 문을 닫은 뒤 거리로 나섰다. 그는 수천 명이 참가하는 반전 시위에서 연설했다가 후티 반군 관계자에게 수차례 "시위를 계속하면 납치하겠다"는 협박을 받았다. 후티군의 '납치'는 곧 '죽음'을 의미했다. 2018년 6월 2일 '프레스 카드'를 갖고 있었다는 이유로 후티 반군에 납치된 기자 라칸은 1년 만에 석방되었지만, 며칠 만에 숨을 거뒀다. 라칸의 가족들은 예멘언론인연합 쪽에 다음과 같이 설명했다. "석방되어 집으로 돌아왔을 때는 고문과 질병, 굶주림으로 몸이 망가져 이미 죽은 것이나 다름없었다." 이스마일은 이렇게 말했다. "6월에는 동료 기자였던 압두르만도 후티 반군 감옥에서 1년 만에 풀려났지만 2주가 지나 죽었다. 너무 슬펐다. 군대에 억류됐다가 사우디 연합군의 폭격에 목숨을 잃은 친구도 많다."

두려웠던 이스마일은 2016년 집을 떠났다. 친구, 가족과 연락을 끊고 페이스북 계정을 지웠다. 모든 흔적을 지운 그는 후티 반군에 발각되지 않기 위해 숨어 지냈다. "예멘 밖은 21세기이지만 예멘은 16세기 같았다. 늘 어둠 속에 지내야 했고, 빛을 보지 못해 힘들었다." 그는 결국 2017년 예멘을 떠나기로 마음먹었다. 예멘의 언론인에게 선택지는 '죽음'과 '떠남' 둘밖에 없었다. 이스마일은 아르메니아와 말레이시아를 거쳐 2018년 5월, 제주도로 들어와 난민신청서를 냈다.

이스마일은 예멘을 떠났지만 예멘에서 언론인의 비극은 계속되고 있다. 2018년 9월 16일(현지 시각) 예멘 내에서도 격전지로 꼽히는 호데이다 지역에서는 사우디 연합군이 떨어뜨린 미사일이 라디오 방송국에 떨어져 방송국 관계자 셋이 죽고 인근에 있던 일반 시민들도 목숨을 잃었다. 후티 반군과 관계있는 언론사는 사우디 연합군의 폭격 대상으로 간주되어 왔다고 예멘언론인연합은 주장한다.

국경없는기자회는 예멘을 세계에서 언론 자유가 가장 위협받는 위험국 넷(아프가니스탄, 시리아, 예멘, 멕시코) 중 하나로 꼽는다. 예멘은 국경없는기자회가 평가하는 '언론자유지수'에서 180개국 중 167위를 차지했다. 언론사를 대상으로 한 미사일 폭격과 언론인 구금·암살 시도가 잇따르는 예멘에서, 언론 자유를 추구하고 객관적 보도를 하는 일은 목숨을 내던지는 것과 다름없다.

국경없는기자회가 파악한 자료를 보면, 2018년 상반기 전 세계에서 목숨을 잃은 언론인과 언론사 관계자 47명 중 여덟 명이 예멘에서 숨졌다. 통신 시설을 장악한 후티 반군은 자신들의 입맛에 맞지 않는 언론사 홈페이지는 폐쇄했고, 최근에는 SNS를 통해 활동하는 '시민 기자'들의 게시물도 광범위하게 감시하는 것으로 알려졌다.

이스마일은 전쟁을 피해 한국으로 왔지만, 한국에서의 삶도 녹록지 않았다. 일자리를 구하지 못한 그는 제주도 내 시민사회와 종교 단체의 도움에 의지해 7개월을 버텼다. 그리고 2018년 12월 14일 법적으로 난민 지위를 인정받았다. 대한민국 법무부는 올라신문사의 기자였던 이스마일과 일간 《샤리아》의 기자였던 하니, 두 명을 난민으로 인정했다.

하니가 일했던 신문사도 올라신문사와 같은 시기에 문을 닫았다. 하니는 언론사가 문을 닫은 뒤에도 SNS를 통해 후티 반군을 비판하는 기사를 썼다. 그는 2016년 5월 예멘 정부군에게 납치되어 고문당했다. 정부군은 후티 반군과 싸우지만 언론을 위협한다는 공통점이 있었다. 언론 자유는 정부군과 반군 모두에게 불편했다. 하니는 시민단체와 언론인 보호 단체의 도움으로 풀려났지만, 정부군의 감시는 계속되었다. 미행을 따돌리며 도망 다니던 그도 예멘을 떠나기로 마음먹고 한국에 와 난민 신청을 했다.

이스마일과 하니는 난민 인정 발표 직후 제주도 현지에서 기자들과 만난 자리에서 서로를 끌어안으며 기뻐했다. 하니는 단 두 명만 (법적) 난민으로 인정받은 것에 안타까워했다. "난민으로 인정받지 못한 친구들을 생각하니 힘들기도 하다. 현재 전쟁으로 예멘 상황은 아주 힘들다. 안타깝다." 영어와 한국어 공부에 집중하는 것으로 알려진 하니는 이렇게 말했다. "가족들이 예멘에서 힘들게 살고 있어 한국으로 초청하고 싶다. 어머니를 먼저 모시고 싶다." 난민 지위를 법적으로 인정받으면 '인도적 체류 지위'와는 달리 가족을 한국으로 데려올 수 있다.

이스마일은 이렇게 말했다. "법적으로도 난민 지위를 인정받아 기쁘다. 한국 정부에 감사한다." 오랫동안 고통받아 지쳐 있던 그의 목소리에 오랜만에 생기가 돌았다. 그는 몸이 약한 탓에 한국에 온 뒤로 어디에서도 일자리를 구할 수 없었다. 예멘 밖에 먼저 나가서 돈을 벌고 있는 형제들에게 경제적인 지원을 가끔 받았지만, 그것만으로는 충분치 않아 힘겨운 시간을 보냈다.

2018년 12월 14일, 출입국청은 이스마일과 하니 단 두 명만 (법적) 난민으로 인정한다는 내용이 포함된 난민 심사 결과를 발표했다. 1차 발표(9월 14일), 2차 발표(10월 17일)에 이어 세 번째다. 출입국청은 난민 심사 결과 발표가 보류되었던 85명에 대해 결과를 발표했다. "완전히 출국해 심사를 종료한 11명을 제외한 74명 중 두 명을 난민으로 인정하고, 50명은 인도적 체류 허가를 인정한다. 22명은 단순 불인정으로 판단한다." 인도적 체류 지위 부여와 단순 불인정 사유는 앞선 2차 발표와 비슷했다. 출입국청은 다음과 같이 밝혔다. "난민협약과 난민법상 난민 인정 요건에는 해당하지 않지만 추방할 경우 예멘의 내전 상황 등으로 인해 신체의 자유를 침해당할 수 있을 것으로 판단되는 사람에게 인도적 체류 허가를 주고, 제3국에서 안정적인 정착이 가능하거나 국내 체류가 부적절한 사람에 대해서 단순 불인정한다."

이로써 2018년 제주도로 들어와 난민 신청을 한 예멘인 가운데 출도가 제한되어 제주도에서 난민 심사를 받은 484명의 난민 심사가 모두 끝났다. 14명은 한국을 떠나 심사가 직권 종료되었고, 412명이 인도적 체류 허가, 56명이 단순 불인정을 통보받았다. 12월 27일, 제주 출입국청은 단순 불인정 통보를 받은 56명 중 다섯 명에 대해 출국 명령을 내렸다고 밝혔다. 출국 명령을 받은 이들은 외국인등록증을 빼앗겨 취업도 제한되었지만 어떤 이유로 출국 명령을 받았는지는 밝혀지지 않았다. 제주도 현지에서는 법무부가 예멘인들의 SNS를 검열하는 과정에서 부적절한 내용이 나왔다는 이야기가 돌았다. 이들은 1월 말쯤 출국 대신 외국인 수용소행을 택한 것으로 알려졌다.

모두가 비슷한 시기에 들어와 난민 신청을 하고 면접을 보았지만 이들의 운명은 '난민 인정, 인도적 체류, 단순 불인정, 추방(수감)'의 네 갈래 길로 나뉘었다.

두 명만이 난민 지위를 받은 것에 실망한 예멘인들은 구체적인 기준이 무엇인지 알고 싶어 했다. 3차 발표에서 인도적 체류 지위를 인정받은 알하라지는 이렇게 말했다. "후티 반군의 징집을 피해 한국으로 온 사실이 예멘에 알려지면서 체포 영장이 떨어졌고, 이런 사실을 충분히 설명했기 때문에 (법적) 난민으로 인정받을 것으로 확신했다. 하지만 난민으로 인정받지 못해 실망스럽다." 인도적 체류 지위를 받은 또 다른 예멘인 나즐라도 "전쟁이 끝날 때까지 인도적 체류를 허가받은 것은 감사하지만 난민 인정을 받지 못한 건 아쉽다. 전쟁을 피해 왔고, 보호를 받아야 할 사람은 언론인 두 명만이 아니다"라며 안타까워했다. 인도적 체류도 사실상 난민으로는 인정받지 못한 것이기 때문에 2차 발표에서 인도적 체류를 받은 예멘인 중 14명은 난민 심사 결과 발표에 이의를 신청했다. 출국 명령을 받은 사람을 제외하고, 단순 불인정을 통보받은 예멘인 51명은 모두 이의 신청을 할 것으로 법무부는 보고 있다.

인도적 체류 지위를 받고 제주도를 떠날 수 있게 된 예멘인들은 더 안정적인 일자리를 찾아 제주도를 떠났다. 이들은 중소 규모 공장이 많은 인천·경기, 대기업 조선소가 있는 부산·울산, 그리고 전남 목포 등 크게 세 지역으로 흩어졌다. 목포의 대기업 조선소에 일자리를 구한 오마르는 이렇게 말했다. "제주도에 있던 예멘인 100여 명이 함께 이곳 목포 조선소로 왔다. 대형 선박에 페인트칠을 한다." 이야기를 들어보면 어업과 돼지고기 식당 외에는 일할 곳이 마땅치 않았던 제주도보다는 상황이 나아 보였다.

국가인권위원회와 국내 난민 관련 시민사회는 예멘인 난민 신청자 중 0.4%인 두 명만 난민으로 인정하고, 56명에게는 인도적 체류 지위도 주지 않은 것에 비판의 목소리를 높였다. 최영애 국가인권위원회 위원장은 출입국청의 발표가 있었던 12월 14일 성명을 냈다. "유엔난민기구가 2015년 발표한 '예멘 귀환에 관한 입장'에 따르면 예멘 난민 신청자들은 강제 송환을 할 수 없고, 내전이나 피신은 가장 일반적인 난민 보호 사유다. 법무부가 밝힌 불인정 사유가 난민법과 난민협약에 부합하는지 알 수 없다."

난민인권네트워크는 다음과 같이 밝혔다. "국제적 기준에 부합하지 않는 협소한 인정 기준으로 비판받았던 기존의 낮은 난민 인정률보다 더 낮은 난민 인정률이고, 예멘의 엄혹한 정황을 고려해도 부당한 결정이다. 난민인권네트워크가 구성한 변호인단은 부당한 처분을 받은 난민에 대한 법률적 조력을 지속하겠다."

이렇게 2018년 한반도를 휩쓴 폭염만큼 한국을 뜨겁게 달궜던 '예멘 난민의 한국살이 적응기'는 일막을 내렸다.

대부분(88%)은 인도적 체류 지위를 인정받아 예멘 내전 상황이 종료될 때까지 한국에서 안전하게 지낼 수 있을 것이므로 해피엔딩이라고 해야 할까? 단순 불인정을 받은 이들도 이맘과 살라처럼 한국에서 머물 수 있을 가능성이 크다. 난민협약 준수를 위해 한국이 이들을 강제 추방하지는 않을 것이다. 물론, 인도적 체류만큼 안정적이지는 않겠지만 말이다.

이들이 처음 제주도에 와서 난민 신청을 할 때부터 난민 심사 결과가 모두 발표될 때까지 취재하고 글을 쓴 기자로서 나의 바람은 두 가지다. 부디, 모두 한국 사회에 잘 융화하여 평화롭게 살 수 있기를. 그리고 어서 예멘 땅에 평화가 찾아오기를. 언젠가는 그런 날이 올 것이라고 굳게 믿는다.

예멘, 아멘!

낯선 이웃

어느덧 우리 곁에 깃든 한국의 난민들

초판 1쇄 발행 | 2019년 11월 18일
초판 3쇄 발행 | 2020년 12월 14일

지은이 | 이재호

펴낸이 | 한성근
펴낸곳 | 이데아
출판등록 | 2014년 10월 15일 제2015-000133호
주   소 | 서울 마포구 월드컵로28길 6, 3층 (성산동)
전자우편 | idea_book@naver.com
페이스북 | facebook.com/idea.libri
전화번호 | 070-4208-7212
팩   스 | 050-5320-7212

ISBN 979-11-89143-07-7   03330

이 도서의 국립중앙도서관 출판예정도서목록(CIP)은 서지정보유통지원시스템
홈페이지(http://seoji.nl.go.kr)와 국가자료종합목록 구축시스템(http://kolis-net.
nl.go.kr)에서 이용하실 수 있습니다.
(CIP 제어번호: CIP2019045648)

책값은 뒤표지에 있습니다. 잘못된 책은 구입하신 곳에서 바꿔드립니다.

*이 도서는 한국출판문화산업진흥원의 '2019년 우수출판콘텐츠 제작 지원' 사업
선정작입니다.